QUILTEN
MIT DER NÄHMASCHINE

30 moderne Patchwork-Looks

CV

Widmung

Für Wynne, danke, dass du immer für mich da bist.

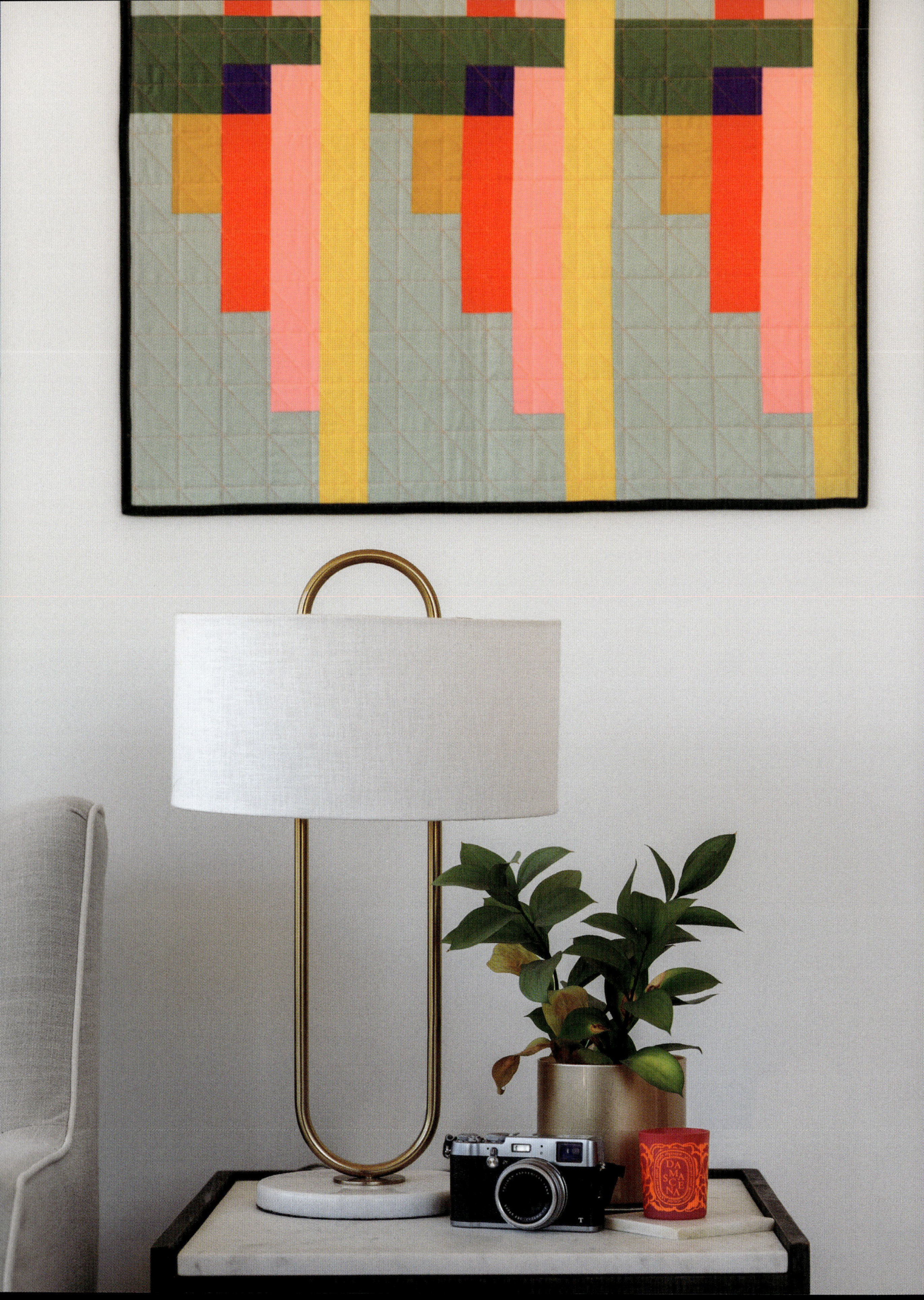

INHALTSVERZEICHNIS

EINLEITUNG

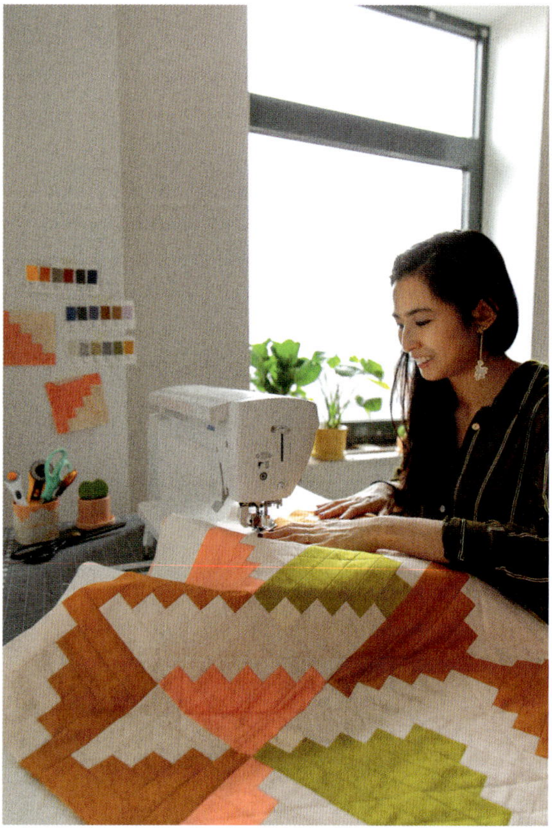

Willkommen in der Welt von *Quilten mit der Nähmaschine*!

Ich war schon immer ein Stadtmensch. Ich liebe den schnelleren Rhythmus und die Vielfalt, die Geräuschkulisse und die Lebendigkeit, die Städte bieten. Ich komme aus Perth, an der Westküste Australiens, wo etwa zwei Millionen Menschen in einer der weltweit isoliertesten Stadt leben. Als Kind träumte ich immer davon, in einer größeren Stadt zu leben. Ich sah mich in Melbourne, Sydney und Singapur leben – an New York dachte ich dabei jedoch nicht.

Mein Leben veränderte sich – zum Guten –, als ich über meine Tante meinen Mann kennenlernte, während ich ein Postgraduate-Sommerprogramm in New York absolvierte. Nein, es war keine arrangierte Sache. Zunächst dachte ich, meine Tante würde mir einen älteren Typ Ende 30 oder in seinen 40ern vorstellen. Überraschenderweise stellte sie mir einen Mann vor, der nicht viel älter war als ich, und wir verstanden uns gleich blendend. Nachdem ich die USA verlassen hatte, waren wir zwar fast täglich in Kontakt, aber das war es auch schon.

Sechs Monate später überraschte mein zukünftiger Mann mich mit Flugtickets nach Singapur, wo er mich treffen wollte. Nach dieser Reise nahm alles seinen Lauf. Fast vier Jahre lang führten wir eine Fernbeziehung zwischen Perth und New York. Wir reisten hin und her und besuchten viele Städte zusammen: Hongkong, Tokio, Kyoto, Seoul, Melbourne, Sydney, Montreal und Washington, D.C. Mittlerweile sind wir glücklich verheiratet und leben in New York.

Die Designs in diesem Buch sind von meinen Reisen, von Stadtlandschaften und dem urbanen Leben inspiriert. Dieses Buch dient als Nachschlagewerk für Anfänger, bietet aber mit neuen Techniken und anderen Denkweisen auch Anregungen für erfahrene Quilter*innen. Die Designs bieten Quiltanleitungen in verschiedenen Schwierigkeitsgraden sowie vielfältige Methoden, mit denen du deine Fähigkeiten ausbauen kannst. Jede Anleitung enthält außerdem einen kleinen Einblick in die Geschichte des Quiltens und baut dadurch eine Brücke zwischen der Vergangenheit und der Gegenwart. Vielleicht inspiriert dich dies dazu, dein eigenes Kapitel in den Geschichtsbüchern des Quiltens zu schreiben. Ich fühle mich sehr geehrt, dass du *Quilten mit der Nähmaschine* gewählt hast. Egal, ob du eines der Designs dieser Seiten nacharbeitest oder nicht, ich hoffe, dieses Buch inspiriert dich beim Quilten.

Warum ich mit dem Quilten angefangen habe

Ich habe früher für eine Marktforschungs- und Beratungsagentur gearbeitet. Ich habe es geliebt, Daten in geschäftliche Entscheidungen und Empfehlungen zu verwandeln und die positiven Veränderungen in den Unternehmen meiner Kunden zu sehen. Aber die Arbeit in der Branche kam daher mit langen Arbeitstagen, knappen Terminen und einer nicht enden wollenden Arbeitsbelastung. Es gab Tage, an denen ich versucht war, auf dem Sofa im Büro zu schlafen, da es schon nach Mitternacht war und ich zu müde für die Fahrt nach Hause war. Es gab Morgen, an denen ich Beinaheunfälle hatte und mein Auto in der Garage des Büros zerschrammt habe, weil ich noch zu müde vom vorherigen langen Arbeitstag war.

Quilten war meine Art zu entspannen und dem hektischen Job zu entkommen. Es war meine kreative Flucht. Indem ich an meinen Nähtisch und all die dort wartenden Projekte dachte, schaffte ich es durch die vielen Stunden im Büro. Es half mir, mein Arbeitsleben und mein Privatleben auseinanderzuhalten. In der Woche versuchte ich mein Bestes, etwas Zeit für Kreativität zu schaffen, indem ich meinen Laptop im Büro ließ und keine Arbeitsmails auf meinem Telefon las (es sei denn, es »musste« sein). Meine kreativen Arbeiten führten zum Start meiner Marke und meines Instagram-Accounts *@the.weekendquilter.* Das Bedürfnis, regelmäßig auf Instagram zu posten, um relevant zu bleiben, und die Verbindungen, die ich über die sozialen Medien knüpfte, sorgten dafür, dass ich ein Gleichgewicht zwischen Arbeit und Privatleben bewahrte.

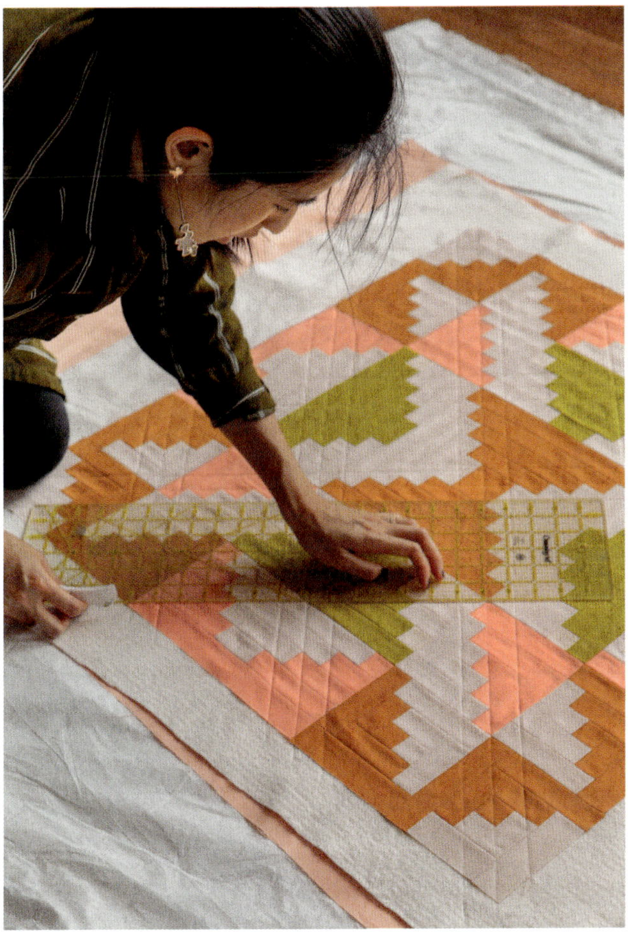

Meine Großmutter und Mutter konnten zwar beide Nähen, aber meine Einführung in das Quilten kam nicht von ihnen. Mein Weg zum Quilten begann im Esszimmer meiner Eltern, das eine meiner älteren Schwestern 2010 in ein Atelier fürs Quilten verwandelte. Mein Interesse war geweckt, als ich sah, wie sie sorgfältig zugeschnittene Stoffstücke in komplexe Quilts für Freunde und Familie verwandelte und welche Freude sie anderen damit bereitete. Damals war ich noch an der Uni und arbeitete Teilzeit in einem Unternehmen. Wenn ich meine Studiengebühren und meinen Lebensunterhalt sowie sonstige Ausgaben bestritten hatte, blieb nicht mehr viel Geld für Quiltunterricht, Hilfsmittel und Stoffe. Ich verwendete nur gratis erhältliche Online-Quiltmuster sowie die Hilfsmittel und Stoffreste meiner Schwester. Meine Stoffvorräte baute ich durch Sonderangebote und kleinere Coupons aus. Und mit den grundlegenden Nähkenntnissen aus der Schule brachte ich mir das Quilten bei.

Warum ich dieses Buch geschrieben habe

Da ich Quilt-Autodidaktin bin, war der Lernprozess lang und manchmal beschwerlich. Beispielsweise habe ich einmal Tausend Dreiecke für einen großen Quilt zugeschnitten, statt mir mit einigen Kniffen viel Arbeit zu ersparen. Bevor ich die Chain-Piecing-Technik kennenlernte, habe ich jedes Teil einzeln zusammengenäht und den Faden abgeschnitten. Und, statt die Nähte schon beim Nähen des Quilts zu bügeln, schickte ich Quiltoberteile mit ungebügelten Nähten zum Longarm-Quilten. (Falls du diese Quiltbegriffe nicht kennst, keine Sorge, ich erkläre alles, wenn ich die Grundlagen und Tipps erläutere.)

Meine Arbeitsweise veränderte sich, als ich 2017 am Nähzirkel Sewcial Bee von Sharon Holland und Maureen Cracknell teilnahm. Ihre umfassenden und kreativen Blockmuster brachten mir Kniffe und andere Konstruktionsmethoden näher. Ich lernte verschiedene Methoden, Half-Square Triangles, Flying Geese und Quilt Blocks, zu nähen, was mir half, den Denkprozess für Quiltdesigns und -konstruktion zu verstehen. Durch die wöchentlichen Quiltblocks von Shannon und Maureen gewann ich an Sicherheit. Das führte dazu, dass ich meine eigenen Designs entwarf und nähte – und nicht nur für Bett und Sofa. Meine Werke wurden Wandbehänge und Tischläufer sowie Topflappen, Untersetzer und Tischsets.

Quilts sind zeitlos und haben ihren angestammten Platz in unseren Wohnungen und unserer Tradition. Quilten ist eine Kunstform, die seit Jahrhunderten lebt und weiterbestehen wird. Ob du lange Tage am Schreibtisch arbeitest, Nachtschichten schiebst oder deine Kinder Vollzeit betreust, wir sind alle Wochenendquilter. Wir reservieren aus vielen verschiedenen Gründen Zeit für unsere Kreativität. Menschen quilten nicht nur, weil Quilts einen praktischen Zweck erfüllen. Quilten befriedigt persönliche Bedürfnisse, die für jede(n) ganz individuell sind.

Quilts bieten einen Einblick in die Gedanken derjenigen, die sie genäht haben. Die einfachsten Entscheidungen, wie Design, Farben, Garn, Stoffe und Platzierung, werden alle wohlüberlegt getroffen. Quilts erzählen Geschichten. Wir spiegeln uns in ihnen wider. Sie erinnern an wichtige Ereignisse, wie eine Hochzeit, die Geburt eines Babys, einen Schulabschluss, Pensionierungen oder den Tod einer geliebten Person. Quilten hilft dabei, die Gedanken zu ordnen und kreativ zu werden, und es ist eine willkommene Ablenkung von allem, was in unserem hektischen Leben passiert. Es hilft dabei, zu heilen und schwierige Zeiten zu überstehen.

Als moderne Quilterin und Designerin möchte ich diese Tradition fortführen und durch meine Designs ein kreatives Erbe weitergeben, das andere dazu inspiriert, selbst kreativ zu werden. In diesem Buch sehen wir uns detaillierte Anleitungen für zehn verschiedene moderne Quiltdesigns an, die von Architektur, urbanen Interieurs, Natur und traditionellen Quiltdesigns inspiriert sind. Ich habe die Quilts in diesem Buch für diejenigen entworfen, die gerade mit dem Quilten beginnen, andere, die seit mehreren Jahren quilten, und diejenigen, die einfach nur hübsche Fotos für Anregungen zum Wohnen mit Quilts ansehen möchten. Ich hoffe, dass die Designs dich beim Durchblättern von *Quilten mit der Nähmaschine* für dein nächstes Projekt inspirieren und begeistern. Ich hoffe außerdem, dass deine Quilts dir und deinen Lieben ein Gefühl von Freude und beglückenden Erinnerungen vermitteln. Also dann, wir wollen ein bisschen über die Geschichte der Quilts erfahren, damit du den Ursprung des modernen Quiltens kennenlernst.

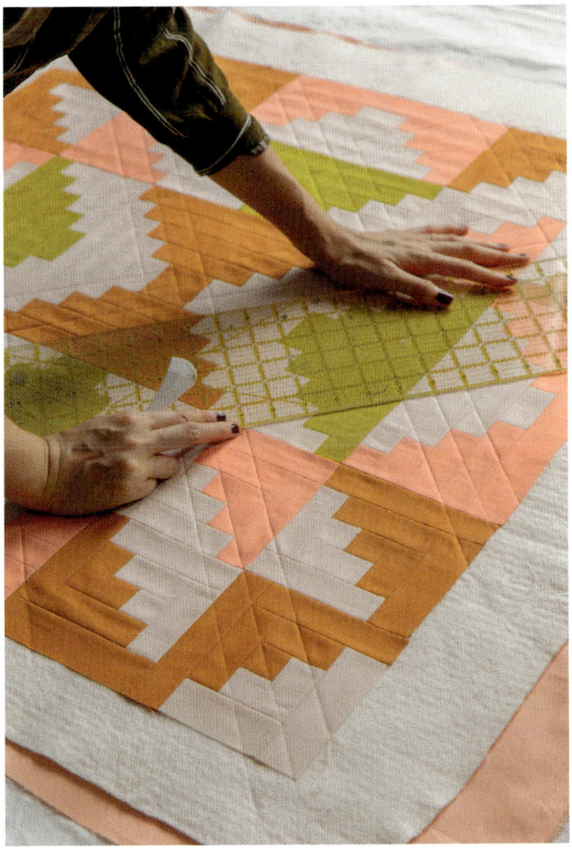

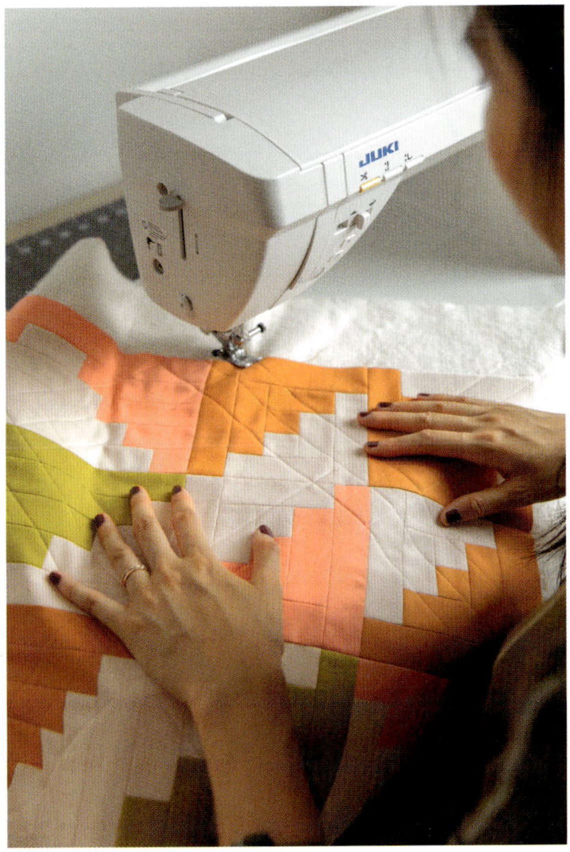
JUKI

ZUR GESCHICHTE DES QUILTENS

Was ist Quilten?

Wenn ich erzähle, dass ich quilte, werde ich oft gefragt, was das überhaupt ist. Diese Frage macht mir Freude und zeigt mir, dass mehr Anstrengungen nötig sind, um diese Kunst bekannt zu machen und als kreatives Erbe an zukünftige Generationen weiterzugeben.

Das Anfertigen von Quilts kann in zwei Hauptelemente aufgeteilt werden. Der erste Schritt beinhaltet das Zusammentragen und Schneiden von Stoffstücken und das Zusammennähen zu einem größeren Textil, das sich Quiltoberteil nennt. Im zweiten Schritt werden das Quiltoberteil, die Zwischenschicht (Vlies) und die Quiltrückseite übereinandergelegt und mit dekorativen Nähten aneinander befestigt. Diesen Vorgang nennt man »Quilten«, was der Handwerkskunst ihren Namen gegeben hat.

Quilten gehört zu den ältesten Formen der Handarbeit und erfreut sich bleibender Beliebtheit, selbst, während die Welt um uns herum sich verändert. Genau wie bei unseren Vorfahren erfüllen moderne Quilts mehr als nur unser praktisches Bedürfnis nach Wärme und Schutz. Sie spielen auch eine Rolle dabei, die Räume unseres täglichen Lebens zu verschönern. Quilten ist eine kreative Beschäftigung, die uns die Möglichkeit gibt, unsere Geschichten zu erzählen. Die folgenden Seiten geben einen kurzen Einblick in die bescheidenen Anfänge der Quilts und wie sich Quilten zu einer globalen Industrie entwickelt hat, die mehrere Millionen Dollar wert ist.

Die Anfänge des Quiltens

Die ersten Quiltfunde gehen auf etwa 3400 v. Chr. im antiken China und Ägypten zurück. In der westlichen Welt tauchten Quilts zunächst als Kleidung unter Ritterrüstungen für Komfort, Schutz und Wärme auf. Man glaubt, dass die Armeen der Kreuzfahrer die gequiltete Unterbekleidung im Nahen Osten gesehen hatten und die Idee im Mittelalter zurück nach Europa brachten. Im 14. Jahrhundert erschienen Quilts nach und nach auf Betten in Europa als Bettdecken und dekorative Elemente.

Das Quilten kam mit holländischen und englischen Siedlern Anfang des 17. Jahrhunderts nach Nordamerika. Zu dem Zeitpunkt dienten Quilts eher praktischen als ästhetischen Zwecken – sie hielten die Menschen warm. Sie waren außerdem ein Symbol des Reichtums. Stoffe für das Quilten waren nicht so einfach zu finden, es sei denn, man hatte Geld und lebte in oder nahe einer Stadt mit Zugang zu Importwaren. Viele Quiltstoffe wurden in Indien hergestellt und über Europa importiert. Siedler mit wenig Geld mussten bei der Anschaffung und Verwendung von Stoffen sparsam und kreativ sein. Diese erfindungsreichen Frauen nutzten Stoffreste vom Schneidern, alte Kleidungsstücke und Getreidesäcke, um ihre Quilts zu nähen.

Freizeit war ein anderer Grund, warum Quilts Reichtum symbolisierten. Quilten war zeit- und arbeitsintensiv. Es gab keine Nähmaschinen. Alles wurde von Hand genäht. In Haushalten ohne Hilfskräfte hatten Frauen neben ihren täglichen Aufgaben, wie der Pflege von Gärten, Tieren und Kindern, ernten und Wäsche waschen, wenig Zeit zum

Quilten. Um die Arbeit zu beschleunigen, trafen sich Frauen, um einander beim Anfertigen von Quilts zu helfen. Diese Nähzirkel, sogenannte Quilting Bees, waren auch gesellige Treffen.

Ein sehr beliebter Quiltstil in dieser Zeit waren Quilts, die nicht aus Patchwork, sondern aus einem einzigen großen Stück Stoff bestanden, das mit Naturfarben gefärbt war. Dieses wurde oft mit Quiltdesigns aus feinen, sich wiederholenden Stichen in Form von Muscheln, Federn und Blumen geschmückt.

Fortschritte beim Quilten im 19. Jahrhundert

Im 19. Jahrhundert trug die industrielle Revolution dazu bei, Wachstum und Kommerzialisierung des Quiltens voranzutreiben. Die Einführung von Nähmaschinen machte das Quilten leichter und schneller. Verbesserungen bei Verfahren zum Spinnen, Weben und Drucken sowie der Ausbau von Transport- und Vertriebsnetzen boten besseren Zugang zu Stoffen und Hilfsmitteln für das Quilten. Durch diese Veränderungen war Quilten nicht mehr nur den Wohlhabenden möglich. Dank der Entwicklung neuer Quiltstoffe und Hilfsmittel konnten Näherinnen kreativ werden und neue komplexe Designs entwickeln. Quilts aus einem Stück verloren an Bedeutung und das Zusammensetzen mehrerer Stoffstücke und Blöcke entwickelte sich zum neuen Trend bei den Quiltdesigns. Zwar waren Stoffe leichter zu finden und preisgünstiger, doch verwendeten Frauen in dieser Periode weiterhin Stoffreste vom Schneidern sowie alte Kleidungsstücke. Verbraucher hatten außerdem bis Ende des 19. Jahrhunderts nur begrenzt Zugang zu Nähmaschinen.

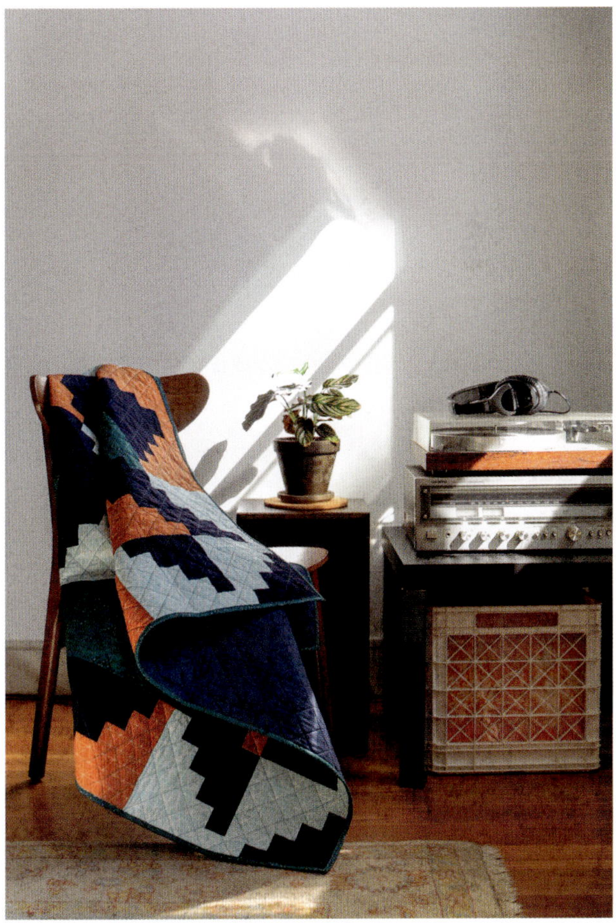

Mit zunehmenden Zahlen von Nähmaschinen in den Haushalten stieg auch die Nachfrage und mehr Unternehmen für Quiltdesigns und Quiltbedarf wurden gegründet. In den 1850er-Jahren führte Singer, ein Nähmaschinenhersteller, Ratenzahlungen ein, um den Kauf von Nähmaschinen noch erschwinglicher zu machen. Mit steigender Beliebtheit des Quiltens veröffentlichten Zeitungen, landwirtschaftliche Magazine und beliebte Frauenzeitschriften Quiltanleitungen und wurden zur Stimme der Quiltbranche. Diese Veröffentlichungen schrieben über Dienstleistungen und Waren für das Quilten und druckten Sonderausgaben mit Mustern, Versandhauskatalogen

Quilten nach dem Zweiten Weltkrieg

Während des Zweiten Weltkriegs (1939–1945) verlor die Quiltbewegung an Schwung. Zunächst einmal füllten Frauen die Lücken in der arbeitenden Bevölkerung, während die Männer in den Schützengräben kämpften. Frauen leisteten außerdem ihren Beitrag zum Krieg, indem sie für Soldaten und Opfer nähten und Geld sammelten.

Diese neuen Aufgaben verringerten die Zeit, die für das Quilten blieb. Außerdem veränderte sich die Wahrnehmung des Quiltens, da Bettzeug und Heimtextilien preisgünstiger wurden und problemlos erhältlich waren. Quilts wurden als altmodisch angesehen und das Zusammennähen von Stoffresten schien darauf hinzudeuten, dass es für diejenigen war, die sich keine neuen Bettdecken leisten konnten.

Sparsamkeit erinnerte außerdem an die Armut und schweren Zeiten, die viele während der Großen Depression in den 1930ern erlebt hatten. Der amerikanische Verbraucher wünschte sich in den 1950er-Jahren neue, schöne Dinge. Dies erzeugte eine Verbraucherkultur, insbesondere in städtischeren Gebieten. Demgegenüber fasste die Verbraucherkultur in ländlichen Gebieten nicht wirklich Fuß, wo die Handarbeit unverändert weiter betrieben wurde.

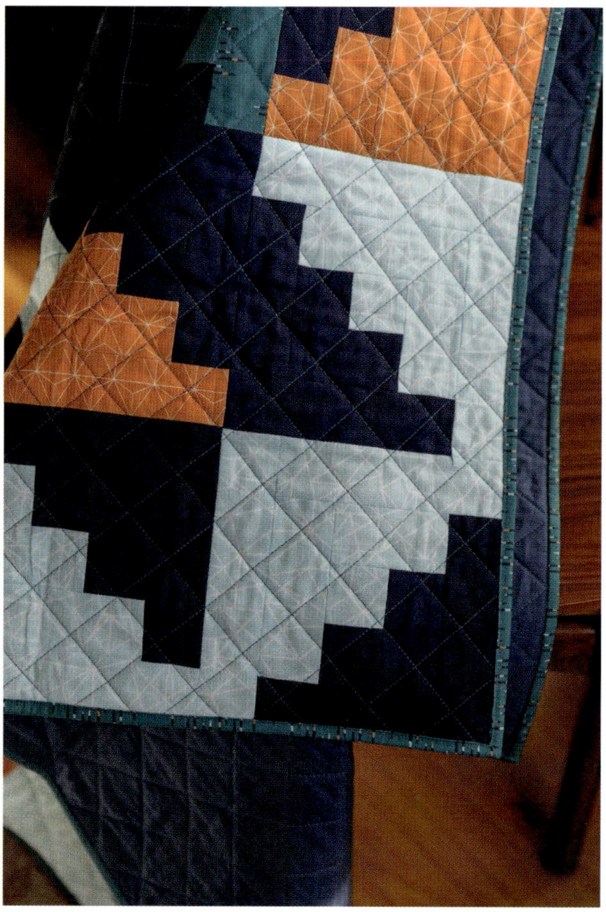

Das Wiederaufleben des Quiltens

Das Jahr 1976 war ein besonderer Moment in der amerikanischen Geschichte des Quilts. Das 200. Jubiläum von Amerikas Unabhängigkeit von Großbritannien bildete die Plattform für das Wiederaufleben des Quiltens. In den Jahren um dieses historische Ereignis erlernten Tausende von Menschen im ganzen Land das Quilten. Quilts waren kein Zeichen der Armut und der schweren Zeiten der Depression mehr, sondern ein Wunsch, die Vergangenheit zu verstehen und wieder aufleben zu lassen. Quilts aus dieser Periode dokumentierten lokale und Familiengeschichte und verkörperten Patriotismus, Optimismus und einen neuen Anfang. Inspiration stammte von Quilts verschiedener Zeiten und wurde mit eigenem Flair umgesetzt. Zu diesem Zeitpunkt entstanden auch die ersten sogenannten Quilt Guilds.

Modernes Quilten hatte ebenfalls in dieser Zeit seine Anfänge. In den 1960ern entstanden die ersten Kunstquilts. Dieser Stil verwendete Improvisation und einfarbige Stoffe. Nancy Crow und Gwen Marston gehörten zu den Pionierinnen dieses Stils und inspirierten andere Quilter*innen, neue Wege abseits der sich wiederholenden, traditionellen Quiltblocks zu gehen.

Die Quilts der Amish waren ein weiterer wichtiger Einfluss auf die modernen Quilts. Großformatige Stoffe, die Verwendung von negativem Raum und einfarbige Stoffe in leuchtenden Farben dieser Quilts spiegeln sich in heutigen Quiltprojekten wider. Die Ära des modernen Quilts gewann weiter an Bedeutung, als Museen und Sammler ihre Türen für die Welt des Quiltens öffneten. Eine besonders wichtige Ausstellung fand Anfang der 2000er-Jahre im Museum of Fine Arts in Houston statt. Sie zeigte Quilts von Gee's Bend, einer kleinen, abgelegenen afroamerikanischer Gemeinde in Alabama. Die Konstruktion dieser Quilts war improvisiert und die Designs und die Verwendung markanter Farben machte sie einzigartig und anders.

Quilten in der heutigen Zeit

Durch die technologischen Fortschritte Ende der 1990er und frühen 2000er erreichten moderne Quilts den Mainstream. Die Einführung des Internets und digitaler Kameras ermöglichte es Näher*innen, Fotos und Videos ihrer Projekte umgehend auf Blogs, Foren und in den sozialen Medien zu veröffentlichen. Dies gab Quilter*innen eine Plattform, um die Fortschritte ihrer Projekte zu zeigen, Tipps und Anleitungen zu finden und zu teilen und Kontakte mit Gleichgesinnten auf der ganzen Welt zu knüpfen. Stoffhersteller reagierten auf das gestiegene Interesse an modernen Quilts durch die Entwicklung von Stoffen mit einer moderneren Ästhetik. Viele führten einfarbige Stoffe ein bzw. erweiterten ihre Auswahl und beauftragten Grafikdesigner*innen und Künstler*innen damit, Stoffkollektionen mit markanten Mustern zu entwickeln. Diese dramatische Veränderung bei den Stoffdesigns inspirierte Quilter, neue Techniken auszuprobieren und andere Designsansätze zu verfolgen.

Heute ist die Quiltgemeinde besser vernetzt denn je. Die Gründung der Modern Quilt Guild, einer internationalen Quiltorganisation, im Jahr 1990, unterstützte diese Netzwerke und ermöglichte es, Online-Kontakte weltweit in monatliche persönliche Treffen und jährliche Conventions zu verwandeln. Mit schnelleren und neueren Technologien können wir Informationen finden und austauschen, Online-Kurse und –Workshops besuchen, an virtuellen Quilting Bees und Quiltgruppen teilnehmen, neue Kontakte knüpfen, Inspiration finden und neue Quiltdesigns, Materialien und Hilfsmittel auf Knopfdruck kaufen und verkaufen.

Quilten hat sich von einer Notwendigkeit zu einer Industrie entwickelt, die mehrere Millionen Dollar wert ist. Jahr für Jahr erzählen mehr Quilter*innen weltweit ihre Geschichten durch ihre Arbeit. Sie gehen an Grenzen und revolutionieren in einer sich ändernden Welt die Ästhetik des Quiltens. Sie inspirieren dadurch eine neue Generation aus Quilter*innen. Es ist mir eine große Ehre und Freude, auf diesen Seiten die Kunst des Quiltens mit dir zu teilen und mein eigenes Kapitel in den Geschichtsbüchern zu schreiben.

ERSTE SCHRITTE

Wenn du Quiltanfänger*in bist, gehen wir auf den folgenden Seiten alle Grundlagen durch. Wenn du bereits etwas Erfahrung hast, ist dieser Abschnitt vielleicht trotzdem nützlich, bevor du mit einem der Quilts im Buch beginnst.

Um dir die Entscheidung für dein nächstes Projekt zu erleichtern, zeigt jede Anleitung am Anfang einen von zwei Schwierigkeitsgraden an:

> **Anfänger:** Beginne hier, wenn du erst mit dem Quilten anfängst. Diese Projekte lassen sich am einfachsten und schnellsten fertigstellen.
>
> **Fortgeschrittener Anfänger:** Wenn du etwas Erfahrung hast und eine kleine Herausforderung suchst, wähle eines von diesen Projekten.

Die Anleitungen in diesem Buch gehen davon aus, dass du grundlegende Kenntnisse und etwas Erfahrung im Umgang mit einer Nähmaschine hast. Du findest für das jeweilige Projekt relevante Tipps, um präzise und erfolgreiche Ergebnisse zu erzielen.

Bevor wir mit dem spannenden Teil beginnen, musst du die richtigen Hilfsmittel und Materialien zusammensuchen und dich damit vertraut machen, wie du deinen Quilt von Anfang bis Ende zusammensetzt. Ich empfehle, dass Anfänger*innen die Informationen zu »Hilfsmittel« *(Seite 14)*, »Arbeitsplatz« *(Seite 18)* und »Zusammenfügen des Quilts von Anfang bis Ende« *(Seite 19)* lesen, um die Grundlagen zu verstehen. Keine Sorge – du brauchst dir nicht gleich jedes Detail zu merken. Das braucht Zeit und Übung. Diese Informationen sind immer zum Nachschlagen für dich da – selbst für erfahrene Quilter. Wenn du dich sicher fühlst, kannst du, bevor du beginnst, auch gleich zu »Allgemeine Hinweise« *(Seite 37)* blättern.

Hilfsmittel

Im Folgenden findest du eine Liste der unentbehrlichen Hilfsmittel, um loszulegen. Mit der Zeit, wenn du sicherer wirst, dich an deinem Arbeitsplatz einrichtest und ein besseres Gefühl für deine Arbeitsweise entwickelst, kannst du in andere Hilfsmittel investieren, wie kleinere und größere Rollschneider und Lineale, drehbare Schneidematten, Bügelmatten aus Wolle und vieles mehr.

Rollschneider: Das Ding, das wie ein Pizzaschneider aussieht, ist ein Rollschneider. Zwar ist eine Stoffschere ebenfalls auf der Liste der unentbehrlichen Hilfsmittel, doch den Rollschneider wirst du öfter verwenden. Es gibt Rollschneider, die für genaueres und schnelleres Zuschneiden von Stoffen entwickelt wurden, in verschiedenen Größen. 45 mm sind Standard – die perfekte Größe für alle grundlegenden Zuschnitte.

Wechselklingen für den Rollschneider: Stumpfe Klingen halten die Arbeit auf. Du weißt, dass die Klinge stumpf ist, wenn du mehr als einmal mit dem Rollschneider am Stoff entlangfahren musst, um einen sauberen Schnitt zu erzielen. Stell dir vor, dass du den Rollschneider für jedes Stück mehr als einmal über den Stoff führen musst – das entspricht dem Zuschneiden von Stoff für mindestens zwei Quilts!

Deshalb ist es nützlich, Wechselklingen bereitzuhalten (natürlich in der Verpackung) und die Klinge nach zwei oder drei Projekten auszutauschen. Mit einer scharfen Klinge solltest du durch sechs bis acht Lagen Baumwollstoff auf einmal schneiden können.

Stoffschere: Eine Stoffschere ist nützlich, um schnell etwas zu schneiden, ohne dass dies die sauberen Schnitte beeinträchtigt, die du mit dem Rollschneider gemacht hast.

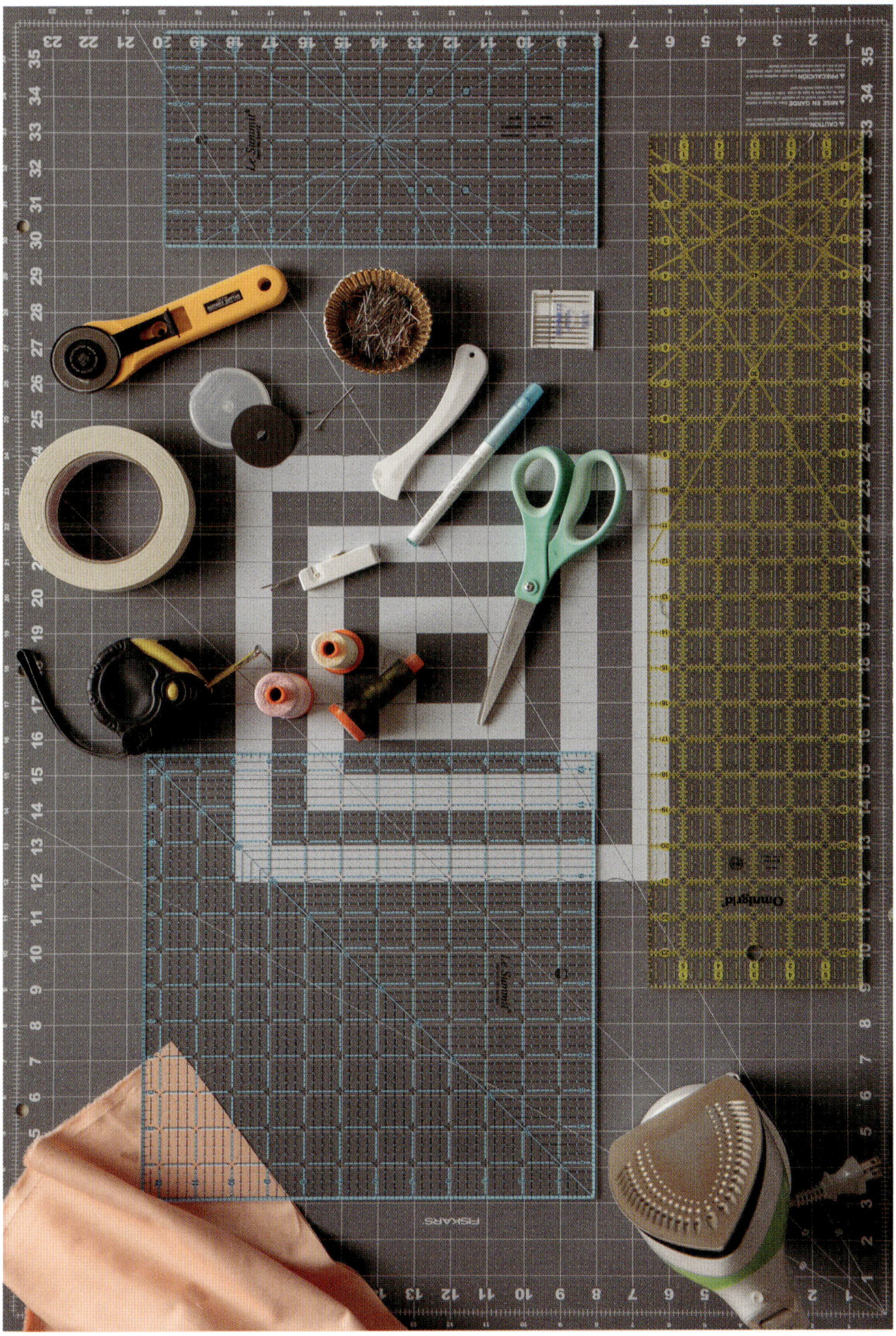

Quiltlineale: Quiltlineale können zum Schneiden, Messen und zum Anbringen von Orientierungslinien auf Stoffen dienen. Es gibt sie in verschiedenen Größen und Formen und jedes hat seinen eigenen Zweck. Sie machen das Schneiden und Messen einfacher und schneller. Ich empfehle, zunächst in die folgenden drei Größen zu investieren:

1. 6" x 24": Mit dieser Lineallänge kannst du Streifen schneiden, die so lang wie die Stoffbreite sind, große Teile zuschneiden und deine Quilts begradigen. Falls du nur ein Lineal kaufen möchtest, empfehle ich dieses hier.

2. 6" x 12": Dieses kleinere Lineal ist perfekt für das Zuschneiden und Begradigen kleinerer Teile. Es ist verglichen mit dem obigen Lineal aufgrund der geringeren Länge einfacher zu handhaben.

3. 12½" x 12½": Beim Quilten schneidet man oft Quadrate zu. Deshalb ist es sinnvoll, in ein großes Lineal für alle Quadrate, groß und klein, zu investieren.

Die verschiedenen Linealgrößen sind von persönlichen Vorlieben abhängig. Während du deine Fähigkeiten weiterentwickelst, kannst du überlegen, ob du in Speziallineale investieren möchtest, um den Schneid- und Begradigungsvorgang zu beschleunigen und neue Techniken auszuprobieren. Du könntest beispielsweise ein 60-Grad-Dreieckslineal für Dreiecke oder ein Stripology-Lineal zum gleichzeitigen Zuschneiden mehrerer Stoffstreifen, Quadrate und Rechtecke investieren.

Maßband: Es ist praktisch für Messungen, die über die Größe deines Quiltlineals hinausgehen (z. B. die Länge des Quilts).

Schneidematte: Eine Schneidematte schützt deine schönen Tischoberflächen und trägt dazu bei, dass dein Stoff und Lineal beim Schneiden nicht verrutschen. Ich verwende sie auch beim Zusammenstecken von Stoff, damit ich meinen Tisch nicht zerkratze.

Schneidematten gibt es in verschiedenen Größen und die gewählte Größe hängt von der Größe deines Arbeitsbereichs ab. Wenn du nur in eine Matte investierst, achte darauf, dass sie breit genug für die Stoffbreite ist. Die Standardbreite für Quiltstoffe ist 42" und der Stoff ist allgemein auf die Hälfte gefaltet. Du hast wahrscheinlich gleich mitgerechnet … du benötigst eine Schneidematte, die mindestens 21" breit ist.

Bewahre deine Schneidematte immer liegend auf, damit sie nicht verbiegt. Halte sie möglichst sauber und verwende sie ausschließlich für Stoffe. Du willst schließlich nicht, dass andere Bastelprojekte an deinem Quilt festkleben!

Stecknadeln: Dies sind deine besten Freunde: Sie verhindern, dass die Stoffe sich verschieben, wenn du sie durch die Maschine führst. Verwende hochwertige, feine Nadeln fürs Quilten. Dicke Nadeln können Löcher hinterlassen und dein Projekt beschädigen. Sie machen es außerdem schwierig, Nähte aufeinander auszurichten, was das saubere Zusammennähen beeinträchtigt.

Nahttrenner: Dieser ist super, wenn deine Hände machen, was sie wollen, und sich nicht an die Anleitung halten oder wenn deine Nähte ein bisschen verrutscht sind. Allerdings ist es nicht so toll, wenn du viele Nähte auftrennen musst, denn dann musst du alles noch einmal machen. Ärgerlich!

Nähmaschinennadeln: Eine stumpfe Nähmaschinennadel kann deinen Stoff beschädigen und zu schlechter Fadenspannung, Kräuseln und ausgelassenen Stichen führen. Sie ist langfristig auch nicht gut für deine Maschine, da diese doppelt so hart arbeiten muss. Halte Ersatznadeln bereit für den Fall, dass deine Nadel abbricht oder sie von all dem Quilten stumpf geworden ist.

Garn: Mit Baumwollgarn in Garnstärke 50 liegst du bei Quiltprojekten für alles vom Zusammennähen bis zum Einfassen richtig. Beim Zusammennähen kannst du auch feineres Garn in Garnstärke 80 verwenden. Dadurch werden Nähte deutlich flacher und das Ausrichten deiner Nähte wird einfacher.

Malerkrepp oder Masking Tape: Ich weiß, ich weiß: Was um alles in der Welt macht Klebeband auf dem Nähtisch? Nun, es ist für verschiedene Zwecke nützlich. Dank der papierähnlichen Oberfläche kannst du z. B. gut darauf schreiben, wenn du Quiltblöcke oder -teile beschriften möchtest.

Du kannst deine Quiltblöcke auch an die Wand oder eine Oberfläche bei deiner Nähmaschine kleben, falls du nicht sicher bist, wie Blöcke zusammengenäht werden sollen, insbesondere wenn die Blöcke sich sehr ähneln.

Mit Klebeband kannst du auch zwei Stoffstücke verbinden. Der Vorteil von Klebeband gegenüber Stecknadeln ist in manchen Situationen, beispielsweise wenn du vier Flying-Geese-Einheiten auf einen Streich zusammenfügst, dass du eine glattere, flachere Oberfläche erhältst, wenn du deine Stoffe durch die Nähmaschine führst. Dadurch werden die Teile gerader und genauer zusammengefügt. Außerdem kannst du über Klebeband nähen, ohne befürchten zu müssen, dass deine Nähnadel zerbricht. Ich gehe diese Techniken genauer durch, wenn wir in einem der Projekte Flying Geese nähen.

Bügeleisen: Verwende ein Bügeleisen, um vor dem Zuschneiden, Nähen oder Quilten Falten aus dem Stoff zu entfernen und um deine Nahtzugaben auseinanderzubügeln, damit die Blöcke schön ordentlich und präzise werden.

Stoffmarker: Es gibt verschiedene Arten, wie Stifte, Kreide oder Bleistifte, in verschiedenen Farben. Ich habe einen wasserlöslichen blauen Stoffmarker in meinem Nähkästchen, um Orientierungslinien fürs Nähen aufzuzeichnen. Es ist immer gut, deinen Stoffmarker auf einem Stoffrest des Projekts auszuprobieren, an dem du arbeitest, um zu sehen, wie gut die Markierungen zu sehen sind und wie leicht sie sich entfernen lassen. Es kann nützlich sein, verschiedenfarbige Marker zu kaufen, je nach den Stofffarben, mit denen du arbeitest.

Hera-Marker oder stumpfes Messer: Dies ist ein weiteres nützliches Hilfsmittel für das Markieren von Orientierungslinien, insbesondere beim Quilten, falls du deinen Quilt nicht zum Longarm-Quilten schickst.

Lauffuß: Neuere Nähmaschinen kommen mit dieser Erweiterung. Der Lauffuß gibt zusätzlichen Halt und arbeitet mit den integrierten Transporteuren unter dem Füßchen deiner Nähmaschine zusammen, damit sich die drei Quiltlagen beim Nähen nicht verschieben. Dieser Fuß hilft, Kräuseln und Blasen in deinem Projekt zu vermeiden. Wenn du deine Quilts von einem Longarm-Quilter quilten lassen willst, lohnt sich die Investition in einen Lauffuß wahrscheinlich eher nicht.

Tipp: Nicht sicher, wo du diese Hilfsmittel findest? Hinten im Buch findest du eine Liste von Bezugsquellen, wo du Hilfsmittel, Stoffe, Materialien und mehr für deine Quiltprojekte kaufen kannst.

Arbeitsplatz

Bevor du beginnst, stelle sicher, dass du in einem Umfeld arbeitest, in dem du dich wohlfühlst und inspiriert bist. Beginne mit einer sauberen, großen, festen Oberfläche für deine Nähmaschine, wo du deine Stoffe zum Schneiden und zum Schichten deines Quiltsandwiches auslegen kannst. Auf *Seite 24* erfährst du mehr darüber, wie du ein Quiltsandwich machst. Achte darauf, dass dein Arbeitsbereich gut ausgeleuchtet ist, damit du auch siehst, was du machst. Du kannst auch Musik anmachen, um dich in Schwung zu bringen. Ich spiele dabei gerne Podcasts, TV-Shows und Filme im Hintergrund, die nicht zu viel Aufmerksamkeit erfordern, um mich beim Nähen zu unterhalten.

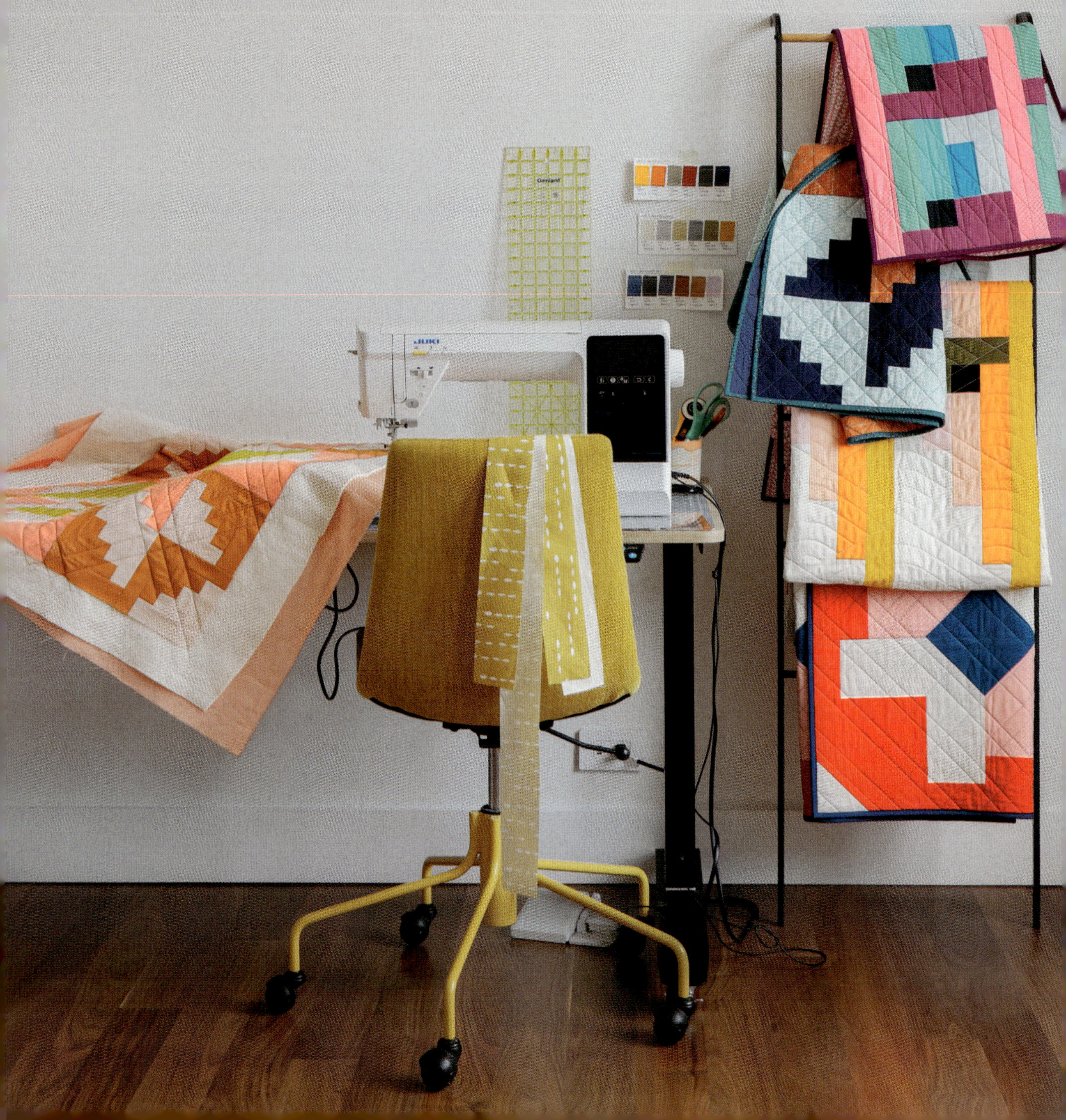

Zusammenfügen des Quilts von Anfang bis Ende

In diesem Abschnitt führe ich dich durch die einzelnen Schritte beim Nähen deines Quilts, von der Auswahl und Vorbereitung zum Zuschneiden, Zusammenfügen und Bügeln, bis hin zum Quiltsandwich, Quilten und Einfassen.

1. Schritt: Auswahl und Vorbereitung deiner Stoffe

Eine der Freuden beim Nähen von Quilts ist die Stoffwahl für dein nächstes Projekt. Du kannst verschiedene Farben, Muster und Strukturen kombinieren, sodass etwas ganz Einzigartiges entsteht. Quiltstoffe sind in der Regel 42" breite Baumwollwebstoffe. Die Angaben für den Stoffbedarf in diesem Buch basieren auf einer Stoffbreite von 42", wobei wir für eventuelle Fehler oder geringe Abweichungen bei der Stoffbreite etwas zusätzlichen Stoff eingerechnet haben.

Quilten ist eine weltweit beliebte Handarbeit und Stoffe werden in verschiedenen Ländern in verschiedenen Einheiten, Yards oder Zentimetern, verkauft. Für das deutschsprachige Buch habe ich den Stoffbedarf in jedem Projekt in Zentimetern angegeben. Als ich mit dem Quilten begann und in Australien in einen Stoffladen in meiner Nähe gegangen bin, konnte mir niemand im Geschäft mit der Umrechnung von Yards in Zentimeter helfen. Am Ende ging ich mit mehr als genug Stoff für drei Babyquilts nach Hause, obwohl ich nur Stoff für eine Tagesdecke brauchte. Ich habe diese Stoffe selbst jetzt noch in meinem Vorrat!

Manchmal lassen Hersteller die Vorwäsche (oder Sanforisieren) aus, um die Produktionszeit zu verkürzen. Dies ist einer der Hauptgründe, warum das Thema, ob man Stoffe vor dem Zuschneiden waschen sollte oder nicht, relativ häufig debattiert wird. Quilter*innen waschen Stoffe vor, um den »antiken« oder knittrigen Look nach dem Waschen des fertigen Quilts zu vermeiden. Die goldene Regel lautet: Wenn du deine Stoffe vorwäschst, wasche alle Stoffe, vor allem, wenn du hochwertigere Baumwollstoffe mit preiswerteren oder Vintage-Baumwollstoffen kombinierst. Der Grund ist, dass Stoffe verschiedener Qualitäten unterschiedlich stark eingehen, sodass dein fertiger Quilt nach der Wäsche krumme Nähte bekommen könnte.

Ich selber wasche vor, wenn ich nicht sicher bin oder die Marke noch nie verwendet habe. Oft gehöre ich jedoch zu den Nicht-Vorwäscherinnen, da ich ein neues Projekt einfach dringend anfangen möchte. Außerdem mag ich es nicht, dass der Stoff nach dem Waschen ein bisschen weicher wird, sodass es etwas fieseliger ist, ihn zuzuschneiden und zusammenzunähen.

Die in diesem Buch verwendeten Stoffe habe ich speziell so ausgesucht, dass die Quiltdesigns problemlos nachgearbeitet werden können. Am Anfang jeder Anleitung findest du die Seite »Farbinspiration« für Informationen zu den Stoffen, wie Hersteller, Designer, Kollektion, Name und Farbe. Alle einfarbigen Stoffe sind Kona Cotton von Robert Kaufman Fabrics, die es in über 300 Farben gibt und die weltweit vor Ort und online problemlos erhältlich sind. Alle bedruckten und gemusterten Stoffe sind von Hawthorne Supply Co., deren interne Designer ihre Stoffe entwerfen. Diese Quiltstoffe sind im Online-Store von Hawthorne Supply Co. als Print-on-Demand erhältlich und werden weltweit versendet.

Hinweis: Die Stoffe in dem Buch wurden nicht von diesen Unternehmen gesponsert.

2. Schritt: Stoffe zuschneiden

Bevor du Quadrate, Dreiecke oder Rechtecke für deine Projekte zuschneidest, solltest du Folgendes machen, damit du die einzelnen Teile möglichst präzise zusammenfügen kannst:

1. Bügele den Stoff schön glatt. Je nachdem, wie der Stoff aufbewahrt wurde, musst du ihn eventuell von beiden Seiten bügeln.

2. Achte auf eine scharfe Klinge im Rollschneider.

3. Begradige unebene Ränder mit Lineal und Rollschneider. Verwende dabei die Faltkante des Stoffs als Orientierung, damit der Rand gerade und im rechten Winkel zur Stoffbreite liegt. Denk dran: Egal, wie gerade der Stoff wirkt, das bloße Auge ist leicht zu täuschen.

Beachte, dass Quilter*innen in Zoll arbeiten. Deshalb sind die meisten Quiltlineale in Zoll. Wenn du mit dem metrischen System aufgewachsen bist, kann das ein bisschen merkwürdig sein. Ich empfehle, die Zuschnittanweisungen nicht in Zentimeter oder Millimeter umzurechnen. Designer verbringen Stunden damit auszurechnen, wie groß die Teile sein müssen und wie viele für ein Projekt erforderlich sind, damit dir diese Arbeit erspart wird. Wenn du in Zentimeter oder Millimeter umrechnest, könnte das dazu führen, dass sich die Teile nicht mehr präzise zusammenfügen lassen und einzelne Stoffstücke und Nähte nicht mehr richtig aufeinander ausgerichtet sind. Alle Zuschnittanweisungen enthalten eine Nahtzugabe von ¼".

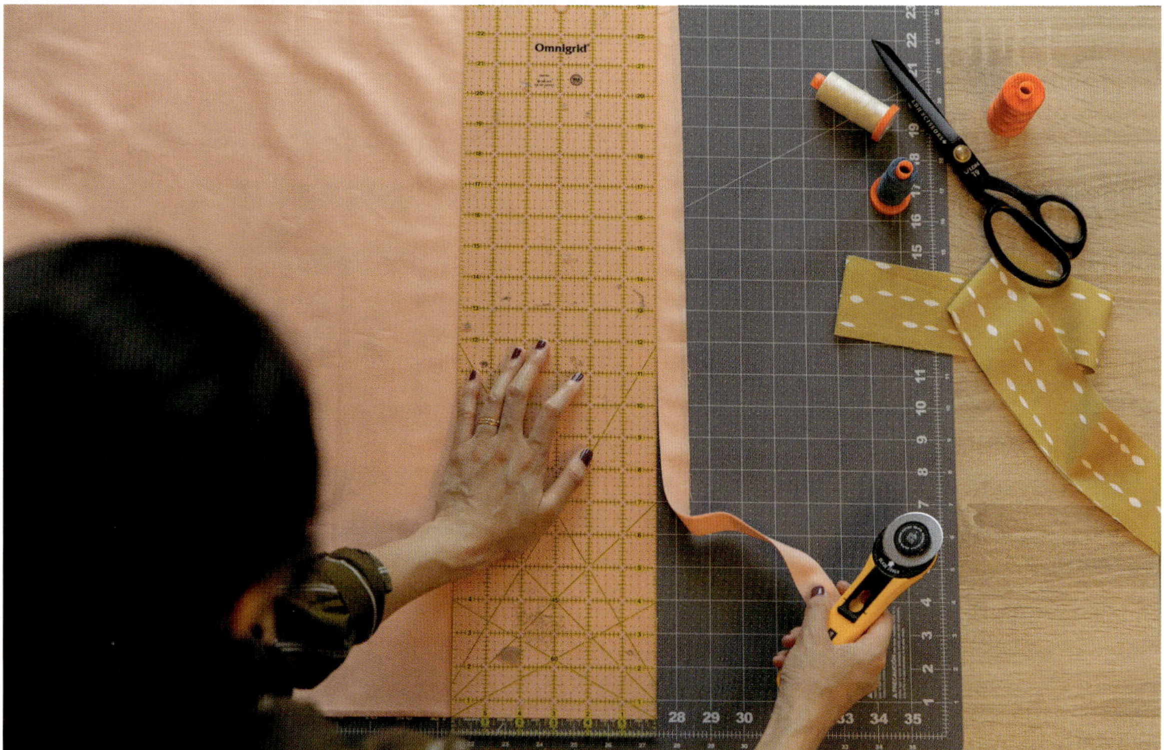

Schneide alle größeren Teile zuerst zu. Warum? Weil du so den Stoff optimal ausnutzen kannst und nicht womöglich mit der Situation konfrontiert wirst, dass du zwar genug Stoff hast, jedoch nicht in einem Stück. Alle Zuschnittanleitungen in diesem Buch beginnen mit dem größten Stück und enden mit dem kleinsten, es sei denn, es wird extra eine bestimmte Reihenfolge angegeben.

Zum Schluss noch ein paar Tipps für den Zuschnitt und allgemeine Hinweise:

- ✂ Schneide vom Körper weg, nicht zum Körper hin.
- ✂ Überkreuze beim Schneiden nicht die Arme. Wenn du Rechtshänder*in bist, halte das Lineal mit der linken Hand und den Rollschneider in der rechten Hand, sodass du deine Teile von rechts nach links zuschneiden kannst. Linkshänder*innen halten das Lineal mit rechts und den Rollschneider mit links und schneiden von links nach rechts.
- ✂ Beim Zuschneiden heißt es aufpassen, damit nichts schiefgeht. Konzentriere dich darauf, was du machst, damit deine Finger nicht in die Nähe der Schneidklinge kommen.
- ✂ Schneide im Stehen zu. Dadurch kannst du dein Körpergewicht nutzen, um Druck auf das Lineal zu geben, damit Lineal und Stoff nicht verrutschen und der Schnitt sauber ist.
- ✂ Messe zweimal, schneide einmal. Achte genau darauf, dass dein Lineal richtig liegt und dass du die Zuschnittanweisungen sorgfältig gelesen hast, bevor du schneidest. Wenn du die Teile falsch zuschneidest, kann das ein Projekt aufhalten.

3. Schritt: Zusammennähen

Die meisten Quiltanleitungen verwenden eine Nahtzugabe von ¼". Wenn die Nahtzugaben abweichen, stimmen die einzelnen Teile, Ecken und Spitzen beim Zusammennähen nicht mehr überein. Anders gesagt: Je genauer du die Nahtzugabe von ¼" einhältst, desto sauberer ist deine Arbeit.

Viele Nähmaschinen kommen mit einer Füßchenerweiterung für eine Nahtzugabe von ¼". Es gibt sie auch bei vielen Näh-/Quiltläden oder Online-Händlern. Selbst mit dieser Erweiterung empfehle ich jedoch zu prüfen, ob die Nadelstellung der Maschine genau der Nahtzugabe entspricht. Das kannst du auf verschiedene Weise tun:

1. Lege ein Quiltlineal zwischen die Maschine und das Füßchen deiner Maschine. Stell dir vor, das Lineal ist ein Stück Stoff. Achte darauf, dass das Quiltlineal am rechten Rand des Füßchens anliegt. Senke das Füßchen, um das Lineal zu fixieren. Drehe das Handrad langsam, bis die Nähmaschinennadel das Lineal berührt. Wenn die Nadel die ¼"-Markierung auf dem Lineal berührt, kannst du mit dem Nähen beginnen. Wenn nicht, stelle die Nadelposition so ein, dass die Nadel auf die ¼"-Markierung auf dem Lineal trifft.

2. Wenn du die Nadelposition an deiner Maschine nicht verändern kannst, könntest du ein Quiltlineal zwischen die Maschine und das Füßchen legen und die Nadel mit dem Handrad langsam senken, damit sie auf die ¼"-Markierung des Lineals trifft. Achte darauf, dass sich das Lineal dabei nicht verschiebt. Klebe dann einen etwa 8 cm langen Streifen Masking Tape auf die Stichplatte. Dabei sollte der linke Rand des Klebebands an der rechten Seite des Lineals anliegen, um anzuzeigen, wo der Stoffrand liegen muss, um eine Nahtzugabe von ¼" zu erreichen. Entferne das Lineal.

Wenn du diese Einstellungen vorgenommen hast, probiere es an einem 4" großen Stoffquadrat aus. Schneide das Quadrat in zwei 2" x 4" große Rechtecke. Nähe die beiden Teile zusammen und bügele die Nahtzugaben auseinander. Das neue Teil sollte 3½" x 4" groß sein.

Es gibt einige Methoden, um Stoffstücke schneller zusammenzunähen.

1. **Chain Piecing (Kettennähen):** Chain Piecing ist eine effiziente, schnelle Technik, um Stoffstückpäckchen nacheinander zusammenzunähen. Bei dieser Technik nähst du deine Päckchen zusammen, ohne zwischendurch den Faden abzuschneiden. Dies spart nicht nur Zeit, da du nicht nach jedem Stoffpäckchen anhältst und neu beginnst, es spart auch Garn.

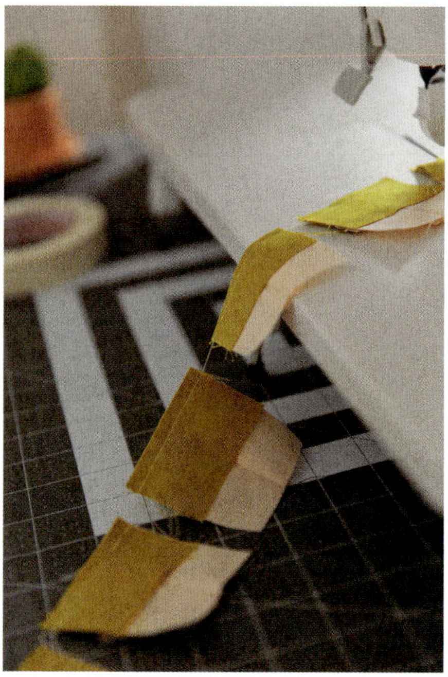

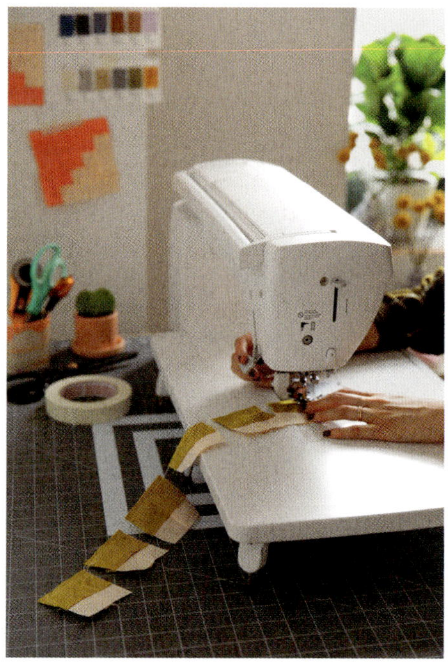

2. **Ohne Stecknadeln:** Stoffstücke zusammenzustecken und dann die Stecknadeln wieder zu entfernen, braucht wertvolle Nähzeit und kann deine Stoffe potenziell beschädigen. Wenn du mehr Übung beim Zusammennähen der Einzelteile bekommst, wirst du feststellen, dass du weniger – oder gar keine – Stecknadeln brauchst. Um ohne Stecknadeln zu nähen, richtest du zwei Stoffstücke sorgfältig aufeinander aus und hältst sie beim Zusammennähen leicht zusammen, allerdings fest genug, dass sie sich nicht gegeneinander verschieben.

4. Schritt: Bügeln

Pressen: Bügele nicht vor und zurück, wie du es bei einer Bluse tun würdest. Dadurch kann sich Stoff dehnen und verziehen, insbesondere kleinere, dünnere Teile. Verwende beim Bügeln eine Auf- und Abbewegung des Bügeleisens, um deine Nahtzugaben auseinanderzupressen. Während des Zusammennähens ist es wichtig, immer wieder zu bügeln, damit die Nähte schön flach liegen. Dadurch kannst du die Teile präziser zusammennähen und du vermeidest dickere Stellen an den Nähten.

Ein guter Tipp, bevor du die Naht zu einer Seite oder auseinander bügelst: Bügele die Nähte, so wie sie genäht sind, damit die Stiche in den Stoff sinken. Dadurch werden die Nähte flacher. Dann drücke die Nahtzugaben mit dem Finger oder einem Hera-Marker leicht auf oder zu einer Seite. Dadurch wird das Bügeln einfacher, denn die Nähte sind schon etwas gebügelt und du musst sie nicht mit einem heißen Bügeleisen in der Hand auffieseln. Dies ist ein zusätzlicher, aber lohnender Schritt, um flache Nähte und präzise zusammengenähte Blöcke zu erhalten.

Beim Bügeln der Nähte hast du zwei Möglichkeiten:

1. Auseinanderbügeln (unten links): Öffne die Nahtzugaben und bügele sie auf der Rückseite des Quiltblocks in gegenüberliegende Richtungen auseinander.

2. Zur dunklen Seite bügeln (unten rechts): Beide Nahtzugaben werden auf der Rückseite des Quiltblocks zum dunkleren Stoff hin gebügelt.

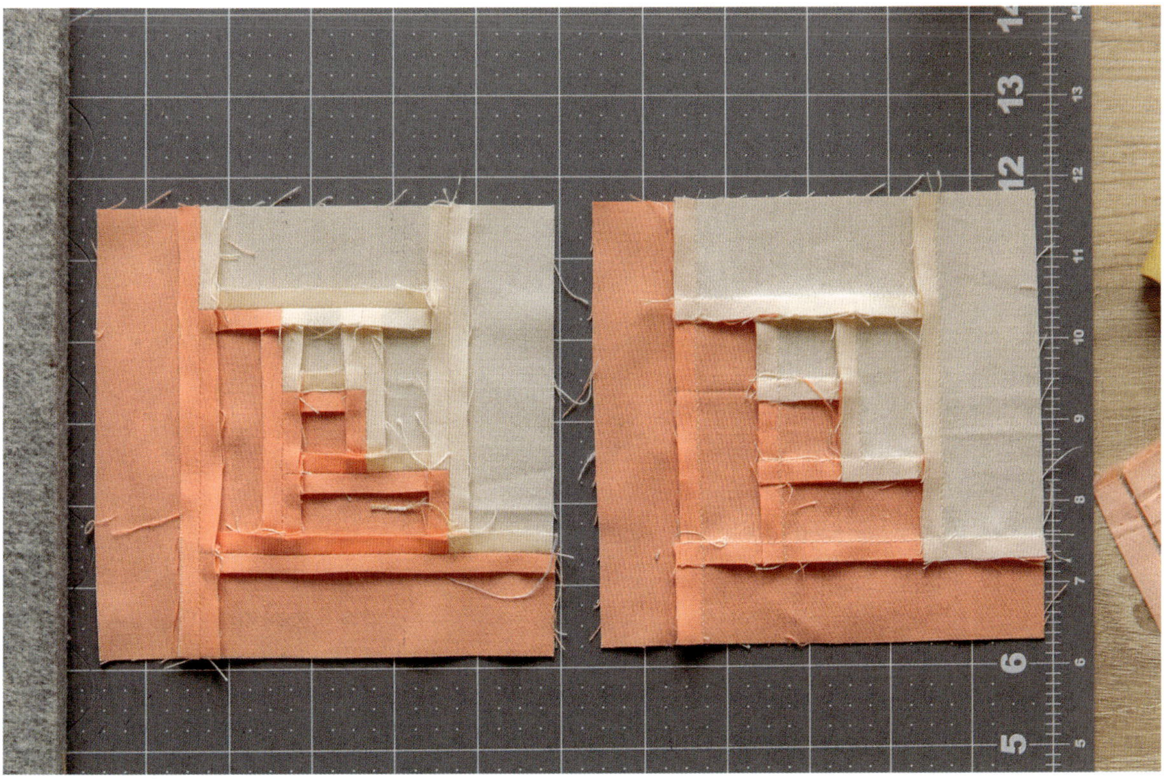

Beide Methoden haben ihre Vor- und Nachteile:

Aufbügeln	Zur dunklen Seite bügeln
Vorteile: Quiltoberteile liegen flacher und sauberer, da die Nahtzugaben gleichmäßig verteilt sind. Einfacher, Nähte bei komplexeren Blöcken aufeinander auszurichten, wenn mehrere Spitzen aufeinandertreffen sollen.	Vorteile: Macht den Quilt langfristig robuster. Durch Bügeln auf eine Seite wird das Garn geschützt. Es verfängt sich nicht, sodass keine Fäden herausgezogen werden, ausfransen oder der Stoff belastet wird. Nahtzugaben sind nicht durch hellere Stoffe zu sehen. Bügeln ist einfacher und schneller. Das Ausrichten von Nähten ist einfacher und schneller, wenn die Nahtzugaben in entgegengesetzte Richtungen gebügelt werden.
Nachteile: Der Quilt ist empfindlicher, da die Nähte offen liegen. Kann zeitaufwendig und schwieriger sein, die Nähte aufeinander auszurichten.	Nachteile: Dickere Nähte.

Meine Philosophie beim Bügeln: Mach es so, wie es für dich am bequemsten oder gewohntesten ist. Solange du bei dem Projekt bei einer Technik bleibst, ist alles gut. Wenn du nicht sicher bist, probiere beide Methoden an verschiedenen Projekten oder Testblöcken aus. Ich selber bügele meine Nahtzugaben auseinander und mache dies auch im gesamten Buch so.

5. Schritt: Quiltsandwich (Heften)

Wenn dein Quiltoberteil fertig ist, hast du zwei Möglichkeiten: Schichte alle drei Lagen – Quiltoberteil, Vlies und Quiltrückseite – aufeinander, um ein Quiltsandwich zu bilden, oder sende deinen Quilt zu einem Longarm-Quiltdienst. Du findest Longarm-Quiltdienste, indem du entweder andere Quilter*innen fragst oder auf Instagram oder Google suchst. Ich habe im Buch auf Seite 157 eine kurze Liste von Longarm-Quilterdiensten (in Deutschland) eingefügt. Einen Longarm-Quiltdienst zu beauftragen, ist die einfachste Option, und du kannst optisch ansprechende, dekorative Quiltmuster wählen. Allerdings ist dies mit zusätzlichen Kosten verbunden und je nach Auftragslage kann es mehrere Wochen dauern. Bei diesem Schritt geht es darum, dein Quiltsandwich zusammenzustellen (zu heften). Im nächsten Schritt wird dann erklärt, wie du selber quiltest. Wenn du deinen Quilt von einem Longarm-Quiltdienst fertigstellen lässt, kannst du gleich zum 7. Schritt, »Einfassen«, *(Seite 30)* springen.

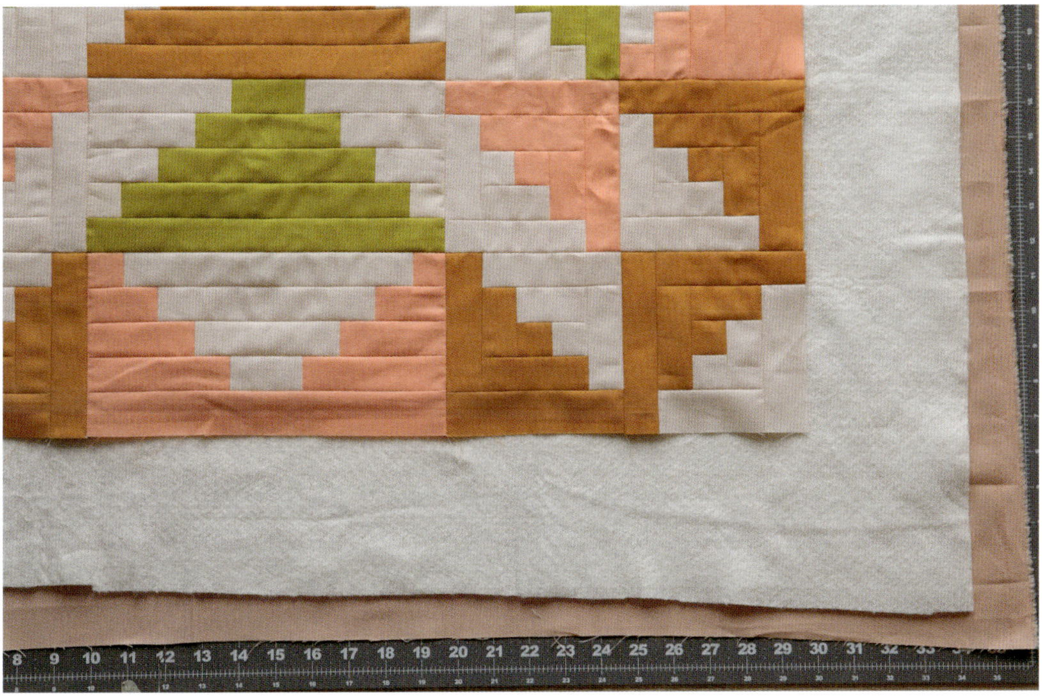

Mit »Heften« ist das Fixieren aller drei Lagen – Quiltoberteil, Vlies und Quiltrückseite – gemeint, um zu verhindern, dass sie sich beim Quilten verschieben. Es gibt mehrere Methoden zum Heften des Quiltsandwichs, wie Fixieren mit Nadeln, Heftstichen oder Spray. Wenn du Anfänger*in beim Quilten oder beim Schichten von Quiltsandwiches bist, beginne zur Übung mit kleineren Projekten. Wandbehänge, Babyquilts und Kissen sind perfekte Projekte für Quiltsandwich-Anfänger.

Vorbereiten der Quiltrückseite

Bevor du ein Quiltsandwich schichtest, musst du überlegen, ob deine Quiltrückseite (oder der Stoff der Rückseite) zusammengenäht werden muss, um das gesamte Quiltoberteil mit etwa 4" Überhang an allen vier Seiten abzudecken. Je nach Breite des Stoffs für die Rückseite musst du meistens mindestens zwei Stoffstücke zusammennähen, um eine Tagesdecke oder einen größeren Quilt zu nähen. Um Zeit und Mühe zu sparen, kannst du auch Stoffe kaufen, die breiter als die üblichen 42" sind. Für Quilts in diesem Buch, die kleiner als Doppelbettgröße sind und bei denen der Stoff für die Rückseite zusammengenäht werden muss, musst du die Stofflänge halbieren. Bei den Tagesdecken für Doppelbetten musst du die Stofflänge dritteln. Entferne vor dem Zusammennähen den Webrand.

Beim Nähen von Quilts ist hier die einzige Ausnahme hinsichtlich der Nahtzugabe, da du sie von ¼" auf ½" erhöhen und die Nahtzugabe auseinanderbügeln solltest. Dadurch werden die Nähte flacher, der Quilt ist langfristig robuster und Lufteinschlüsse in deinem Quiltsandwich werden reduziert.

Da wir schon von Luftblasen und knubbeligen Nähten sprechen, hier sind einige wichtige Schritte, damit dein Quilt schön glatt und flach wird:

1. Achte darauf, dass du genug Platz für deinen ganzen Quilt hast und die Arbeitsoberfläche flach und fest ist, wie ein Holzboden oder ein großer Arbeitstisch.

2. Bügele dein Quiltoberteil und die Quiltrückseite sorgfältig. Bügele auch das Vlies, da es lange in seiner Verpackung gelagert wurde. Beim Bügeln von Vlies empfehle ich, das Bügeleisen auf eine geringere Temperatur zu stellen, insbesondere wenn das Vlies mit künstlichen Fasern wie Polyester hergestellt ist [Foto A].

3. Lege die Quiltrückseite mit der Vorderseite nach unten auf deine Arbeitsoberfläche. Glätte sie mit einem großen Quiltlineal, um Luftblasen zu entfernen. Dies musst du eventuell mehrmals wiederholen. Damit sich die Rückseite nicht während der Arbeit verschiebt, fixiere sie mit Malerkrepp auf der Arbeitsoberfläche [Foto B].

Wenn du Spray zum Heften verwendest, solltest du die Arbeitsoberfläche zuvor mit einer Lage Zeitungspapier, alten Bettlaken oder Malerabdeckvlies abdecken, die größer als dein Quiltsandwich ist. Dadurch verhinderst du (größtenteils), dass dein Arbeitsbereich mit klebrigem Heftspray überzogen wird.

4. Lege das Vlies auf die Quiltrückseite. Glätte es mit einem großen Quiltlineal von der Mitte des Quilts zu den Rändern hin [Foto C].

Wenn du mit Spray heftest, schlage die Hälfte des Vlieses zurück, sprühe die Quiltrückseite in kleinen Abschnitten ein und klebe dann das Vlies auf die Rückseite. Wiederhole dies, bis du die gesamte Fläche fixiert hast.

5. Ähnlich wie bei Schritt 4 legst du nun das Quiltoberteil darauf, sodass die Rückseite des Oberteils auf dem Vies liegt. Glätte das Oberteil mit einem großen Quiltlineal [Foto D].

A

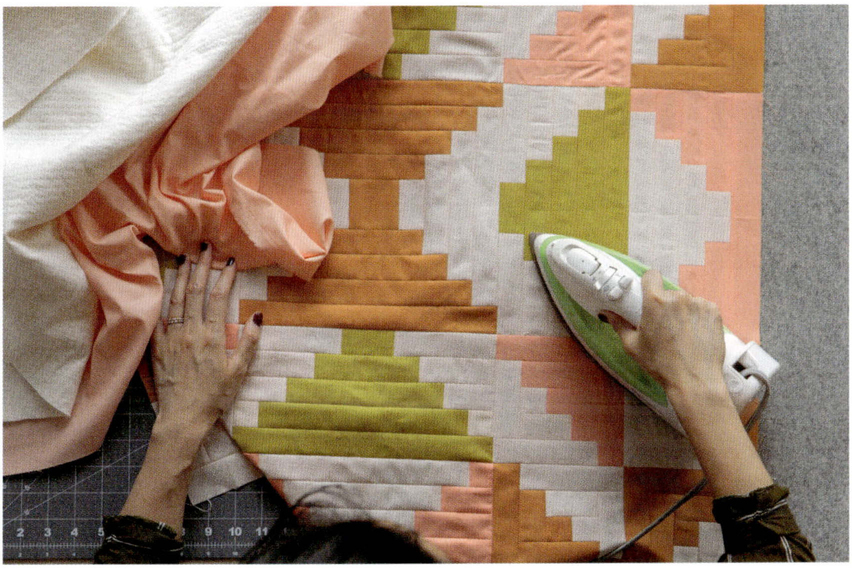

B

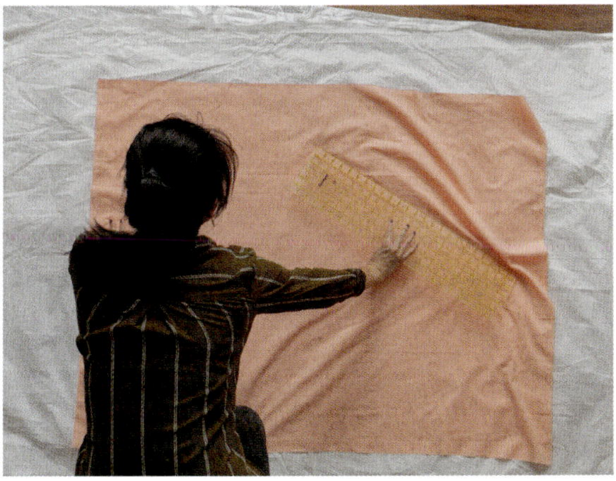

C

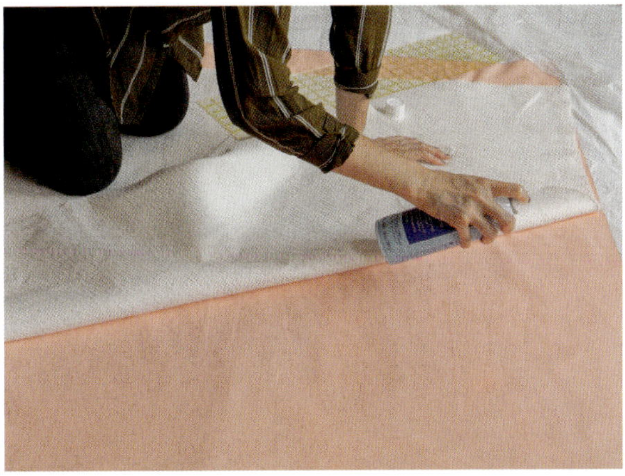

D

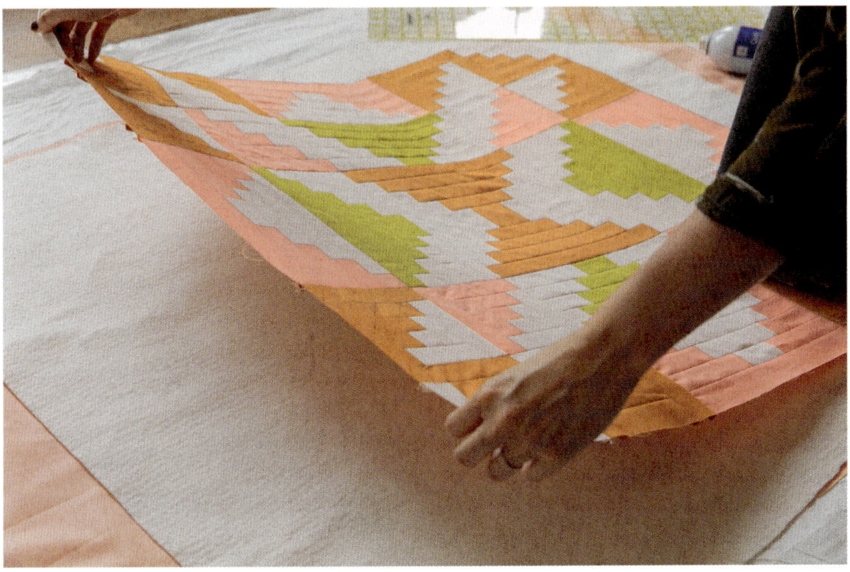

6. *Beim Heften mit Spray*

Wenn du Heftspray zwischen die drei Schichten gesprüht hast, drehe das Quiltsandwich um, sodass die Rückseite oben liegt. Glätte die Vorder- und Rückseite erneut mit einem Quiltlineal. Bügele die drei Schichten zusammen, um den Klebstoff zu aktivieren. So lösen sich die Schichten des Quiltsandwiches nicht, wenn du an ihm arbeitest. Hier kannst du nochmals eventuelle Unebenheiten im Quilt glätten.

Beim Heften mit Sicherheitsnadeln:

Befestige die Lagen mit Sicherheitsnadeln, die du in 2" bis 3" Abstand zueinander anbringst. Verwende genug Nadeln, damit die drei Quiltschichten um die markierten Quiltlinien herum fixiert sind, und achte darauf, dass sie beim Nähen nicht im Weg sind. Um den Vorgang zu beschleunigen, stecke erst alle Sicherheitsnadeln ein und schließe sie dann alle, wenn du fertig bist.

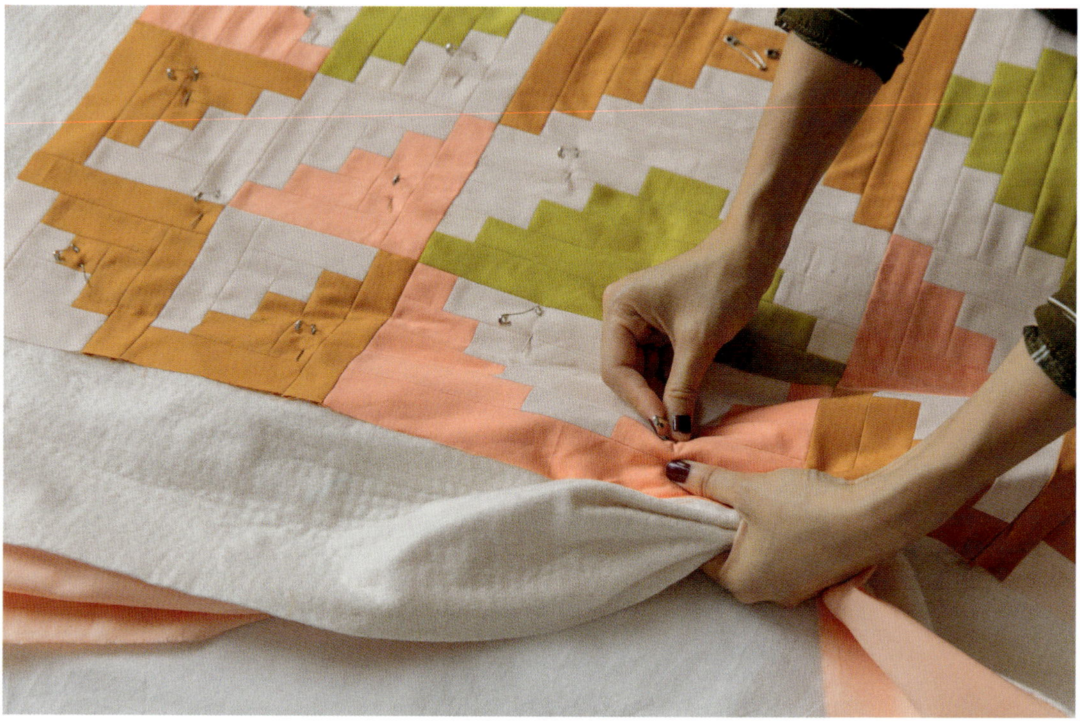

Dein Quiltsandwich ist jetzt zum Quilten bereit!

6. Schritt: Quilten

Der Begriff »Quilten« ist vielseitig. Mit ihm können verschiedene Vorgänge beim Herstellen eines Quilts gemeint sein. An diesem Punkt im Prozess bedeutet »Quilten« das Zusammennähen und Fixieren der drei Schichten des Quiltsandwiches mit geraden Linien oder dekorativen Nähten. Dies kann von Hand oder mit der Maschine gemacht werden.

Quiltnähte und Garnfarben können die Formen und Farben auf deinem Quiltoberteil unterstreichen und dem allgemeinen Look des Quilts ein weiteres optisches Element sowie Struktur verleihen. Manchmal können Nähte mit anderen Designelementen im Quilt konkurrieren. Bevor du mit dem Quilten beginnst, ob mit Hand oder Maschine, solltest du daher gut überlegen, wie du deinen Quilt quilten möchtest. Dafür könntest du Linien auf eine Zeichnung deines Quiltdesigns einzeichnen, aber vielleicht hast du auch einfach eine allgemeine Vorstellung, wie es aussehen soll.

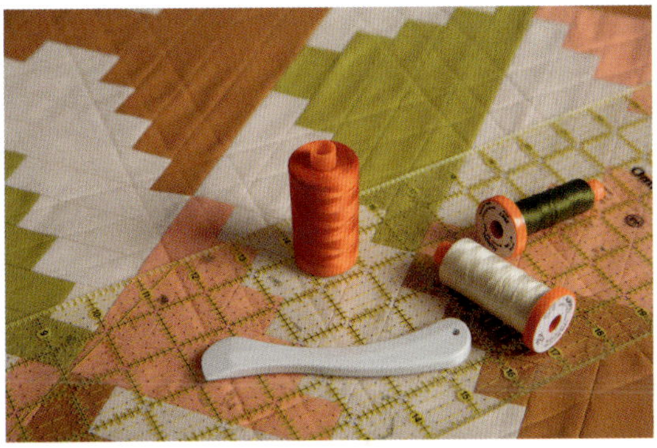

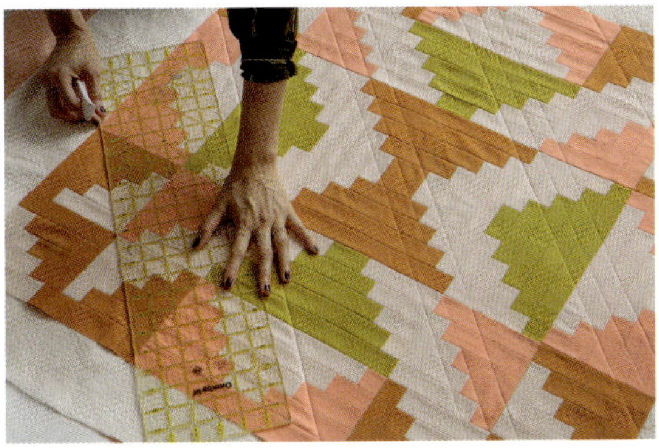

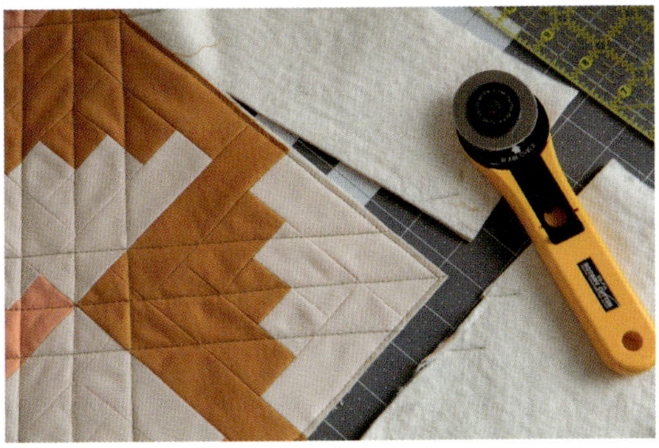

Wenn du deinen Quiltplan hast, markiere die Quiltlinien mit einem Hera-Marker oder einem stumpfen Messer. Verwende ein Quiltlineal, um gerade Linien in gleichmäßigen Abständen zu erhalten. Wenn du Orientierungslinien mit einem Hera-Marker oder einem stumpfen Messer markierst, arbeite mit etwas Druck, um eine Linie im Stoff zu hinterlassen. Dabei musst du eventuell mehrmals mit Druck über den gleichen Bereich fahren.

Bevor du mit dem Quilten beginnst, musst du möglicherweise ein paar Einstellungen an der Nähmaschine vornehmen. Bringe zunächst den Lauffuß an der Maschine an, um in geraden Linien zu quilten (beim Free-Motion-Quilten benötigst du einen speziellen Free-Motion- oder Stopffuß). Stelle die Stichlänge auf 2,5 bis 3,0 ein und verwende Garn in Garnstärke 50. Diese Stichlänge und Garnstärke lassen deine Quiltnähte gut wirken. Wie du dich hinsichtlich dieser zwei Variablen entscheidest, ist Geschmackssache – es hängt davon ab, wie gut dein Quiltgarn zu sehen sein soll. Wenn du nicht sicher bist, mache ein Quiltsandwich aus Resten und teste verschiedene Garnstärken und Stichlängen, um deine bevorzugte Kombination zu finden.

Wenn du dein Quiltdesign fertig genäht hast, stabilisiere dein Quiltsandwich mit einer Naht in etwa 1/8"Abstand vom Rand, bevor du überschüssiges Vlies und Stoff von der Quiltrückseite abschneidest und den Quilt begradigst, um ihn dann einzufassen.

7. Schritt: Einfassung – das Binding

Du bist ganz nahe an der Ziellinie und ganz bald kannst du (oder wer immer das Glück hat, den Quilt zu bekommen) dich in den fertigen Quilt kuscheln. Aber bevor du die Ziellinie überquerst, musst du den Quilt noch einfassen.

Binding, also die Einfassung, ist der Stoffstreifen, der um den Außenrand des Quiltsandwiches gefaltet wird, damit die Ränder nicht ausfransen. Es ist ein weiteres Designelement und wird ganz zum Schluss angebracht. Ich zeige dir, wie man die Binding-Streifen macht und am Quilt annäht.

Binding-Streifen anfertigen

1. Für die Projekte in diesem Buch siehst du unter »Stoff für Binding« beim »Zuschnitt« in der Quiltanleitung, wie viele 2½"-Streifen du für die gewünschte Quiltgröße benötigst.

2. Lege den Binding-Streifen mit der Rückseite nach oben horizontal vor dich und markiere ihn 2½" vom linken Rand. Zeichne eine 45-Grad-Diagonale von der Ecke unten links zu deiner Markierung [Foto A].

3. Verbinde alle Binding-Streifen, um einen langen Binding-Streifen zu erhalten. Stecke dazu zwei 2½"-Streifen im 90-Grad-Winkel rechts auf rechts, sodass die aufgezeichnete Linie nach oben zeigt. Nähe auf der Linie [Foto B].

4. Schneide den Überstand mit ¼" Abstand von der Naht ab. Bügele die Nahtzugaben an den Verbindungsstellen auf. Bügele nicht zur dunklen Seite. Wenn du die Nahtzugaben auseinander bügelst, tragen die Nahtzugaben nicht zu stark auf und das Binding wird schön glatt [Foto C].

5. Falte das Binding längs auf die Hälfte, links auf links, und bügele es flach. Der Bindingstreifen ist jetzt 1 ¼" breit [Foto D].

Binding am Quilt annähen

Es gibt zwei Methoden, um das Binding am Quilt anzunähen: von Hand oder mit der Maschine. In diesem Beispiel erkläre ich dir, wie du das Binding mit der Maschine annähst. Diese Methode ist schneller und langfristig robuster als das Nähen von Hand.

1. Beginne mit nach oben zeigender Quiltrückseite. Richte die Schnittkante des Bindings mit dem Rand des Quiltsandwiches aus. Beginne etwa 4" vom Anfang des Bindings und ¼" von der Schnittkante mit dem Nähen [Foto E].

2. Nähe weiter, bis sich die Nadel ¼" von der Ecke befindet. Halte an und nähe ein Stück rückwärts. Nimm den Quilt dann aus der Nähmaschine [Foto F].

3. Drehe den Quilt um 90 Grad, sodass der noch nicht eingefasste Rand des Quiltsandwiches rechts liegt. Falte das Binding im 45-Grad-Winkel und falte es dann wieder nach unten, sodass die Schnittkante mit dem Rand des Quiltsandwiches ausgerichtet ist [Foto G].

A

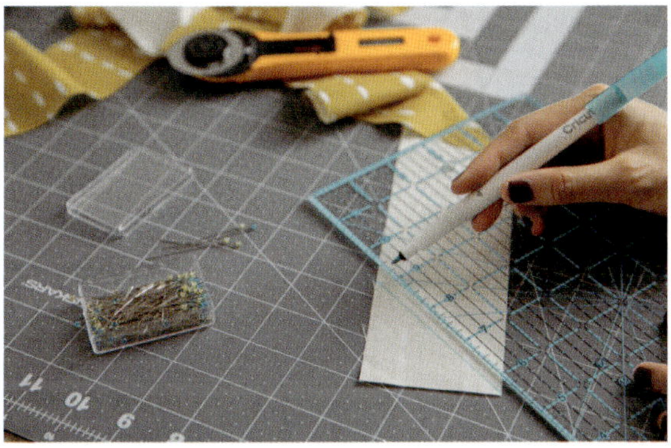

B

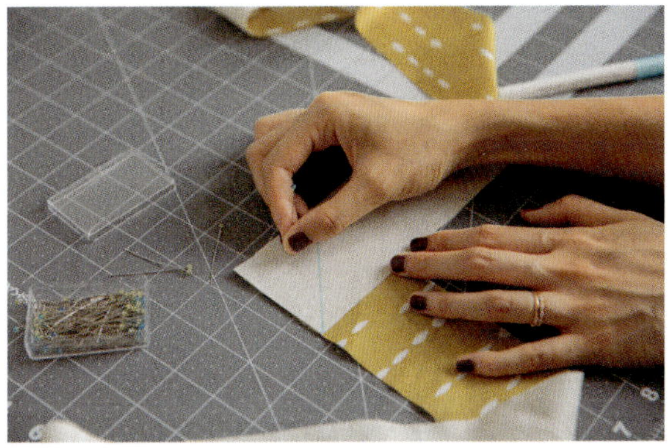

C

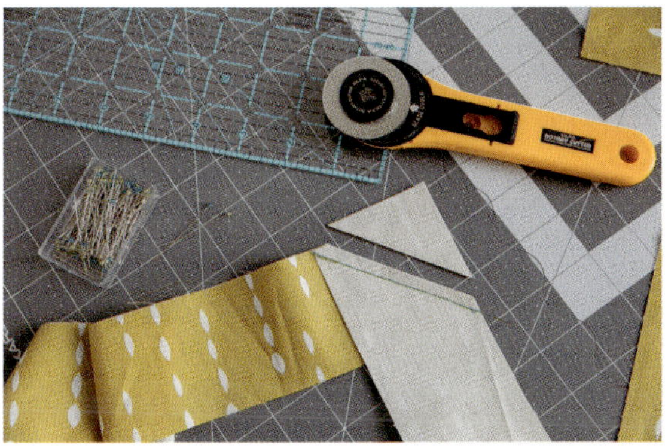

D

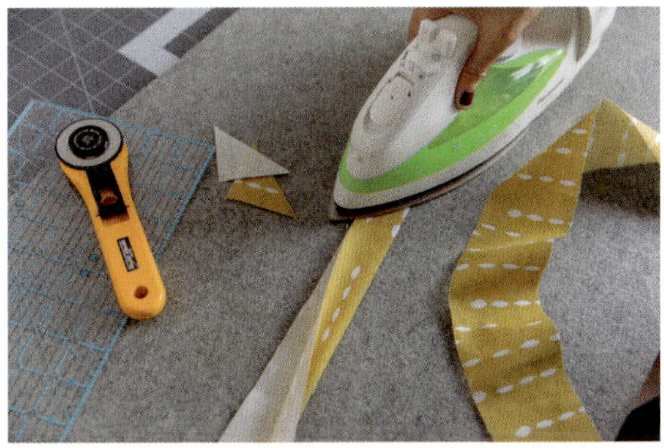

E

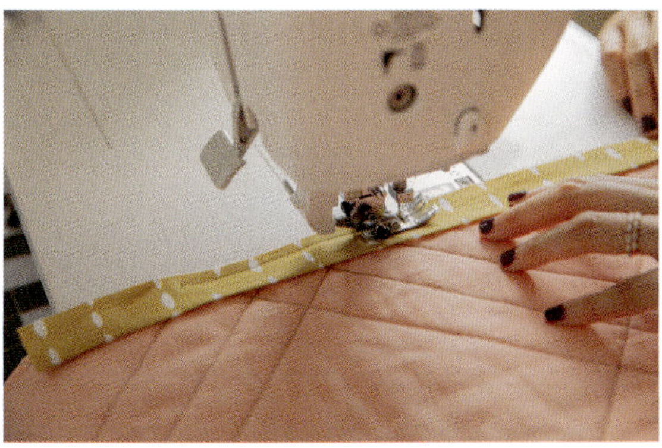

F

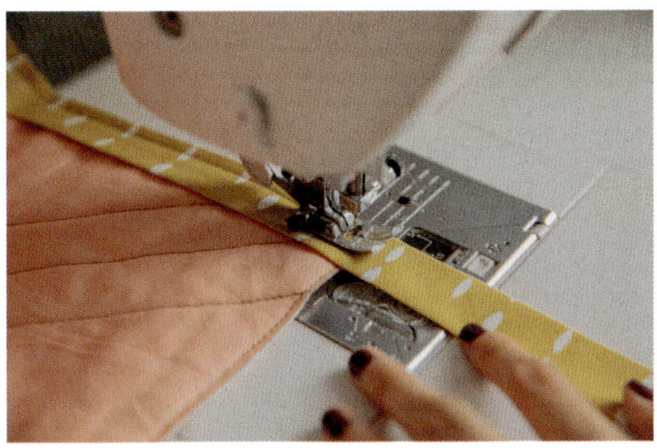

G

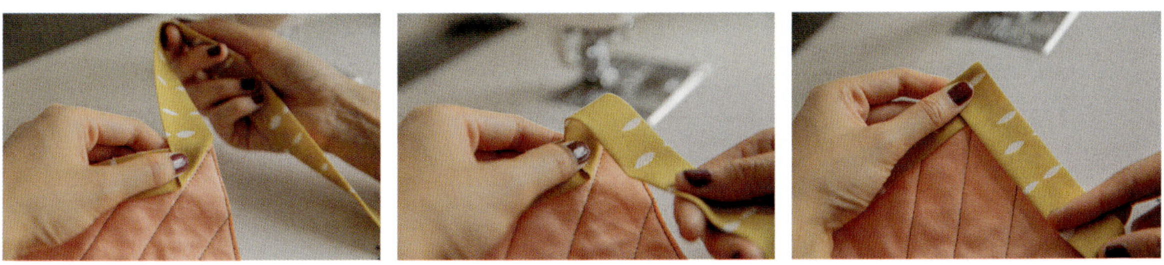

H

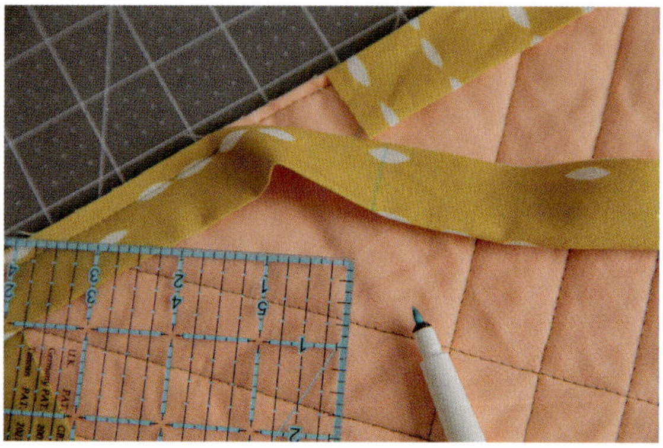

I

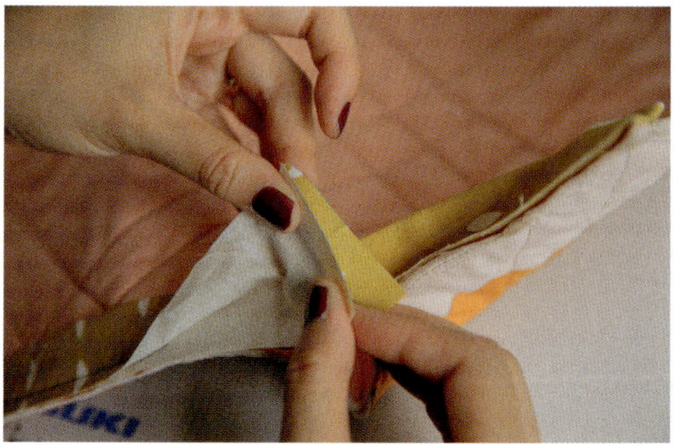

J

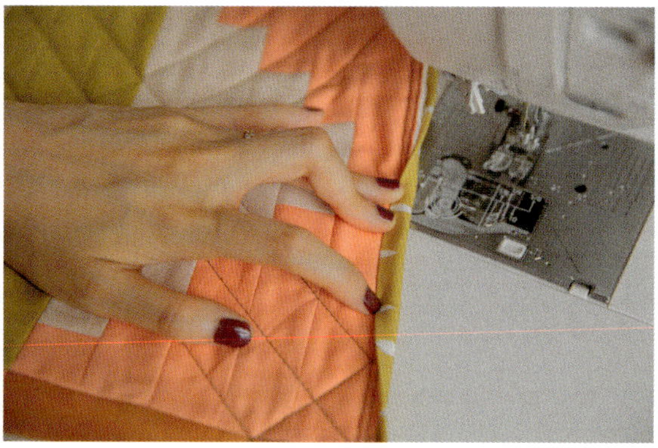

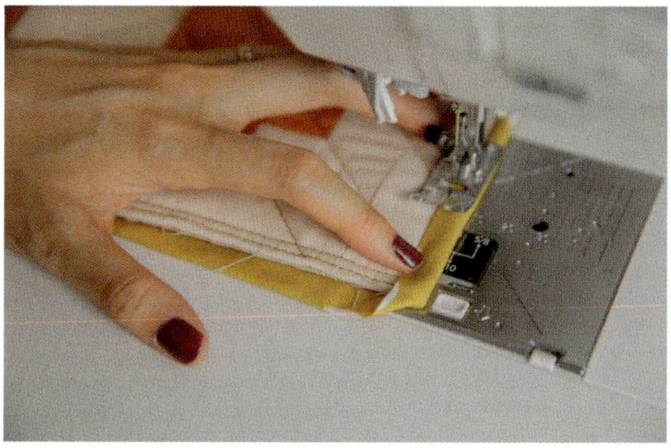

4. Nähe das Binding weiter wie im 1. und 2. Schritt beschrieben an, bis du etwa 6" bis 8" vom Beginn des Bindings bist. Nimm den Quilt aus der Nähmaschine.

5. Lege den Quilt flach hin, sodass die Quiltrückseite und die beiden Enden des Binding-Streifens nach oben zeigen. Lege das Ende des Bindings auf den Anfang des Bindings. Markiere mit einem Quiltlineal ½" nach dem Anfang des Bindings, sodass die beiden Enden überlappen. Schneide auf der markierten Linie [Foto H].

6. Nähe die beiden Enden des Binding-Streifens mit einer Nahtzugabe von ¼" rechts auf rechts zusammen und bügele die Nahtzugaben auseinander [Foto I].

7. Nähe das restliche Binding an die Quiltrückseite.

8. Jetzt hast du es fast geschafft! Falte die Faltkante des Bindings zur Quiltoberseite und nähe sie fest. Wenn du etwa 2" von der Ecke des Quilts entfernt bist, halte an und lasse dabei die Nadel und das Füßchen unten [Foto J].

K

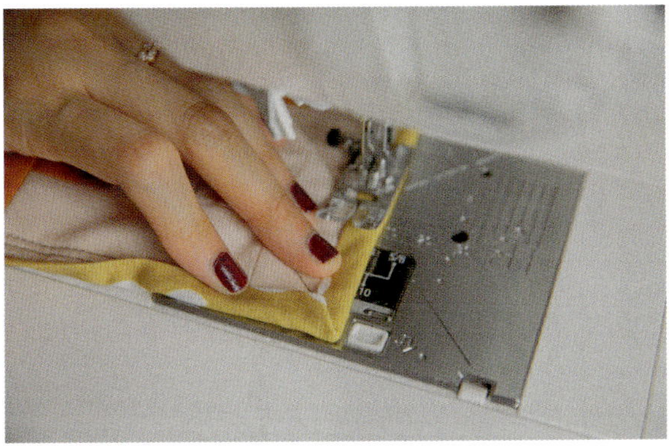

L

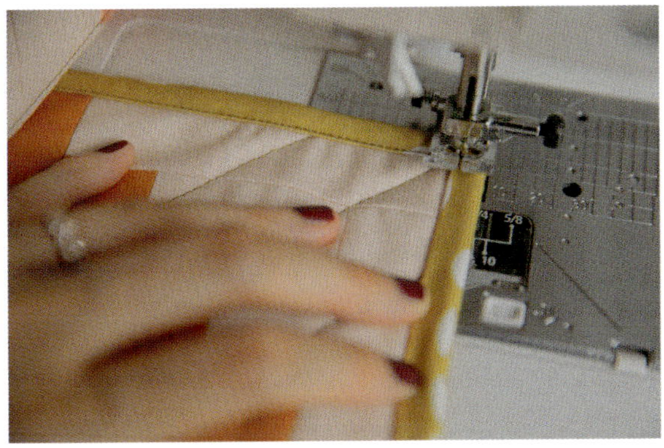

9. Falte die Faltkante des Bindings so auf die Quiltoberseite, dass es an der Ecke des Quilts einen 45-Grad-Überhang gibt. Falte das Binding senkrecht zu der gerade angenähten Kante zur Mitte des Quilts, um die Quiltecke zu bilden. Du kannst die Ecke mit dem Finger, Stecknadeln oder einer Klammer fixieren [Foto K].

10. Nähe weiter. Wenn du zur Spitze der gefalteten Ecke kommst, lasse die Nadel im Quilt. Hebe das Füßchen vorsichtig an, um den Quilt um 90 Grad gegen den Uhrzeigersinn zu drehen, und nähe das Binding weiter an die Quiltoberseite [Foto L].

11. Wiederhole den 8. bis 10. Schritt, um den Quilt fertigzustellen.

12. Wenn du den Anfang des Bindings erreichst, denke daran, ein paar Stiche rückwärts zu nähen, um das Binding zu verstärken.

13. Schneide alle Fäden ab und freue dich über deinen Quilt!

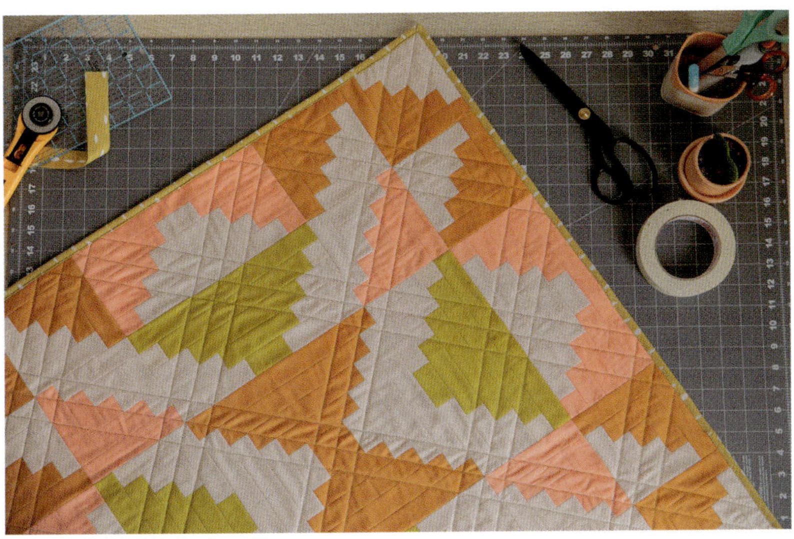

BEGRIFFE UND ABKÜRZUNGEN

Wie bei anderen Hobbys haben Quilter*innen ihre eigenen Ausdrücke. Wir wollen ein paar Quiltbegriffe durchgehen, die in Quiltanleitungen und unter Quilter*innen häufig verwendet werden. Auf diesen Seiten kannst du jederzeit nachschlagen, falls du etwas nicht ganz verstehst!

Vlies/Wattierung: Vlies ist die Isolierschicht des Quilts. Es liegt zwischen der Quiltober- und -rückseite. Vlies wird als Meterware verkauft oder aber als zugeschnittene Stücke in verschiedenen Größen. Vlies besteht meist aus Baumwolle, Wolle, Polyester oder Bambus.

Heften: Mit diesem Schritt werden die drei Schichten des Quilts – Oberteil, Vlies und Rückseite– vorübergehend fixiert, während du ihn mit Zierstichen quiltest. Es gibt verschiedene Heftmethoden, wie Feststecken, Heften mit Spray oder mit Heftstichen.

Binding oder Einfassung: Binding ist der lange Stoffstreifen um den Rand des Quilts, der die unversäuberten Ränder des Quiltsandwiches verdeckt. Es macht den Quilt robuster und langlebiger. Das Annähen der Einfassung wird in der Regel als der letzte Schritt beim Anfertigen eines Quilts betrachtet.

Block: Mehrere einzelne Stoffstücke bilden ein Quiltoberteil. Ein Quiltoberteil ist in verschiedene Blöcke unterteilt, sodass es einfacher ist, bestimmte Teile des Quiltoberteils bzw. die Konstruktionsmethode zu benennen. Ein Quiltblock kann einfach ein Quadrat oder ein Rechteck aus Stoff sein, das mit einem Rollschneider zugeschnitten wird, oder er kann aus mehreren Stoffstücken bestehen, die zusammengenäht wurden, um ein größeres Quadrat oder Rechteck zu bilden.

Chain-Piecing: Bei dieser Nähtechnik werden Stoffpäckchen nacheinander durch die Maschine geführt, ohne zwischendurch den Faden abzuschneiden. Es ist quasi eine lange Kette aus Quiltblockeinheiten, die mit einem durchgehenden Faden verbunden sind.

Fat Eighth (FE): Ein Fat Eighth ist ein Achtel-Yard Stoff, der etwa 9" x 22" groß ist. Es entsteht, wenn ein Viertel eines Yards an der Faltkante durchgeschnitten wird.

Fat Quarter (FQ): Ein Fat Quarter ist ein Viertel-Yard Stoff, der etwa 18" x 22" groß ist und entsteht, wenn man einen Yard Stoff längs und quer in die Hälfte schneidet. Diese Viertelzuschnitte sind breiter und anders geschnitten als ein normales Viertel eines Yards, das etwa 9" x 42" groß ist.

Fertige Größe: Die fertige Größe ist die Größe des fertigen Blocks oder Quiltoberteils ausschließlich Nahtzugaben.

Hera-Marker: Ein Hera-Marker ist ein Stück Hartplastik mit einem dünnen Rand und einem abgerundeten Oberteil. Mit ihm werden deutliche, eingedrückte Orientierungslinien angebracht, ohne dass dauerhafte Markierungen zurückbleiben, wie das bei einem Markerstift vorkommen kann.

Longarm-Quiltdienst oder Longarm-Quilten: Für das Longarm-Quilten ist eine Longarm-Quiltmaschine erforderlich. Die drei Quiltlagen werden auf einen Metallrahmen gespannt und es werden manuell oder automatisch Zierstiche genäht, um die Lagen dauerhaft zu fixieren. Eine Longarm-Quiltmaschine oder das Senden deines Projekts an einen Longarm-Quiltdienst können sehr kostspielig sein. Allerdings reduziert es die nötige Zeit und Anstrengung für das Heften und Quilten beträchtlich und man kann unter Hunderten verschiedener Quiltmotive und -designs wählen (auch als Pantographen bezeichnet).

Piecing: Piecing ist das Zusammennähen mehrerer zugeschnittener Stoffteile, um einen Quiltblock oder ein Quiltoberteil zu bilden.

Bügeln: Wenn beim Quilten vom Bügeln die Rede ist, ist damit eine Auf- und Abbewegung des Bügeleisens gemeint. Hin- und Herbewegungen beim Bügeln können den Stoff dehnen und verziehen, insbesondere kleinere, dünnere Teile. Das Auseinanderbügeln der Nahtzugaben ist ein wichtiger Schritt während des gesamten Projekts, damit die Nähte flach liegen und die einzelnen Teile präzise zusammengefügt werden können.

Quiltrückseite: Die Quiltrückseite ist die Stofflage, die auf der Unterseite des Quilts verwendet wird.

Quiltsandwich: Als Quiltsandwich werden die drei Lagen eines Quilts bezeichnet: Quiltoberteil, Wattierung und Quiltrückseite.

Quiltoberteil: Das Quiltoberteil ist der Teil, in den du beim Quilten die meiste Zeit und Anstrengung investierst. Es ist die oberste Schicht des Quilts und zeigt die einzeln zugeschnittenen und zusammengenähten Stoffstücke.

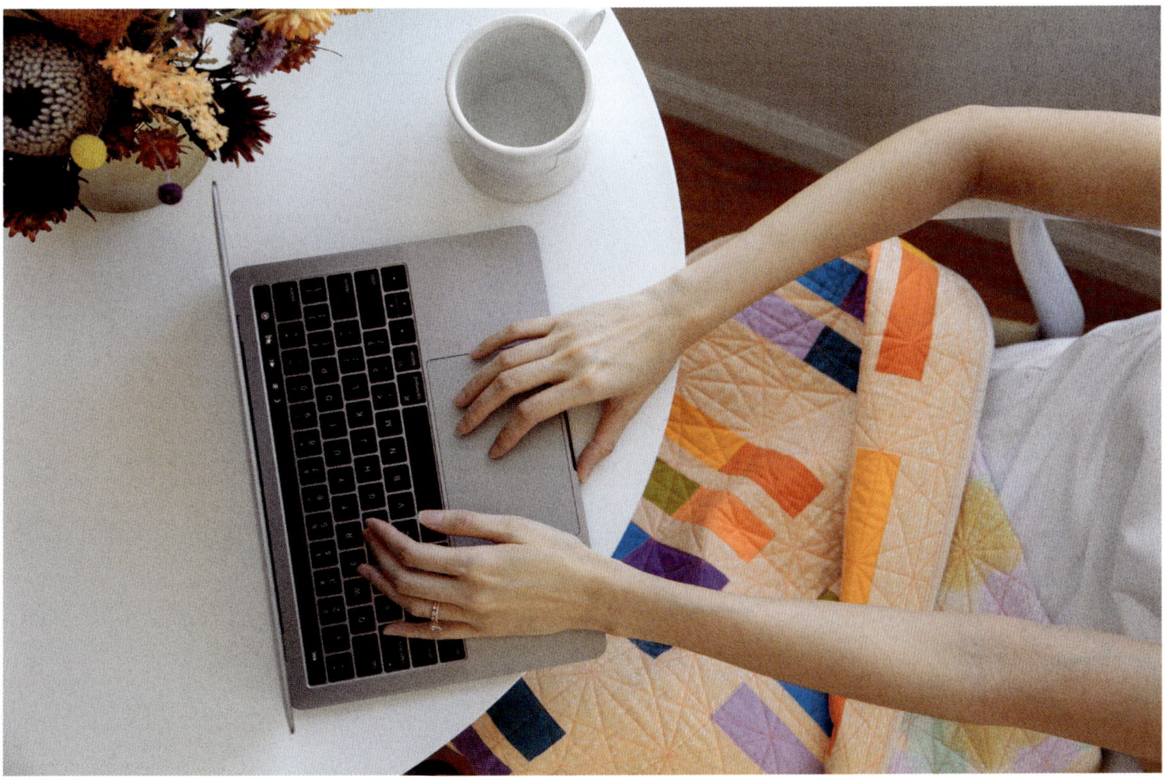

Quilten: Quilten bezeichnet das Zusammennähen und Fixieren der drei Schichten eines Quiltsandwiches mit dekorativen oder geraden Stichen.

Rechte und linke Seite: Die rechte Seite des Stoffs ist die Seite, die beim fertigen Projekt sichtbar ist. Dies ist normalerweise die Seite mit dem Musterdruck. Die linke Seite ist die »Rückseite« bzw. die blassere Seite des Stoffs. Bei einfarbigen Stoffen sind die rechte und linke Seite oft gleich.

Nahtzugabe: Die Nahtzugabe ist der Abstand zwischen der Schnittkante des Stoffs und der Naht. Die standardmäßige Nahtzugabe bei Quiltprojekten beträgt ¼", sofern in der Anleitung nichts anderes angegeben ist. Beim Schneidern von Bekleidung beträgt die standardmäßige Nahtzugabe 3/8".

Webkante: Die Webkante ist der produktionsbedingt fest gewebte Rand eines Stoffes, der auch verhindert, dass die Seiten des Stoffs ausfransen, bevor der Verbraucher den Stoff in den Händen hält. Auf der Webkante stehen in der Regel der Name des Herstellers, der Name der Kollektion, der Stoffdesigner und die Farbmuster der in dem Stoff verwendeten Farben. Diese Partie des Stoffs muss vor Beginn deines neuen Projekts entfernt werden, da sie sich beim Nähen und Waschen anders als der restliche Stoff verhält.

Korrekturschneiden: Durch Korrekturschneiden – mit einem Rollschneider und einem Lineal – stellst du sicher, dass alle Ränder eines Quiltblocks oder Sandwiches gerade und alle Ecken rechtwinklig sind. Durch diesen Schritt wird das Zusammenfügen präziser und das Endergebnis sauberer.

Streifentechnik: Die Streifentechnik ist eine schnelle und einfache Methode, bei der mehrere Stoffstreifen zusammengenäht werden, um einen Streifensatz zu erstellen. Der Streifensatz wird dann mehrmals senkrecht durchgeschnitten, um mehrere Segmente zu erhalten. Dies ersetzt das zeit- und arbeitsintensive Zuschneiden und Zusammennähen einzelner Quadrate und Rechtecke.

Einheiten: Mit Einheiten werden einzelne Teile oder Abschnitte bezeichnet, die einen Quiltblock bilden.

Stoffbreite (SB): Dies ist der Abstand von einer Webkante zur anderen. Wenn du Quiltstoffe kaufst, wirst du sehen, dass die SB meistens 42" bis 44" beträgt. In diesem Buch gehe ich immer von einer SB von 42" aus.

Stofflänge: Mit Stofflänge wird der Stoffbedarf für ein Projekt angegeben. In der deutschsprachigen Region geschieht dies in Metern, auf dem amerikanischen Markt in Yard.

ALLGEMEINE HINWEISE

Da du nun bereit bist, mit deinem Projekt zu starten, hier ein paar schnelle Tipps, bevor du beginnst:

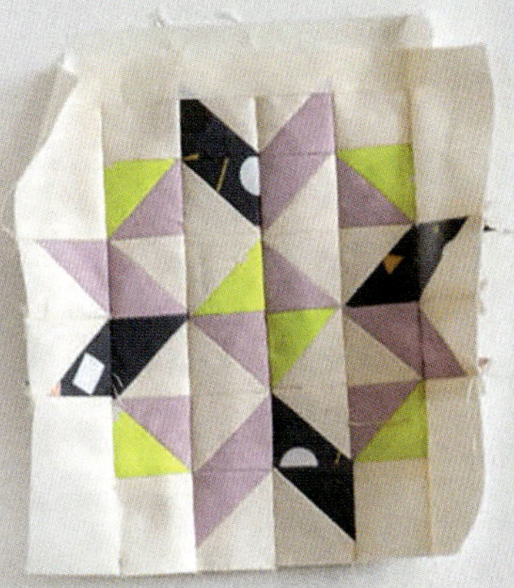

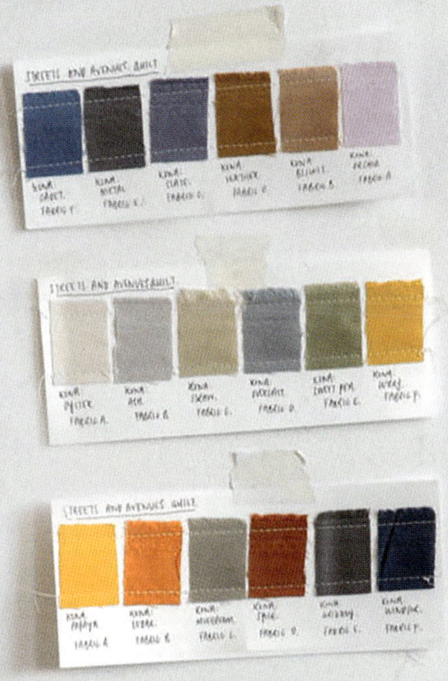

- ✂ Wie bei einem Rezept in der Küche solltest du eine Quiltanleitung erstmal ganz durchlesen, bevor du ein neues Projekt beginnst. So weißt du, welches Material du benötigst und was dich bei dem Projekt erwartet.
- ✂ Denke dran: Der Stoffbedarf basiert immer auf einer Stoffbreite (SB) von 42".
- ✂ Denke dran: Bei den Zuschnittangaben ist eine Nahtzugabe von ¼" bereits enthalten.
- ✂ Teile deine Erlebnisse mit *Quilten mit der Nähmaschine* in den sozialen Medien unter dem Hashtag des jeweiligen Quilts, der am Ende jeder Anleitung steht. Und vergiss nicht, *@the.weekendquilter* zu taggen sowie die Hashtags *#theweekendquilter* und *#quiltenmitdernähmaschine* zu verwenden, damit ich dein Projekt sehe. Es ist immer spannend, die Arbeiten meiner Leser*innen zu sehen!

Folge *@the.weekendquilter* auf Instagram und Pinterest für mehr Ideen und Inspirationen zum *Quilten mit der Nähmaschine*.

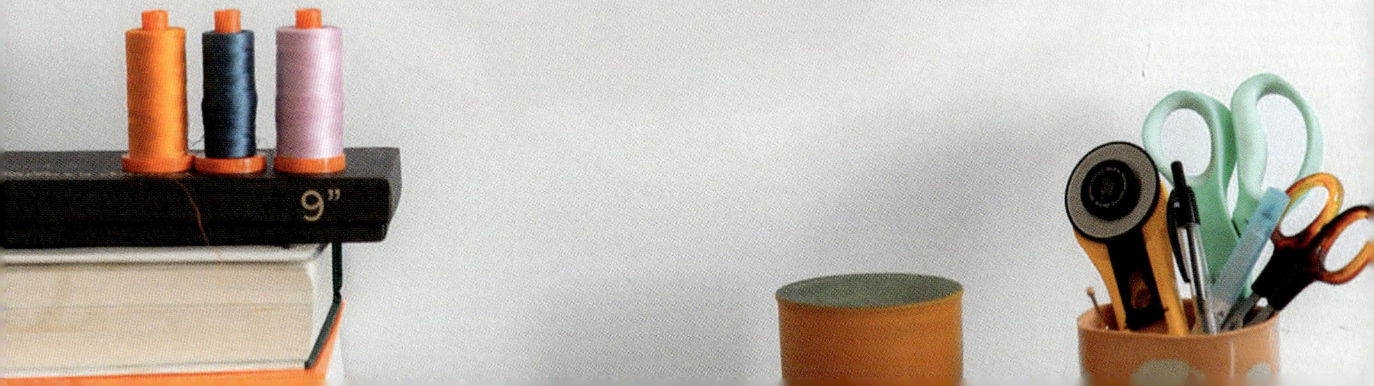

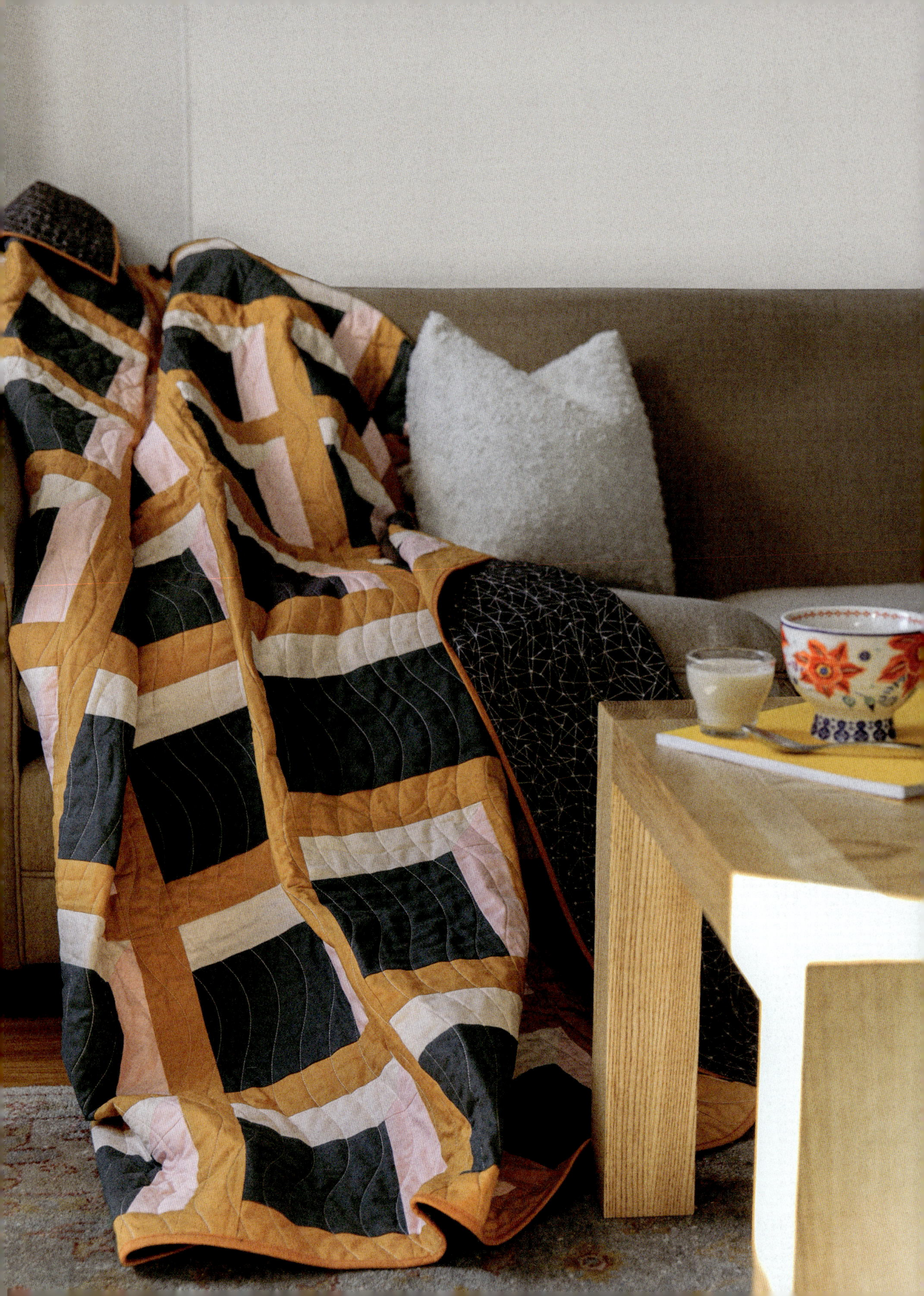

HALLO DU!

(Anfänger)

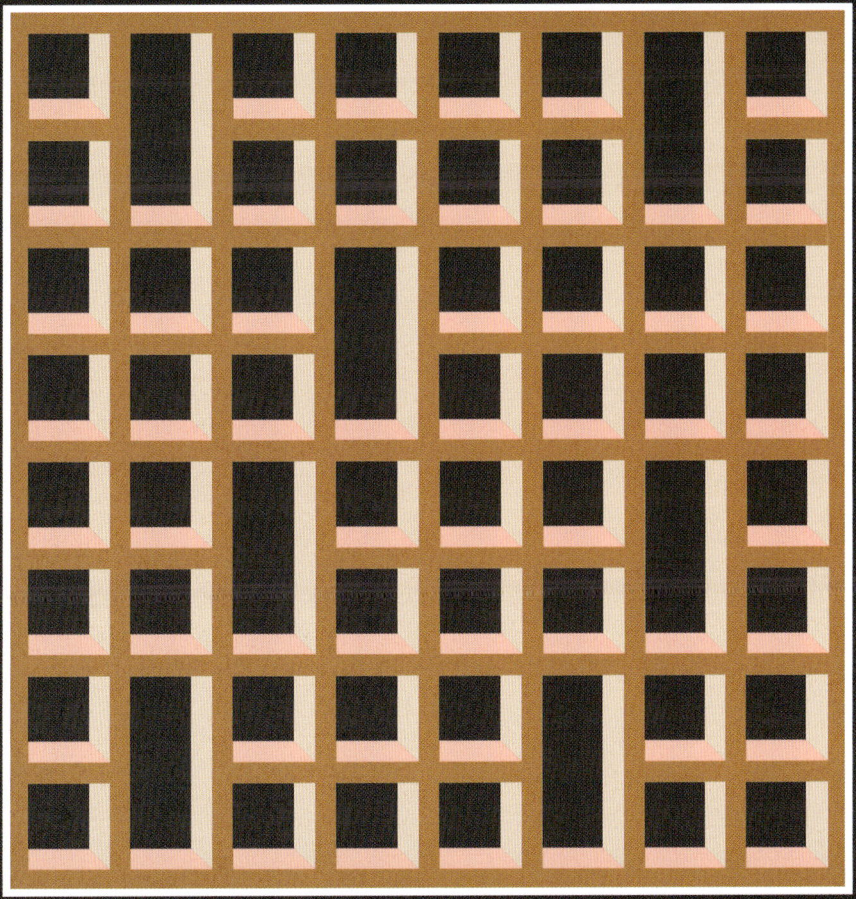

Babydecke: 107 cm x 107 cm

Sofadecke: 158 cm x 158 cm

Tagesdecke: 209 cm x 209 cm

Konstruktionsmethoden und -techniken

Streifentechnik/Half-Square Triangles, 8 auf einmal

»Irgendwo unter den Millionen von Menschen in New York da draußen wird sich eine Freundin finden.« Das habe ich mir gesagt, als ich auf die andere Seite der Welt gezogen bin. Ich dachte, ich würde es schwer haben, mich einzugewöhnen, neue Leute zu treffen und Freunde zu finden. Ich nutzte absolut jede Gelegenheit, ein Gespräch zu beginnen. Ich machte sogar bei einer App zum Finden von Freunden mit.

Dank der Online-Quiltgemeinde gab sich meine anfängliche Nervosität und ich fasste den Mut, Gleichgesinnte vor Ort und auf der ganzen Welt zu treffen. Während neue Freundschaften entstanden, wurde es bald ersichtlich, dass das Internet verändert hat, wie die Quiltgemeinde kommuniziert und nach Unterstützung, neuen Ideen und Designs sucht. Noch nie waren wir so stark vernetzt. Quilter*innen mussten nicht mehr auf ihr monatliches oder zweimonatliches Treffen ihrer Quiltzirkel warten, um Fortschritte vorzuzeigen, Rückmeldungen zu erhalten und mit anderen zusammenzuarbeiten. Freunde und völlig Unbekannte reagierten online schneller denn je – manchmal sogar in Sekunden. Die Online-Welt hat es Quilter*innen außerdem ermöglicht, über Stoffgeschäfte, Block- und Quilt-Tauschaktionen, Quilt-Mitmachzirkel und Quiltaktionen für wohltätige Zwecke Verbindungen zu knüpfen.

Die Quiltanleitung für Hallo Du! ist eine Einführung in das Anfertigen von Half-Square Triangles (dt. Halbquadrat-Dreiecke, abgekürzt HST) – einem der häufigsten Quiltblöcke. Bei diesem Quiltdesign nähen wir nicht nur ein Half-Square Triangle, sondern gleich 8 auf einen Streich. Dies ist die schnellste Methode, um mehrere Half-Square Triangles auf einmal zu bilden.

Vor dem digitalen Zeitalter gab es Quilttreffen und -gruppen, um Kontakte zu knüpfen und auf dem Laufenden zu bleiben. Frauen trafen sich im Gemeindezentrum, um Rezepte, Neuigkeiten, Quiltstoffe, Designs und Fertigkeiten auszutauschen, während sie Quilts für besondere Menschen oder anlässlich spezieller Ereignisse nähten. Diese Nähzirkel in Kirchengemeinden gehen bis zum Anfang des 19. Jahrhunderts zurück.

Im 20. Jahrhundert veränderte sich der Zweck von Quiltgruppen. Sie wurden gebildet, um ein Gefühl der Identität zu vermitteln, und dienten als Foren, um Quiltideen, Unterstützung und Wissen auszutauschen. In der zweiten Hälfte des Jahrhunderts sollten Quiltgruppen das Quilthandwerk und die traditionelle weibliche Identität am Leben erhalten, da immer weniger Mütter und Großmütter die Kunst des Quiltens an die nächste Generation weitergaben.

Heute dienen unzählige Quiltzirkel auf der Welt als Gelegenheit für alle Menschen, Kontakte zu knüpfen und ihre Leidenschaft für das Quilten zu teilen. Durch das Internet sind Gruppen nicht mehr auf ihre lokalen Gemeinden beschränkt, sondern können verschiedene Quiltideen, -traditionen und -geschichten außerhalb ihrer eigenen Quiltzirkel erkunden.

FARBINSPIRATION

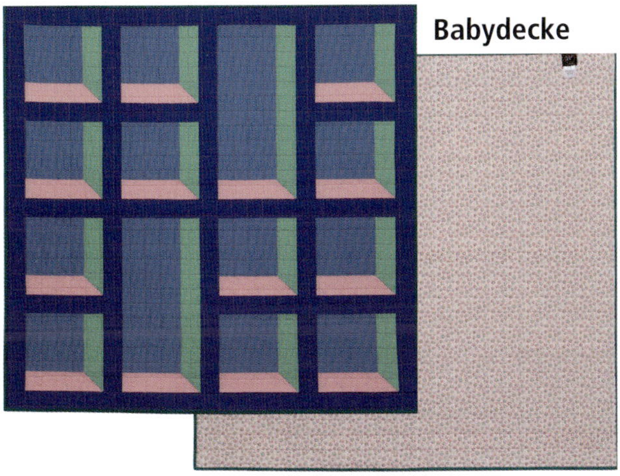

Babydecke

Stoff A Robert Kaufman, Kona Cotton in Copen

Stoff B Robert Kaufman, Kona Cotton in Blueprint

Stoff C Robert Kaufman, Kona Cotton in Medium Pink

Stoff D Robert Kaufman, Kona Cotton in Aloe

Stoff für Rückseite Hawthorne Supply Co, Erin Anne Designs, Heartbreaker, Cheetah in Cupid

Stoff für Binding Robert Kaufman, Kona Cotton in Ultramarine

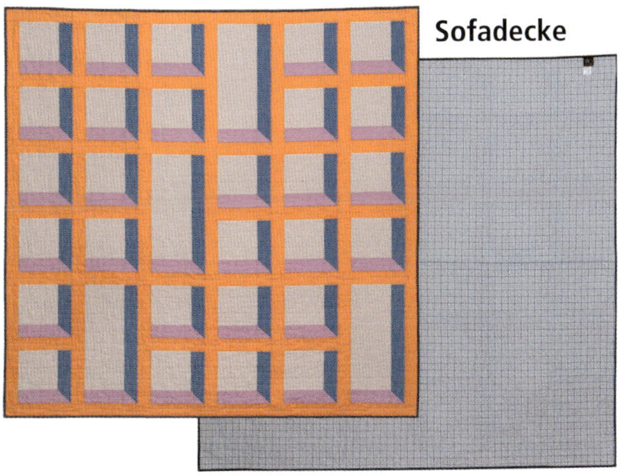

Sofadecke

Stoff A Robert Kaufman, Kona Cotton in Shell

Stoff B Robert Kaufman, Kona Cotton in Persimmon

Stoff C Robert Kaufman, Kona Cotton in Corsage

Stoff D Robert Kaufman, Kona Cotton in Hyacinth

Stoff für Rückseite Hawthorne Supply Co, Mable Tan, In the Countryside, Checkered Fences in Periwinkle Blue

Stoff für Binding Robert Kaufman, Kona Cotton in Ultramarine

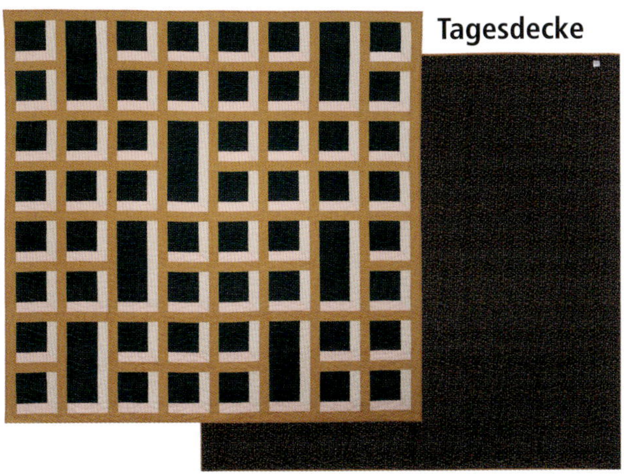

Tagesdecke

Stoff A Robert Kaufman, Kona Cotton in Gotham Grey

Stoff B Robert Kaufman, Kona Cotton in Caramel

Stoff C Robert Kaufman, Kona Cotton in Bellini

Stoff D Robert Kaufman, Kona Cotton in Sand

Stoff für Rückseite Hawthorne Supply Co, Hawthorne Essentials, Astral Nights in Onyx and Taupe

Stoff für Binding Robert Kaufman, Kona Cotton in Cedar

Stoffbedarf

	Babydecke	Sofadecke	Tagesdecke
Stoff A ●	58 cm	138 cm	206 cm
Stoff B ●	80 cm	138 cm	229 cm
Stoff C ●	46 cm	58 cm	103 cm
Stoff D ○	46 cm	69 cm	115 cm
Stoff für Rückseite	263 cm	355 cm	686 cm
Stoff für Binding	35 cm	46 cm	69 cm

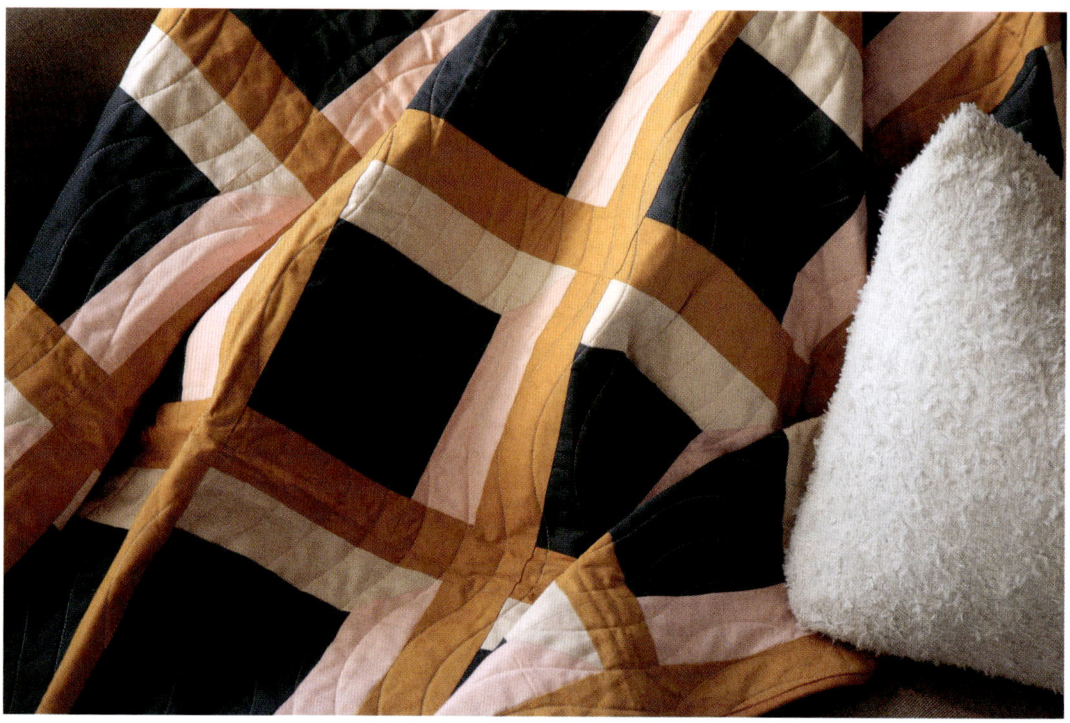

Zuschnitt

	Babydecke	Sofadecke	Tagesdecke
Stoff A ●	3 Streifen, 6½" x SB (für Streifentechnik)	7 Streifen, 6½" x SB (für Streifentechnik)	12 Streifen, 6½" x SB (für Streifentechnik)
Stoff B ●	3 Streifen, 2½" x SB (für Streifentechnik) 3 Streifen, 2½" x SB (Umrandung) 5 Streifen, 2½" x SB, zugeschnitten auf: • 14 Rechtecke, 2½" x 10½" • 14 Quadrate, 2½" x 2½"	7 Streifen, 2½" x SB (für Streifentechnik) 3 Streifen, 2½" x SB (Umrandung) 10 Streifen, 2½" x SB, zugeschnitten auf: • 32 Rechtecke, 2½" x 10½" • 32 Quadrate, 2½" x 2½"	12 Streifen, 2½" x SB (für Streifentechnik) 4 Streifen, 2½" x SB (Umrandung) 18 Streifen, 2½" x SB, zugeschnitten auf: • 57 Rechtecke, 2½" x 10½" • 57 Quadrate, 2½" x 2½"
Stoff C ●	1 Streifen, 6" x SB, zugeschnitten auf: • 2 Quadrate, 6" x 6" 3 Streifen, 2½" x SB, zugeschnitten auf: • 14 Rechtecke, 2½" x 6½"	1 Streifen, 6" x SB, zugeschnitten auf: • 4 Quadrate, 6" x 6" 6 Streifen, 2½" x SB, zugeschnitten auf: • 32 Rechtecke, 2½" x 6½"	2 Streifen, 6" x SB, zugeschnitten auf: • 8 Quadrate, 6" x 6" 10 Streifen, 2½" x SB, zugeschnitten auf: • 57 Rechtecke, 2½" x 6½"
Stoff D ●	1 Streifen, 6" x SB, zugeschnitten auf: • 2 Quadrate, 6" x 6" 3 Streifen, 2½" x SB (für Streifentechnik)	1 Streifen, 6" x SB, zugeschnitten auf: • 4 Quadrate, 6" x 6" 7 Streifen, 2½" x SB (für Streifentechnik))	2 Streifen, 6" x SB, zugeschnitten auf: • 8 Quadrate, 6" x 6" 12 Streifen, 2½" x SB (für Streifentechnik)
Stoff für Binding	5 Streifen, 2½" x SB	7 Streifen, 2½" x SB	9 Streifen, 2½" x SB

Streifensätze

1. Schritt

Lege einen Streifen, 6½" x SB, aus Stoff A zwischen einen Streifen, 2½" x SB, aus Stoff B und einen Streifen, 2½" x SB, aus Stoff D wie gezeigt. Stecke und nähe zwei Streifen rechts auf rechts längs zusammen. Bügle die Nahtzugaben auseinander und nähe in gleicher Weise den dritten Streifen an, um einen Streifensatz zu bilden. Nähe insgesamt:

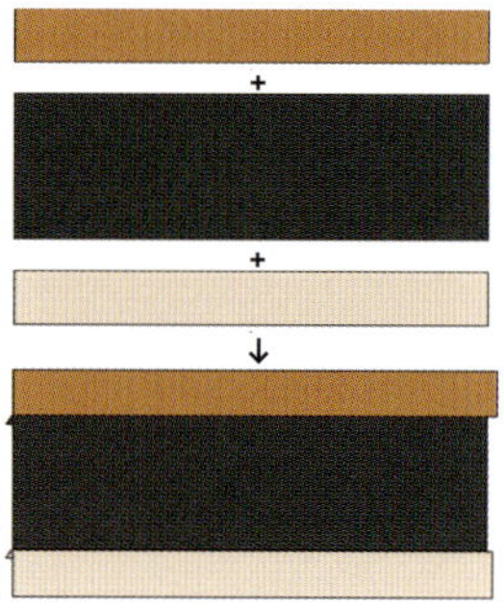

Streifensatz

Babydecke	**3 Streifensätze**
Sofadecke	**7 Streifensätze**
Tagesdecke	**12 Streifensätze**

2. Schritt

Begradige den rechten Rand aller Streifensätze, damit dieser gerade und rechtwinklig zur Länge der Streifensätze ist.

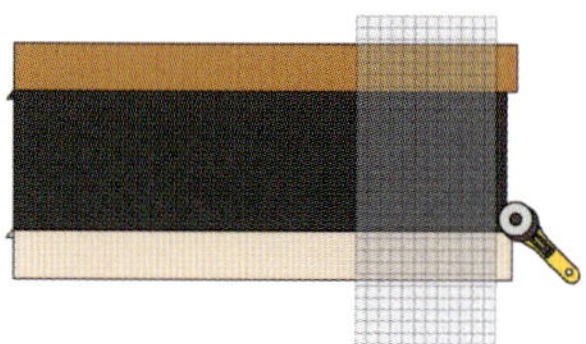

3. Schritt

Drehe die Streifensätze um 180 Grad.
Schneide auf der linken Seite am Lineal entlang wie folgt:

Babydecke	2x 16½" Streifensatz B und 12x 6½" Streifensatz A
Sofadecke	4x 16½" Streifensatz B und 28x 6½ " Streifensatz A
Tagesdecke	7x 16½" Streifensatz B und 57x 6½" Streifensatz A

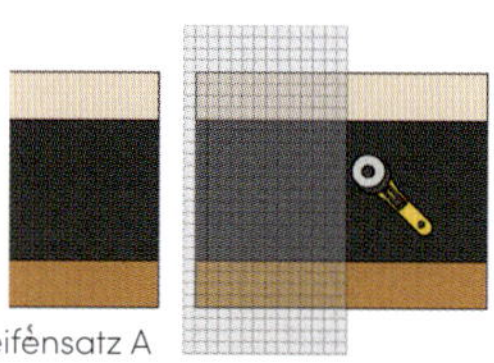

Streifensatz A

Tipp: Schneide die größeren Einheiten zuerst, dann die kleineren, um die Länge der Streifensätze optimal zu nutzen.

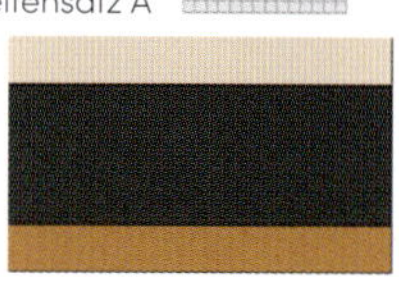

Streifensatz B

Lege die zugeschnittenen Streifensätze A und B für das Zusammennähen der Blöcke beiseite *(Seite 45)*.

Reihen aus Half-Square Triangles

1. Schritt

Zeichne auf der linken Seite aller 6" x 6" großen Quadrate aus Stoff C zwei diagonale Orientierungslinien.

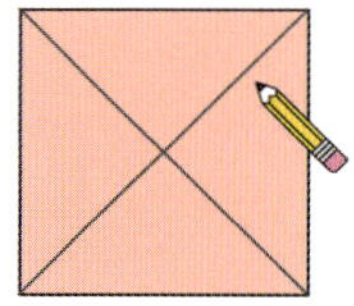

2. Schritt

Lege ein markiertes 6" x 6" großes Quadrat aus Stoff C rechts auf rechts auf ein 6" x 6" großes Quadrat aus Stoff D und nähe in ¼" Abstand auf beiden Seiten entlang den gezeichneten Linien.

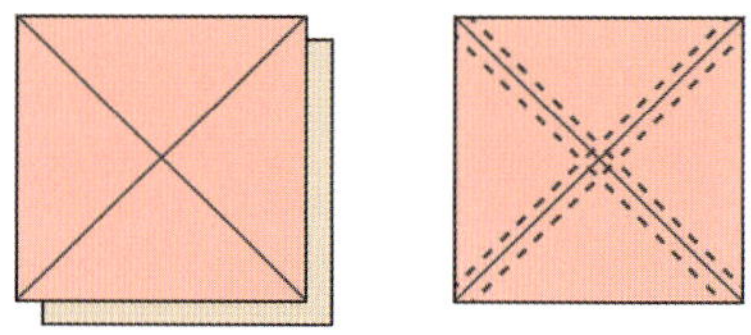

3. Schritt

Schneide das 6" x 6" große Quadrat senkrecht in der Mitte dadurch. Verwende dabei ein Lineal, das du an den Rändern des Quadrats und dem Schnittpunkt der aufgezeichneten diagonalen Linien ausrichtest. Ohne die Stoffteile zu verschieben, schneidest du dann nochmals im rechten Winkel zum ersten Schnitt.

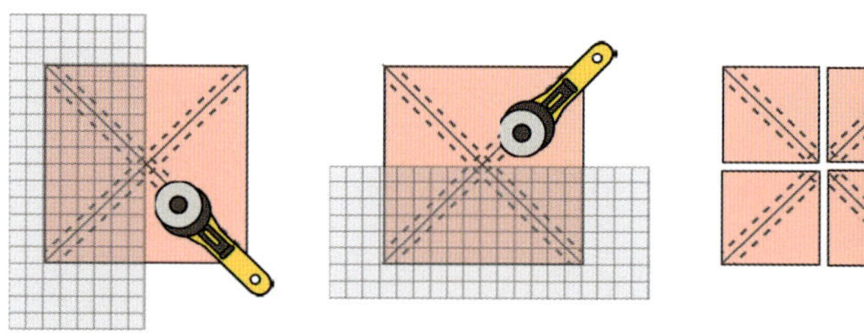

4. Schritt

Schiebe die einzelnen Teile auseinander. Schneide jeweils entlang der aufgezeichneten Linien von einer Ecke zur anderen.

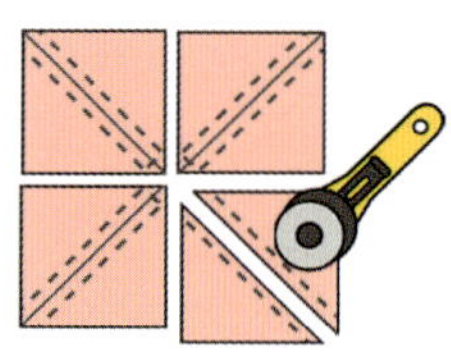

5. Schritt

Bügele die Nahtzugaben auseinander und begradige die einzelnen Half-Square Triangles so, dass sie **2½" x 2½" große Half-Square Triangles aus Stoff C/D** ergeben.

6. Schritt

Wiederhole den **2. bis 5. Schritt** und erhalte insgesamt:

Babydecke	14 Half-Square Triangles 2½" x 2½" aus Stoff C/D (1x wdh)
Sofadecke	32 Half-Square Triangles 2½" x 2½" aus Stoff C/D (3x wdh)
Tagesdecke	57 Half-Square Triangles 2½" x 2½" aus Stoff C/D (7x wdh)

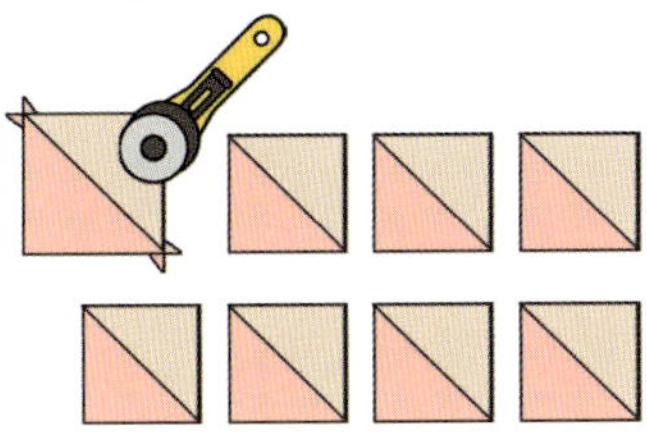

Hinweis: Bei der Babydecke bleiben zwei Einheiten übrig und bei der Tagesdecke sieben Einheiten.

7. Schritt

Nähe wie im Diagramm gezeigt ein 2½" x 2½" großes Quadrat aus Stoff B, ein 2½" x 6½" großes Rechteck aus Stoff C und ein 2½" x 2½" großes Half-Square Triangle aus Stoff C/D zusammen, um eine **Half-Square Triangle-Reihe** zu bilden. Bügele die Nahtzugaben auseinander. Nähe insgesamt:

Babydecke	**14 Half-Square Triangle-Reihen**
Sofadecke	**32 Half-Square Triangle-Reihen**
Tagesdecke	**57 Half-Square Triangle-Reihen**

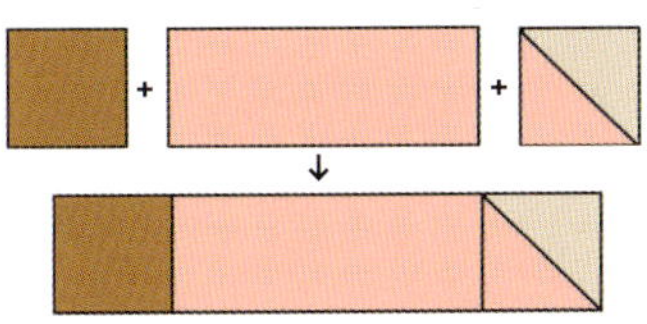

Half-Square Triangle-Reihe

Blöcke zusammennähen

1. Schritt

Entsprechend dem nachstehenden Diagramm kombiniere zwei 2½" x 10½" große Rechtecke aus Stoff B, 2 Streifeneinheiten A und 2 Half-Square Triangle-Reihen, um einen **Block A** zu bilden (ein 10½" x 20½" großes Rechteck). Bügele die Nahtzugaben auseinander. Nähe insgesamt:

Babydecke	**6 Blöcke A**
Sofadecke	**14 Blöcke A**
Tagesdecke	**25 Blöcke A**

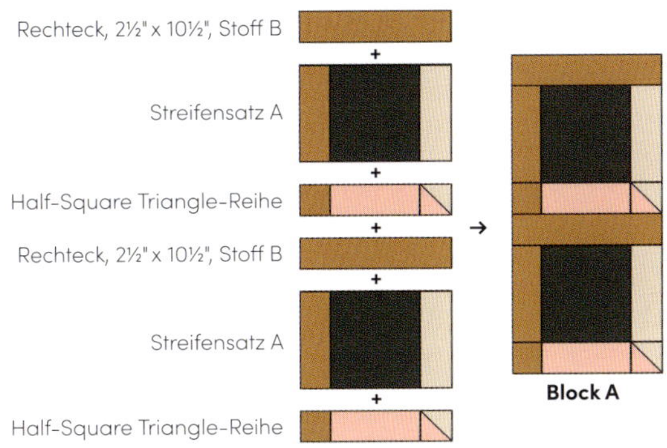

2. Schritt

Nähe einen **Block B** (ein 10½" x 20½" großes Rechteck), indem du ein 2½" x 10½" großes Rechteck aus Stoff B, eine Streifeneinheit B und eine Half-Square Triangle-Reihe zusammennähst. Bügele die Nahtzugaben auseinander. Nähe insgesamt:

Babydecke	**2 Blöcke B**
Sofadecke	**4 Blöcke B**
Tagesdecke	**7 Blöcke B**

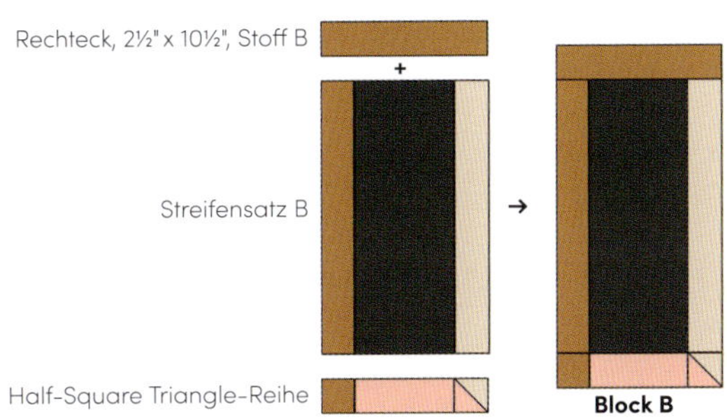

Umrandung

In diesem Abschnitt bereitest du die Streifen vor, die du an den rechten und unteren Rand des Quiltoberteils nähst.

Schneide für eine **Baby- oder Sofadecke** einen 2½" x SB großen Streifen aus Stoff B in der Mitte durch.

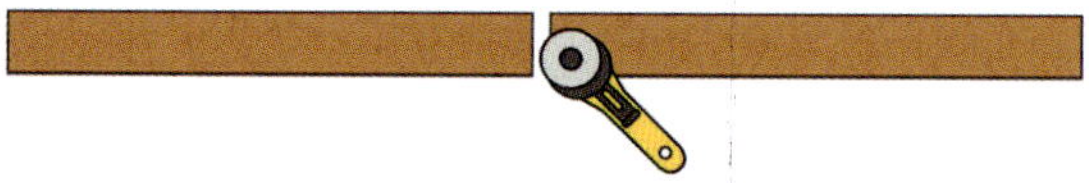

Nähe eine Hälfte an einen 2½" x SB großen Streifen aus Stoff B, um einen **2½" x 62½" großen Randstreifen aus Stoff B** zu erhalten. Nähe insgesamt **zwei 2½" x 62½" große Randstreifen aus Stoff B**.

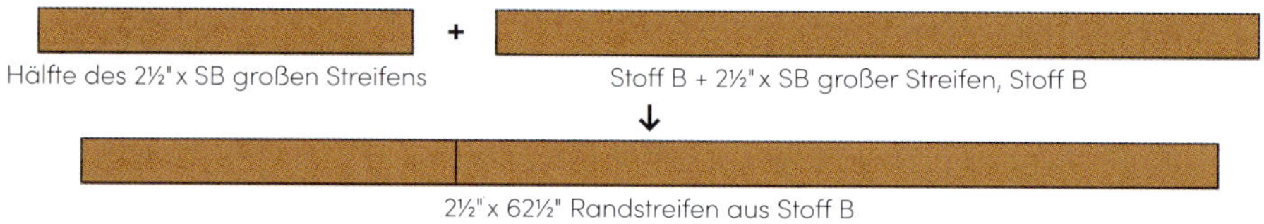

Nähe für eine **Tagesdecke** zwei 2½" x SB große Streifen aus Stoff B zusammen. Nähe insgesamt **zwei 2½" x 83½" große Randstreifen aus Stoff B**.

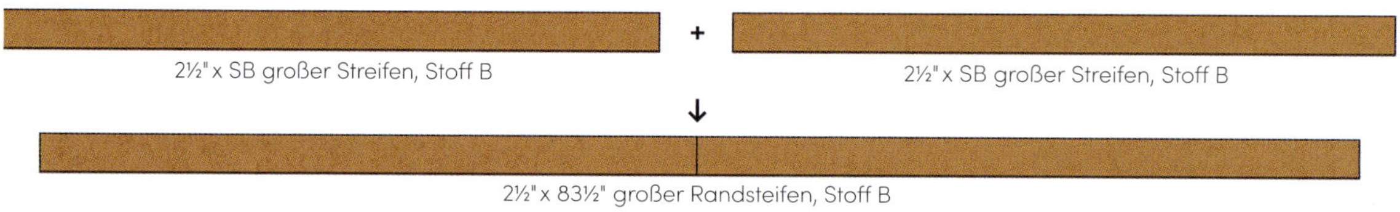

Den Quilt zusammennähen

1. Schritt

Um ein **Quiltoberteil für eine Babydecke** zu nähen, bilde zwei Reihen wie gezeigt. Richte die Nähte aufeinander aus und nähe die Reihen zusammen.

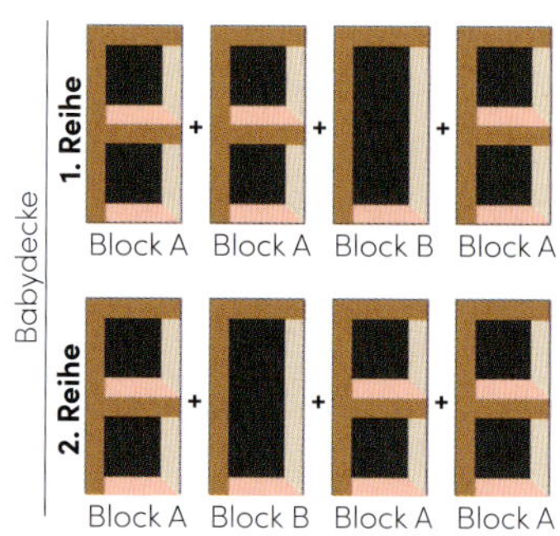

Um ein **Quiltoberteil für eine Sofadecke** zu nähen, bilde drei Reihen, wie im Diagramm gezeigt. Richte die Nähte aufeinander aus und nähe die Reihen zusammen.

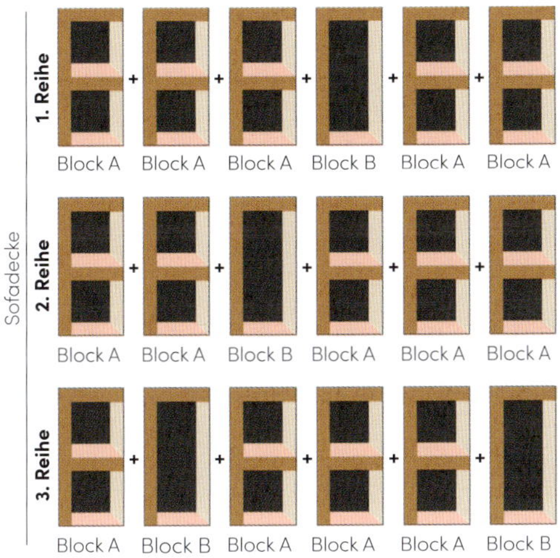

Um ein **Quiltoberteil für eine Tagesdecke** zu nähen, bilde vier Reihen, wie im Diagramm gezeigt. Richte die Nähte aufeinander aus und nähe die Reihen zusammen.

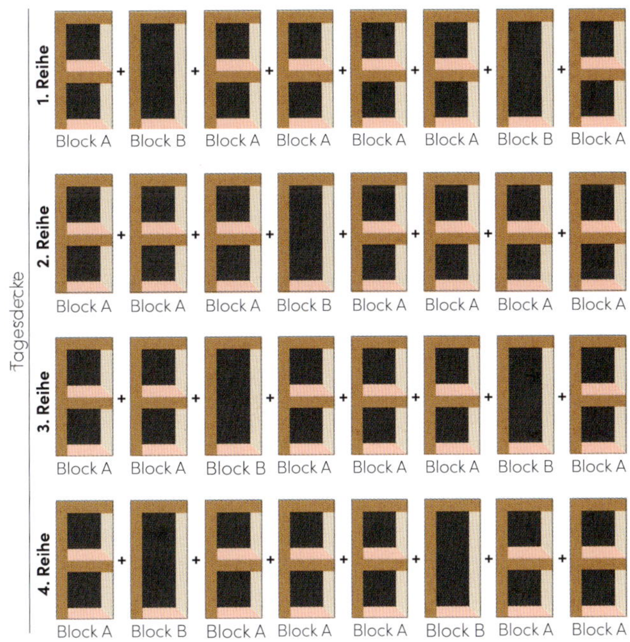

2. Schritt

Nähe bei allen Quiltgrößen einen Randstreifen aus Stoff B an die rechte Seite und anschließend an die Unterseite des Quiltoberteils. Bügele die Nahtzugaben auseinander. Schneide die Überstände an beiden Enden der Randstreifen mit Lineal und Rollschneider ab.

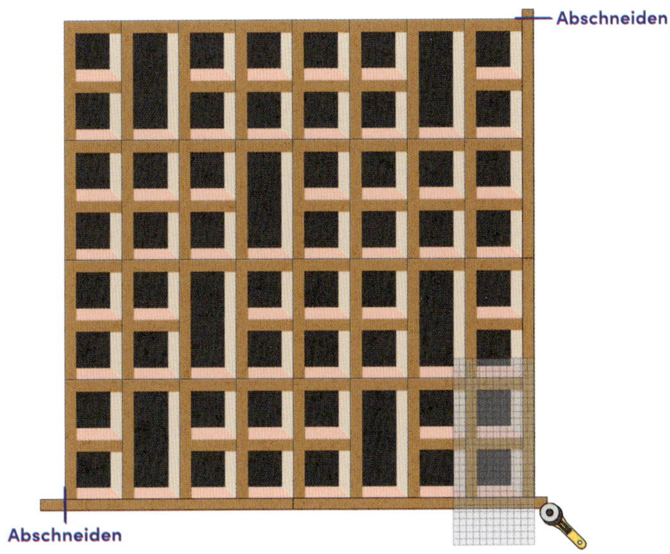

* In diesem Beispiel ist eine Tagesdecke gezeigt.

3. Schritt

Bügele das Quiltoberteil und den Stoff für die Rückseite. Lege die Rückseite, das Vlies und das Quiltoberteil aufeinander. Hefte die Lagen zusammen, quilte sie und fasse den Quilt ein.

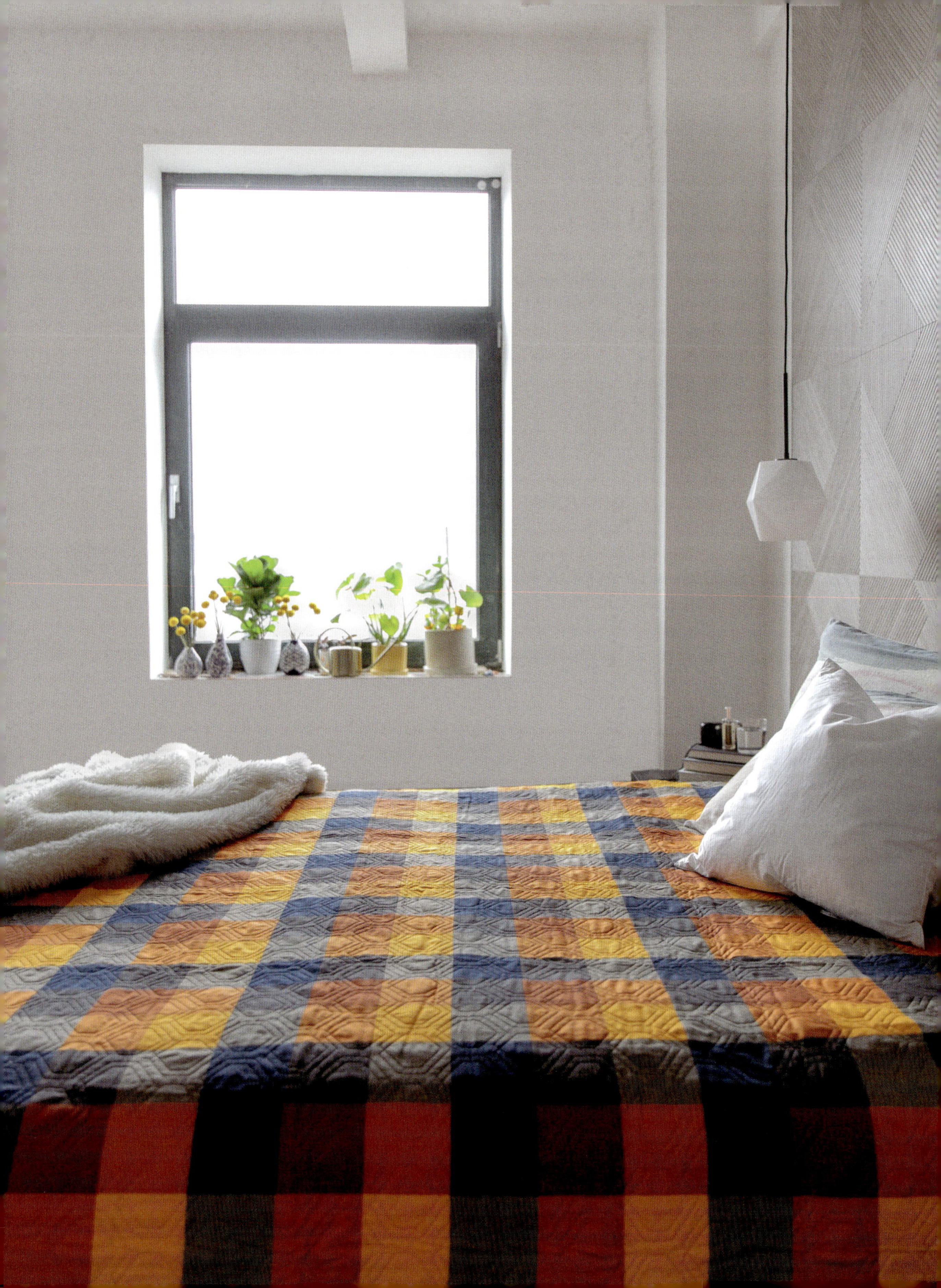

STRASSEN UND ALLEEN

(Fortgeschrittene Anfänger)

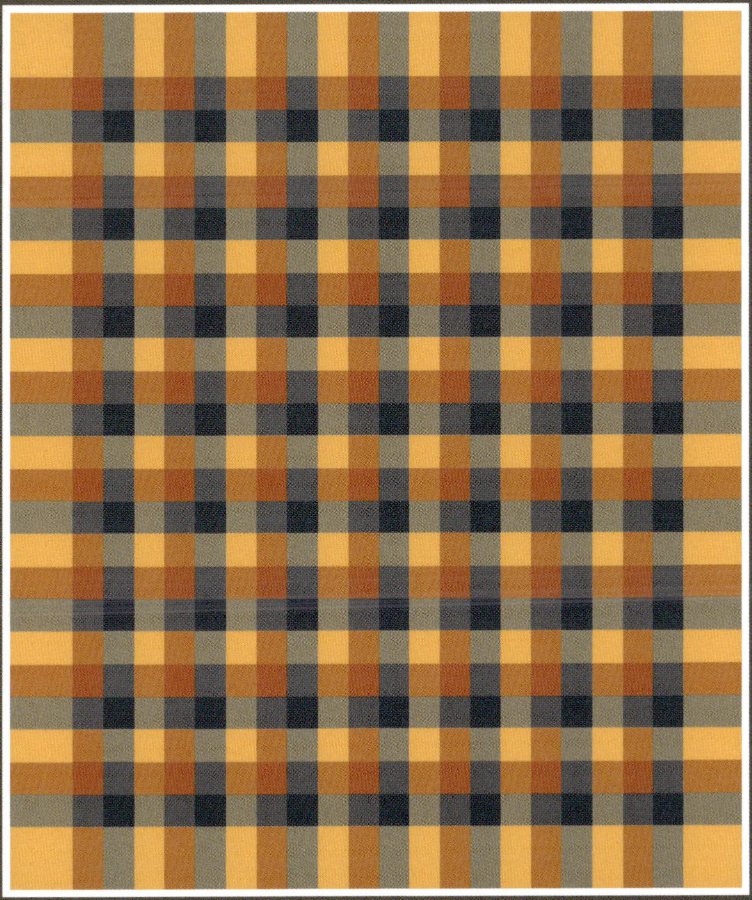

Babydecke: 96 cm x 134 cm

Sofadecke: 134 cm x 134 cm

Tagesdecke: 214 cm x 240 cm

Konstruktionsmethoden und -techniken

9er-Blöcke/Streifentechnik

Die Straßen und Alleen, die das Rastersystem von New York – meiner neuen Heimatstadt – bilden, sind die Inspiration für diesen Quilt. Das Design lässt mich an den Sommer 2014 denken, als ich erstmalig im Rahmen meines Masterstudiums die Stadt besuchte. Nach Perth in Australien fand ich die Geschäftigkeit in den Straßen überwältigend und ich sagte mir, dass ich niemals hierherziehen wollte. Da wusste ich allerdings noch nicht, dass ich während derselben Reise die Liebe meines Lebens treffen würde!

Die Quiltanleitung für »Straßen und Alleen« ist ein unkompliziertes Einsteigerprojekt für Quilter*innen, die am Anfang ihres Wegs in die Welt des Quiltens stehen. Es eignet sich auch perfekt für erfahrene Wochenend-Quilter*innen, die ein schnelles Projekt fertigstellen möchten.

Der 9er-Block besteht aus neun Quadraten gleicher Größe, die ein größeres Quadrat bilden. Er ist einer der grundlegenden Quiltblöcke. Die ersten Quilts mit 9er-Blöcken stammen vom Beginn des 19. Jahrhunderts und waren Gebrauchstextilien.

Auch heute findet der Block Eingang in viele moderne Quilts. Dank der einfachen und schnellen Konstruktion war er zu Zeiten der Pioniere ein beliebtes Design in den Quilts, die für Wärme in harten, kalten Wintern sorgen sollten. Dieses Muster gab den Quilter*innen außerdem die Möglichkeit, Stoffe von alter Kleidung und Futtermittelsäcken zu verwenden.

Es gibt mehrere Möglichkeiten, um die 9er-Blöcke zu nähen, die die Grundlage dieses Quilts bilden:

- Bei der traditionellen Methode werden neun gleich große Quadrate zugeschnitten und zusammengenäht. Diese Methode ist am besten, wenn du nur wenige 9er-Blöcke zusammensetzen musst oder wenn die Farben in dem Block bzw. in mehreren 9er-Blöcken im Quilt variieren.
- Bei der zweiten Konstruktionsmethode wird die Streifentechnik eingesetzt. Hier nähst du drei Stoffstreifen zusammen, die die Breite der einzelnen Quadrate haben. Dann schneidest du die zusammengenähten Streifen so, dass du Reihen aus je drei Quadraten erhältst. Du kombinierst dann drei Reihen aus drei Quadraten, um einen 9er-Block zu bilden. Die Streifentechnik ist die schnellste Methode beim Nähen von 9er-Blöcken und ist perfekt zum Bilden mehrerer gleicher Blöcke.

FARBINSPIRATION

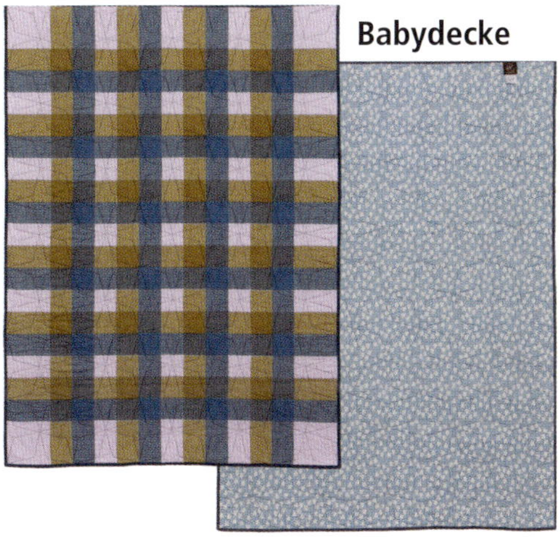

Babydecke

Stoff A	Robert Kaufman, Kona Cotton in Orchid
Stoff B	Robert Kaufman, Kona Cotton in Biscuit
Stoff C	Robert Kaufman, Kona Cotton in Slate
Stoff D	Robert Kaufman, Kona Cotton in Leather
Stoff E	Robert Kaufman, Kona Cotton in Metal
Stoff F	Robert Kaufman, Kona Cotton in Cadet
Stoff für Rückseite	Hawthorne Supply Co, Mable Tan, Modern Farmhouse, Eggshells in Clear Blue Sky
Stoff für Binding	Robert Kaufman, Kona Cotton in Windsor

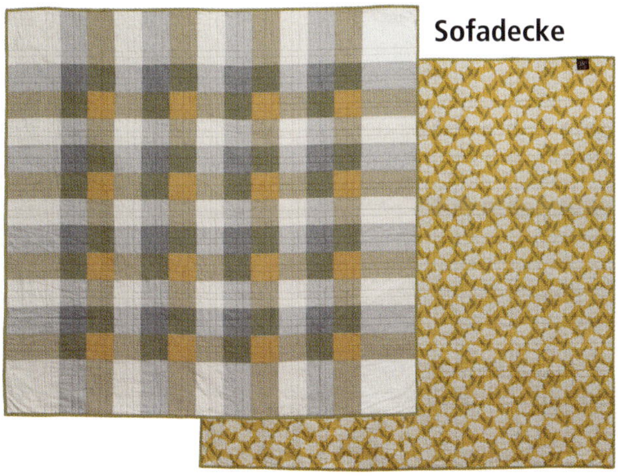

Sofadecke

Stoff A	Robert Kaufman, Kona Cotton in Oyster
Stoff B	Robert Kaufman, Kona Cotton in Ash
Stoff C	Robert Kaufman, Kona Cotton in Straw
Stoff D	Robert Kaufman, Kona Cotton in Overcast
Stoff E	Robert Kaufman, Kona Cotton in Sweet Pea
Stoff F	Robert Kaufman, Kona Cotton in Curry
Stoff für Rückseite	Hawthorne Supply Co, Mable Tan, Modern Farmhouse, Primrose in Lemon Zest
Stoff für Binding	Robert Kaufman, Kona Cotton in Pickle

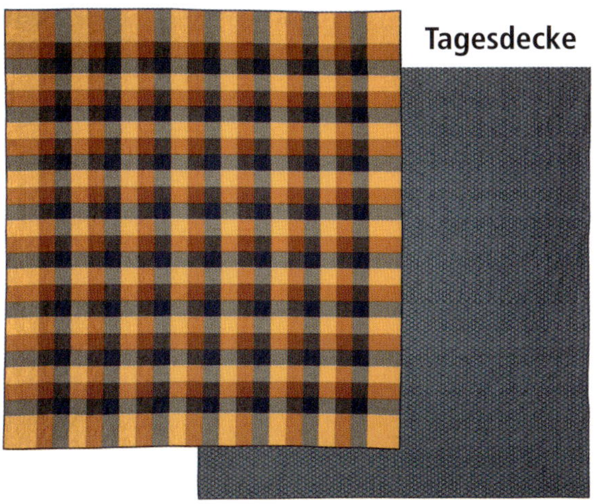

Tagesdecke

Stoff A	Robert Kaufman, Kona Cotton in Papaya
Stoff B	Robert Kaufman, Kona Cotton in Cedar
Stoff C	Robert Kaufman, Kona Cotton in Mushroom
Stoff D	Robert Kaufman, Kona Cotton in Spice
Stoff E	Robert Kaufman, Kona Cotton in Grizzly
Stoff F	Robert Kaufman, Kona Cotton in Windsor
Stoff für Rückseite	Hawthorne Supply Co, Shannon McNab, Woodland Autumn, Pathway in River
Stoff für Binding	Robert Kaufman, Kona Cotton in Windsor

Stoffbedarf

	Babydecke	Sofadecke	Tagesdecke
Stoff A	46 cm	80 cm	138 cm
Stoff B	58 cm	80 cm	183 cm
Stoff C	58 cm	80 cm	183 cm
Stoff D	23 cm	23 cm	69 cm
Stoff E	35 cm	46 cm	126 cm
Stoff F	23 cm	23 cm	69 cm
Stoff für Rückseite	240 cm	309 cm	701 cm
Stoff für Binding	35 cm	46 cm	69 cm

Zuschnitt

	Babydecke	Sofadecke	Tagesdecke
Stoff A	4 Quadrate, 5½" x 5½" 4 Streifen, 3" x SB	4 Quadrate, 7½" x 7½" 5 Streifen, 4" x SB	4 Quadrate, 7½" x 7½" 11 Streifen, 4" x SB
Stoff B	6 Streifen, 3" x SB	7 Streifen, 4" x SB	17 Streifen, 4" x SB
Stoff C	6 Streifen, 3" x SB	7 Streifen, 4" x SB	17 Streifen, 4" x SB
Stoff D	2 Streifen, 3" x SB	2 Streifen, 4" x SB	6 Streifen, 4" x SB
Stoff E	4 Streifen, 3" x SB	4 Streifen, 4" x SB	12 Streifen, 4" x SB
Stoff F	2 Streifen, 3" x SB	2 Streifen, 4" x SB	6 Streifen, 4" x SB
Stoff für Binding	5 Streifen 2½" x SB	6 Streifen, 2½" x SB	10 Streifen, 2½" x SB

Tipp: Die in diesem Quilt verwendeten Farben sind sich relativ ähnlich und könnten während der Arbeit am Quilt schwer zu unterscheiden sein. Wenn du mit Stoffen in ähnlichen Farben arbeitest, schneide (etwa 2,5 cm x 2,5 cm große) Stoffmuster zu, bevor du die Quiltstoffe zuschneidest. Klebe oder nähe die Muster auf ein Stück Papier und beschrifte sie. Das ist praktisch, wenn du bei dem Projekt unsicher bist, welchen Stoff du in der Hand hast, und es hilft dir zu vermeiden, dass du Nähte womöglich auftrennen musst.

Einheiten von Streifensatz A

1. Schritt

Lege Streifen aus Stoff A, B und C in der Nähreihenfolge bereit, wie gezeigt. Stecke zwei Streifen der Länge nach rechts auf rechts aufeinander und nähe sie zusammen. Bügele die Nahtzugaben auseinander und wiederhole dies mit dem dritten Streifen, um einen **Streifensatz A** fertigzustellen. Nähe insgesamt:

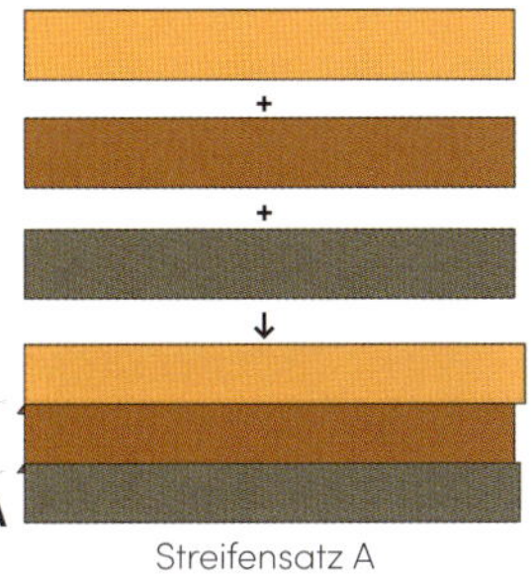

Babydecke	**4 Streifensätze A**
Sofadecke	**5 Streifensätze A**
Tagesdecke	**11 Streifensätze A**

Tipp: Nähe den ersten Streifen vom linken Rand des Streifensatzes und nähe die letzte Naht vom rechten Rand des Streifensatz aus. Dadurch vermeidest du, dass sich der Streifensatz verzieht.

Um sicherzustellen, dass die Einheit gerade genäht ist und sich an den Rändern nicht verzogen hat, lege sie flach auf eine Schneidematte. Vergleiche die Orientierungslinien auf der Matte mit den Rändern und Nähten im Streifensatz.

2. Schritt

Begradige den rechten Rand aller Streifensätze A, damit er gerade und rechtwinklig zur Länge des Streifensatzes ist.

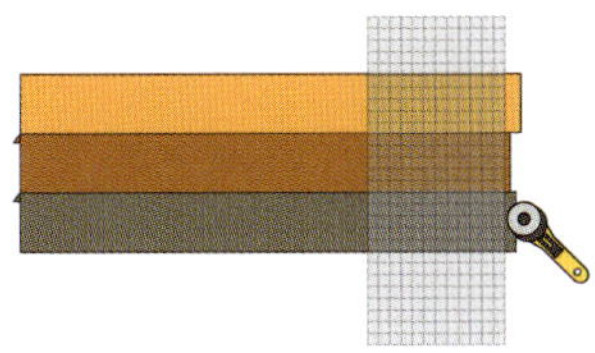

3. Schritt

Drehe den Streifensatz A um 180 Grad. Schneide am Lineal auf der linken Seite entlang insgesamt:

Babydecke	**15 Einheiten, 5½" x 8", Satz A1**
Sofadecke	**16 Einheiten, 7½" x 11", Satz A1**
Tagesdecke	**30 Einheiten, 7½" x 11", Satz A1**

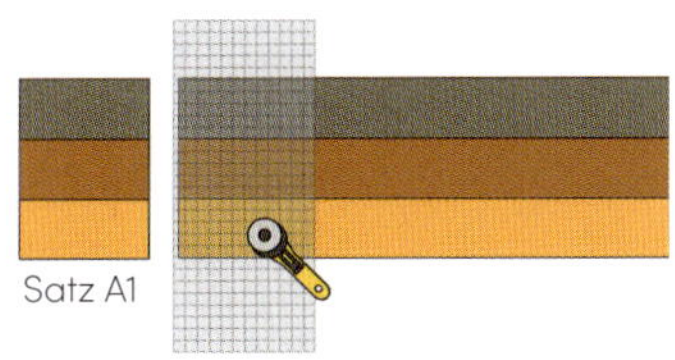

4. Schritt

Entferne Stoff A mit dem Nahttrenner von vier Einheiten von Satz A1, um **vier Einheiten von Satz A2** zu bilden. Lege die Einheiten von Satz A1 und A2 für die oberen und unteren Randstreifen beiseite.

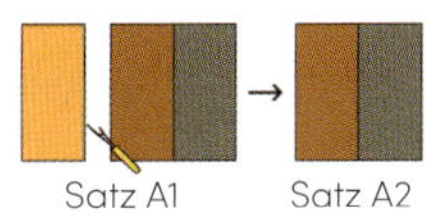

5. Schritt

Schneide die übrigen Streifensätze A folgendermaßen zu:

Babydecke	**15 Einheiten, 3" x 8", Satz A3**
Sofadecke	**9 Einheiten, 4" x 11" Satz A3**
Tagesdecke	**42 Einheiten, 4" x 11" Satz A3**

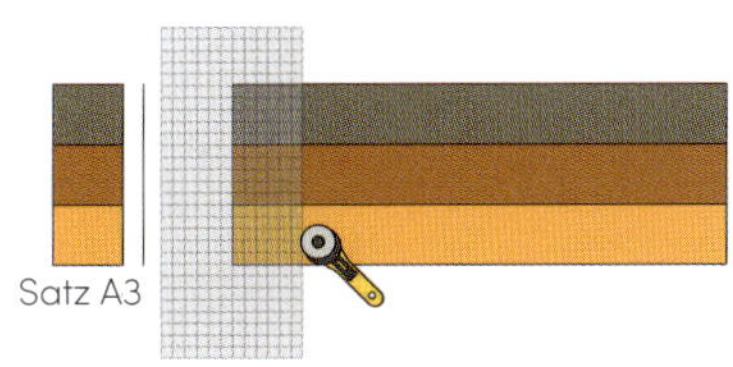

Lege die A3-Einheiten beiseite. Du brauchst sie, um 9er-Blöcke zu bilden (siehe *9er-Blöcke, 1. Schritt, Seite 55)*.

Einheiten von Satz B

1. Schritt

Lege einen Streifen aus Stoff B, einen Streifen aus Stoff D und einen Streifen aus Stoff E nebeneinander, wie gezeigt. Stecke zwei Streifen der Länge nach rechts auf rechts aufeinander und nähe sie zusammen. Bügele die Nahtzugaben auseinander und wiederhole dies mit dem dritten Streifen, um einen **Streifensatz B** fertigzustellen. Nähe insgesamt:

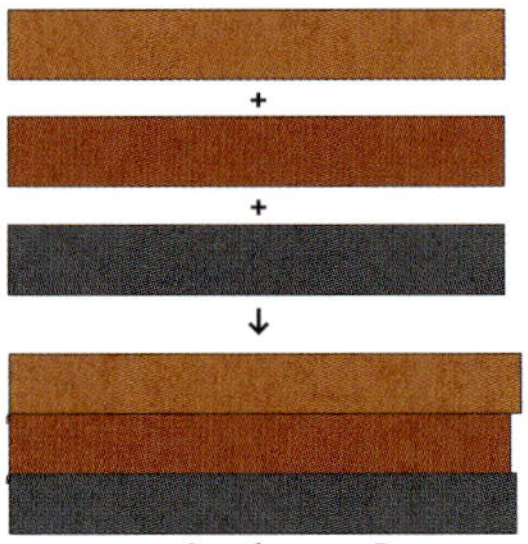

Streifensatz B

Babydecke	2 Streifensätze B
Sofadecke	2 Streifensätze B
Tagesdecke	6 Streifensätze B

2. Schritt

Begradige den rechten Rand aller Streifensätze B, damit er gerade und rechtwinklig zur Länge des Streifensatzes ist.

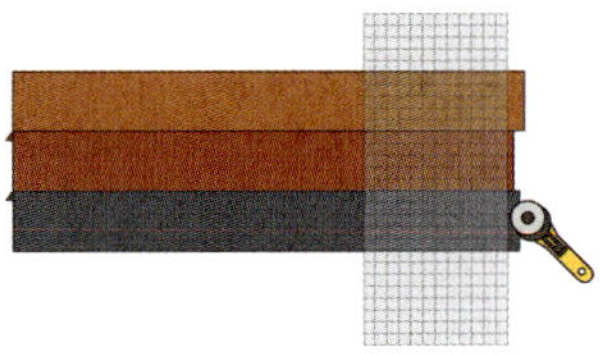

3. Schritt

Drehe den Streifensatz B um 180 Grad. Schneide am Lineal auf der linken Seite entlang insgesamt:

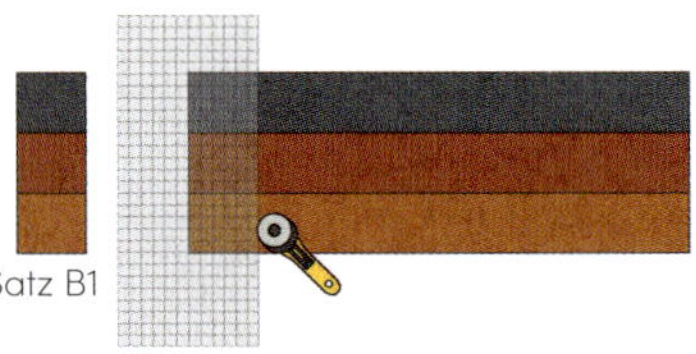

Satz B1

Babydecke	24 Einheiten 3" Satz B1
Sofadecke	16 Einheiten 4" Satz B1
Tagesdecke	56 Einheiten 4" Satz B1

4. Schritt

Entferne Stoff B mit dem Nahttrenner von einer Einheit von Satz B1, um eine **Einheit von Satz B2** zu bilden (für alle Quiltgrößen).

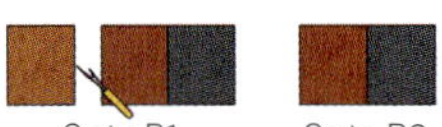

Satz B1 Satz B2

Lege die B1- und B2-Einheiten beiseite. Du brauchst sie, um 9er-Blöcke (siehe *9er-Block, 1. Schritt, Seite 55)* und einen 4er-Block (siehe *4er-Block, 2. Schritt, Seite 55*) zu bilden.

Einheiten von Satz C

1. Schritt

Nähe je einen Streifen von Stoff C, Stoff E und Stoff F gemäß dem Diagramm zusammen, um einen **Streifensatz C** zu bilden. Nähe insgesamt:

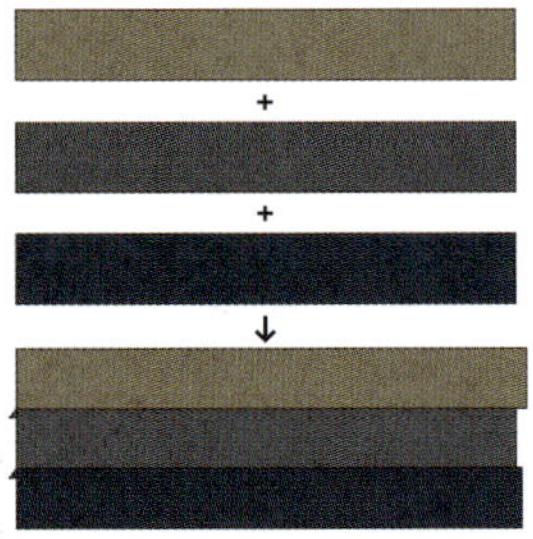

Streifensatz C

Babydecke	2 Streifensätze C
Sofadecke	2 Streifensätze C
Tagesdecke	6 Streifensätze C

2. Schritt

Begradige den rechten Rand aller Streifensätze C, damit er gerade und rechtwinklig zur Länge des Streifensatzes ist.

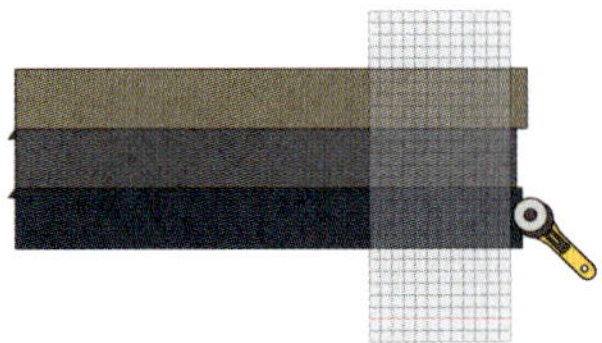

3. Schritt

Drehe die Streifensätze C um 180 Grad. Schneide am Lineal auf der linken Seite entlang insgesamt:

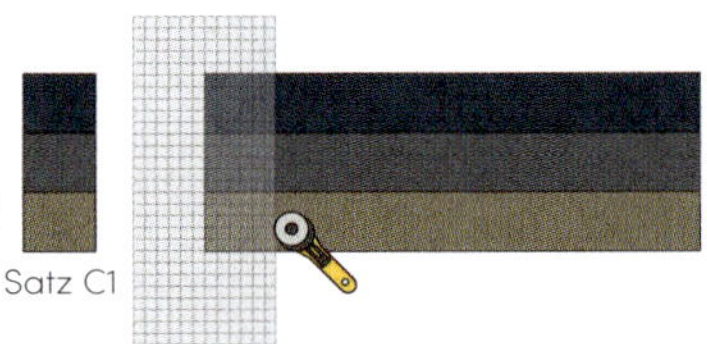

Satz C1

Babydecke	24 Einheiten 3" Satz C1
Sofadecke	16 Einheiten 4" Satz C1
Tagesdecke	56 Einheiten 4" Satz C1

Du brauchst diese Einheiten, um 9er-Blöcke zu bilden (siehe *9er-Block, 1. Schritt, Seite 55*).

4. Schritt

Entferne Stoff C mit dem Nahttrenner von einer Einheit von Satz C1, um eine **Einheit von Satz C2** zu bilden (für alle Quiltgrößen). Sie wird für einen 4er-Block verwendet (siehe *4er-Block, 2. Schritt, Seite 55*).

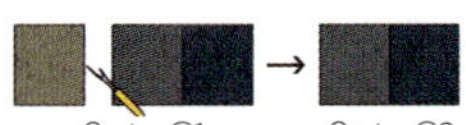

Satz C1 Satz C2

Blöcke

1. Schritt

Nähe je einen Satz A3, B1 und C1 wie gezeigt zusammen, um einen 9er-Block zu bilden. Bügele die Nahtzugaben auseinander. Nähe insgesamt:

Babydecke	**15x 9er-Block**
Sofadecke	**9x 9er-Block**
Tagesdecke	**42x 9er-Block**

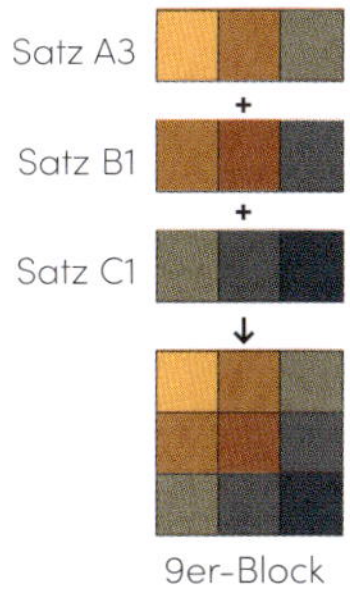

2. Schritt

Nähe je einen Satz B2 und C2 wie gezeigt zusammen, um einen 4er-Block zu bilden (für alle Quiltgrößen). Bügele die Nahtzugaben auseinander.

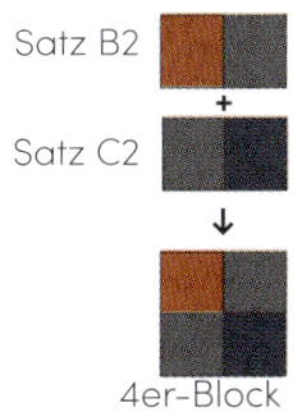

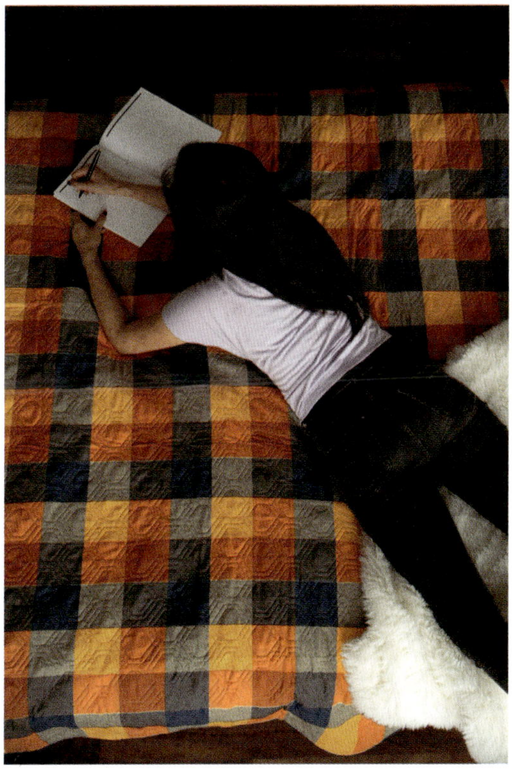

3. Schritt

Entsprechend dem gezeigten Diagramm nähe je einen Satz B1 und einen Satz C1 zusammen, um einen **6er-Block A** zu bilden. Nähe insgesamt:

Babydecke	**3x 6er-Block A**
Sofadecke	**3x 6er-Block A**
Tagesdecke	**6x 6er-Block A**

Bügele die Nahtzugaben auseinander.

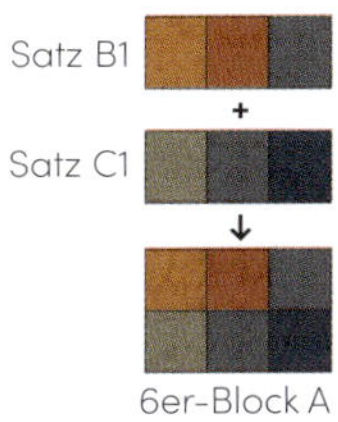

4. Schritt

Nähe je einen Satz B1 und einen Satz C1 wie gezeigt zusammen, um einen **6er-Block B** zu bilden. Bügele die Nahtzugaben auseinander. Nähe insgesamt:

Babydecke	**5x 6er-Block B**
Sofadecke	**3x 6er-Block B**
Tagesdecke	**7x 6er-Block B**

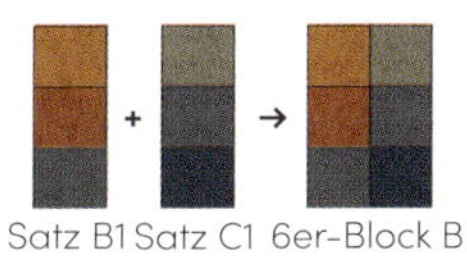

Reihen zusammennähen

1. Schritt

Nähe die **1. Reihe** folgendermaßen entsprechend dem Diagramm zusammen:

Babydecke	2 Quadrate, 5½" x 5½" Stoff A, 1 Satz A2 und 3 Sätze A1
Sofadecke	2 Quadrate, 7½" x 7½" Stoff A, 1 Satz A2 und 3 Sätze A1
Tagesdecke	2 Quadrate, 7½" x 7½" Stoff A, 1 Satz A2 und 6 Sätze A1

Für die **Babydecke** und **Sofadecke**:

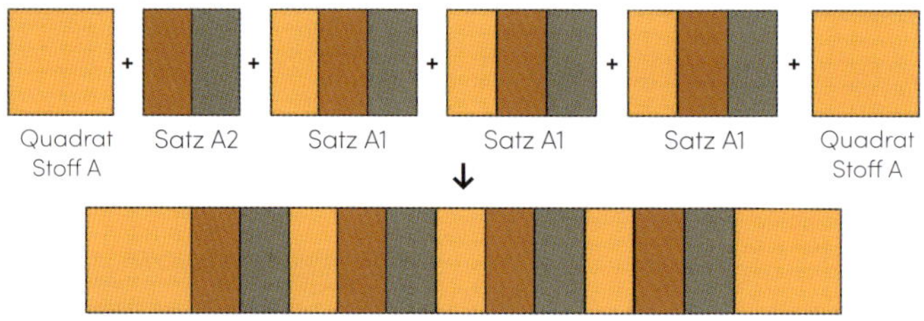

1. Reihe

Für die **Tagesdecke**:

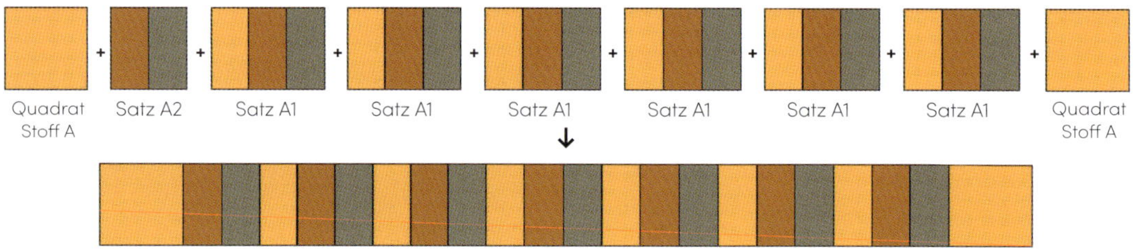

1. Reihe

Bügele die Nahtzugaben auseinander. Nähe insgesamt zwei Einheiten der 1. Reihe (für alle Quiltgrößen).

2. Schritt

Nähe eine **2. Reihe** (für alle Quiltgrößen) folgendermaßen zusammen:

Babydecke	2 Sätze A2, 1 4er-Block und 3 6er-Blöcke A
Sofadecke	2 Sätze A2, 1 4er-Block und 3 6er-Blöcke A
Tagesdecke	2 Sätze A2, 1 4er-Block und 6 6er-Blöcke A

Für die **Babydecke** und **Sofadecke**:

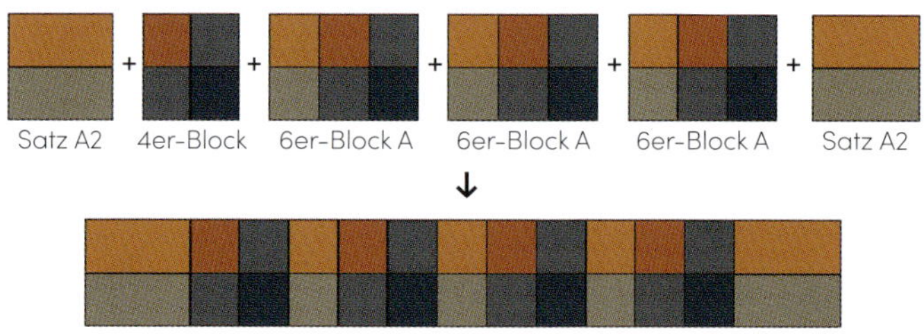

2. Reihe

Für die **Tagesdecke**:

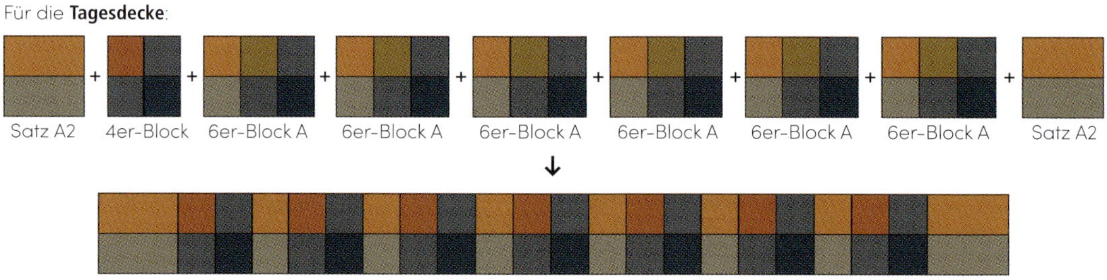

2. Reihe

Bügele die Nahtzugaben auseinander.

3. Schritt

Nähe wie im Diagramm gezeigt eine **3. Reihe** wie folgt zusammen:

Babydecke	2 Einheiten Satz A1, 1 6er-Block B und 3 9er-Blöcke
Sofadecke	2 Einheiten Satz A1, 1 6er-Block B und 3 9er-Blöcke
Tagesdecke	2 Einheiten Satz A1, 1 6er-Block B und 6 9er-Blöcke

Für die **Babydecke** und **Sofadecke**:

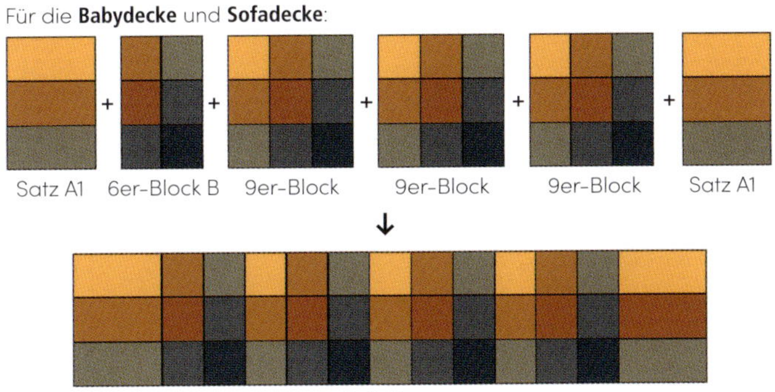

3. Reihe

Für die **Tagesdecke**:

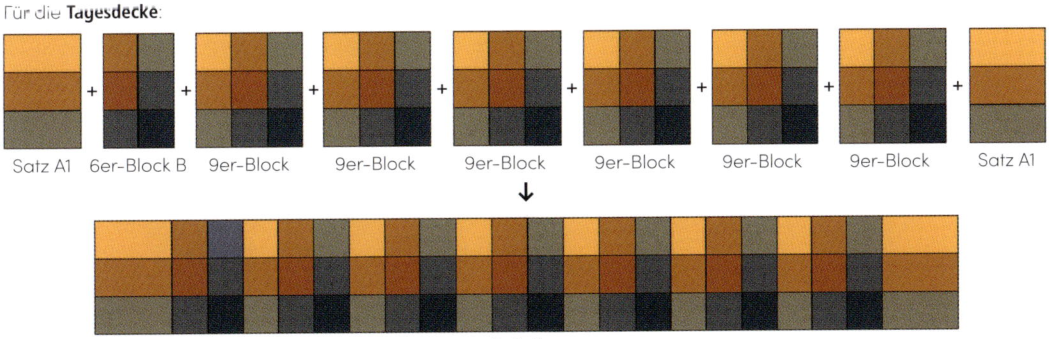

3. Reihe

Bügele die Nahtzugaben auseinander. Nähe insgesamt:

Babydecke	**5x 3. Reihe**
Sofadecke	**3x 3. Reihe**
Tagesdecke	**7x 3. Reihe**

Den Quilt zusammennähen

1. Schritt

Für das Quiltoberteil für eine Babydecke nähe zwei 1. Reihen, eine 2. Reihe und fünf 3. Reihen zusammen und richte dabei die Nähte aufeinander aus.

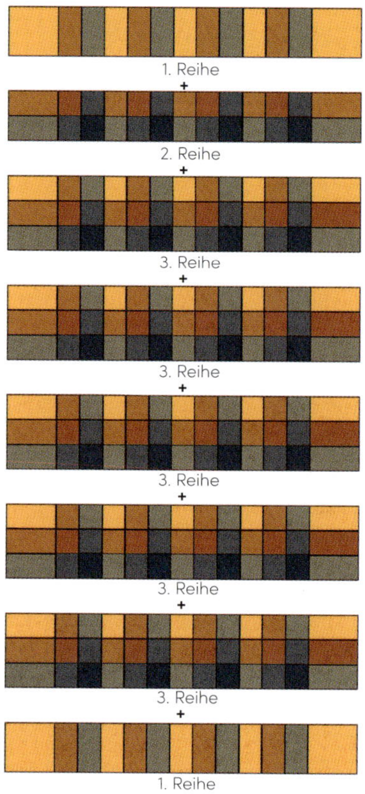

Für das Quiltoberteil für eine Sofadecke nähe zwei 1. Reihen, eine 2. Reihe und drei 3. Reihen zusammen. Richte dabei die Nähte aufeinander aus.

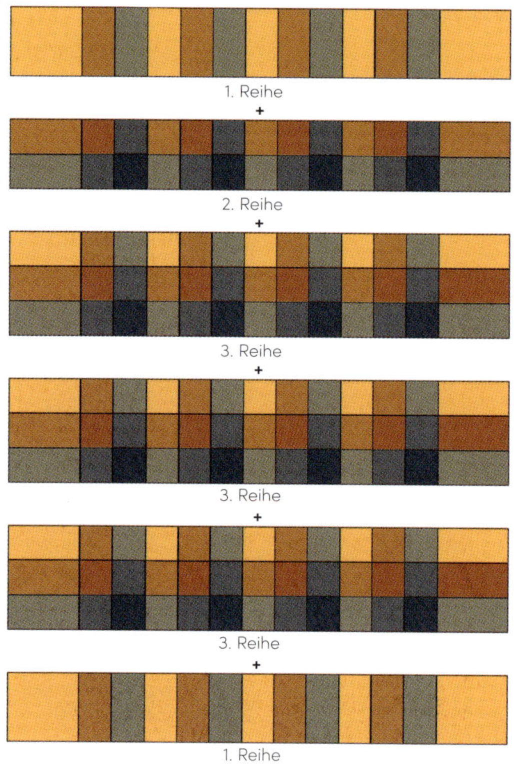

Für das Quiltoberteil für eine Tagesdecke nähe zwei 1. Reihen, eine 2. Reihe und sieben 3. Reihen zusammen. Richte dabei die Nähte aufeinander aus.

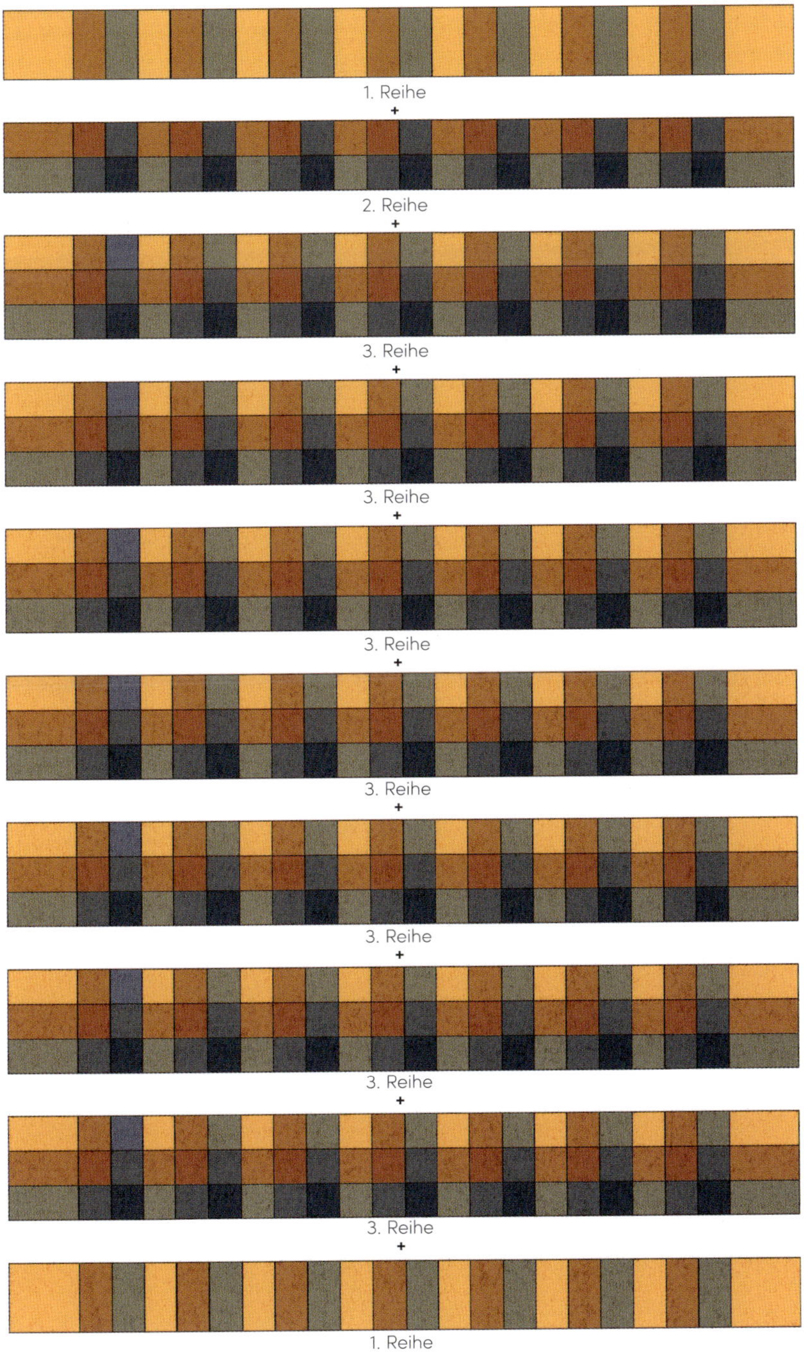

2. Schritt

Bügele das Quiltoberteil und den Stoff für die Rückseite. Lege die Rückseite, das Vlies und das Quiltoberteil aufeinander. Hefte die Lagen aneinander, quilte sie und fasse den Quilt ein.

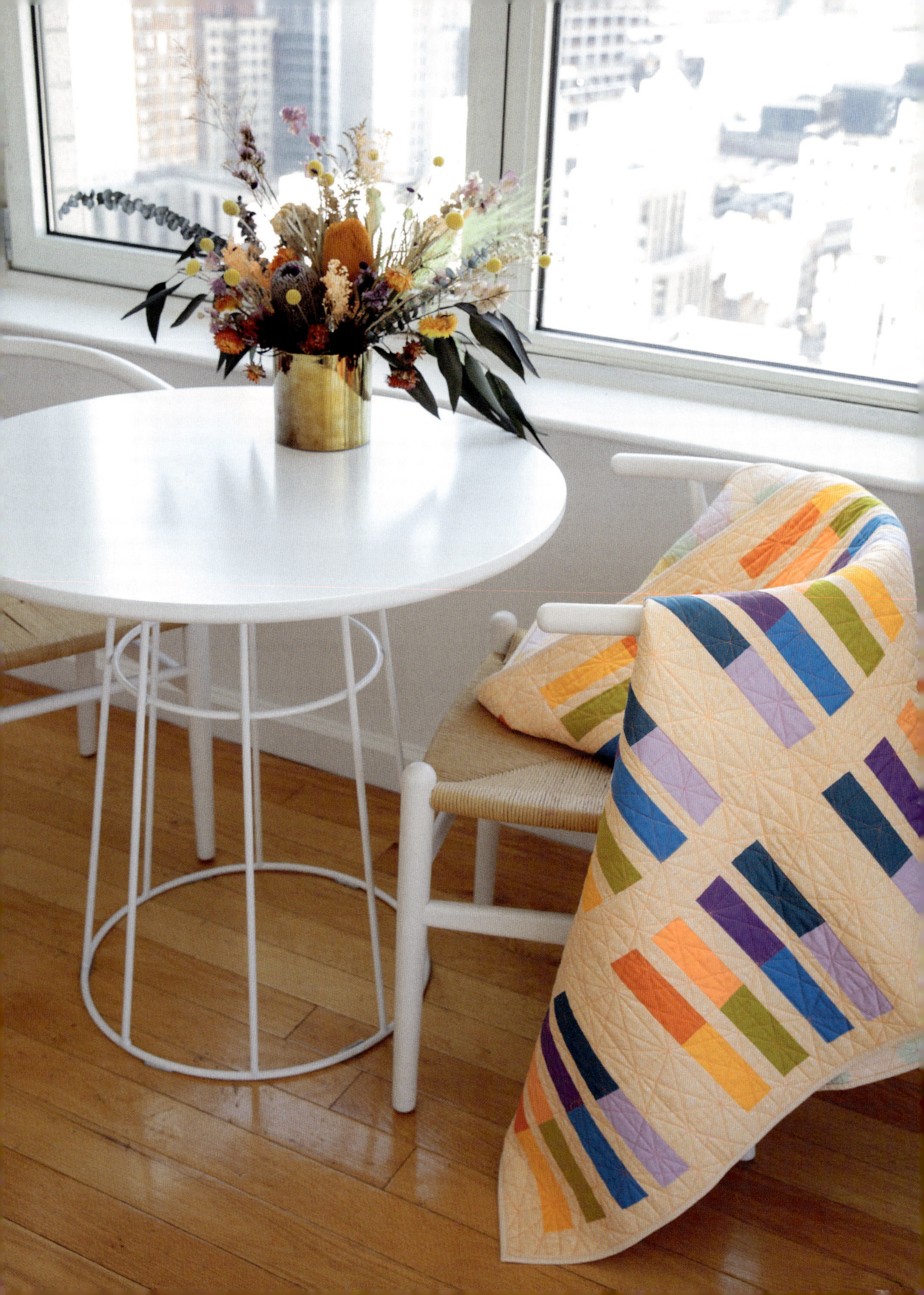

TWIN POLE

(Anfänger)

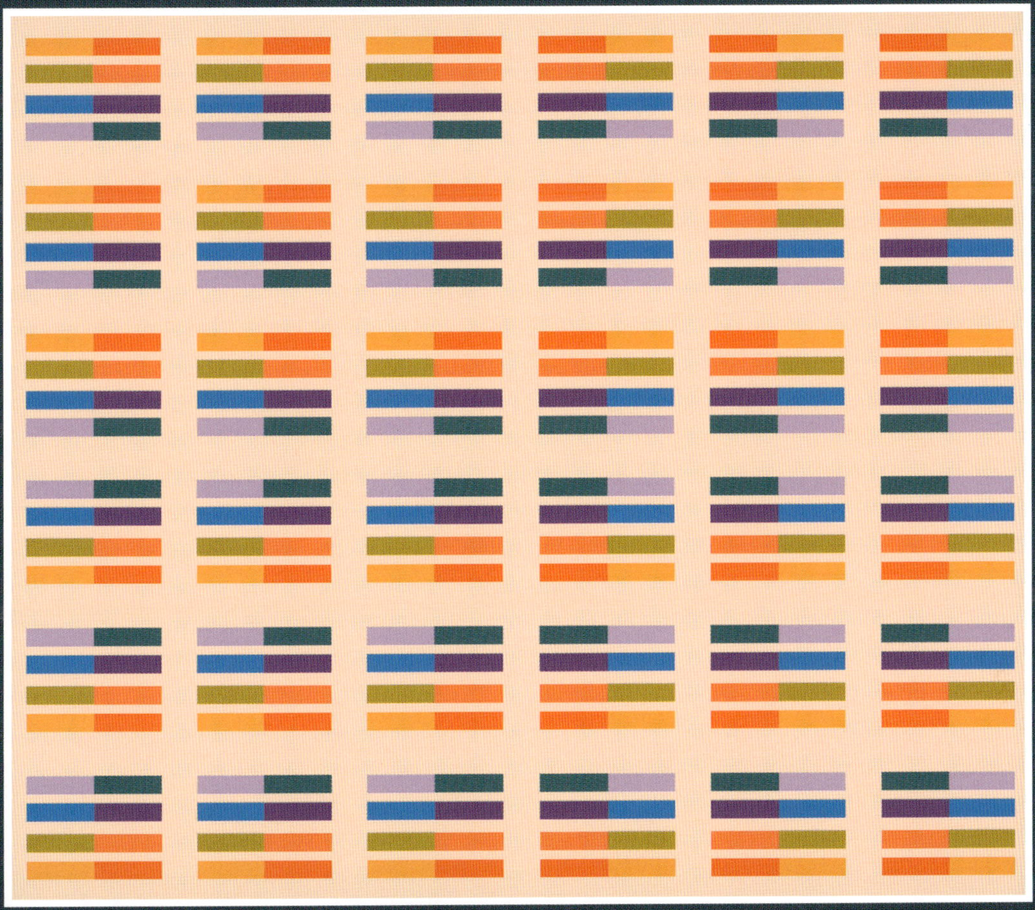

Babydecke: 122 cm x 122 cm

Sofadecke: 183 cm x 183 cm

Tagesdecke: 206 cm x 206 cm

Konstruktionsmethoden und -techniken

Streifentechnik

In meiner Kindheit liebte ich die Eislutscher Toucan und Twin Pole. Ihre leuchtend bunten Querstreifen und die zwei Eisstiele machten sie zu etwas Besonderem. Man konnte sie in zwei Stücke teilen und einen Teil einer Freundin abgeben – oder das ganze Eis alleine essen.

Für ganze 90 Cents waren sie in der Schulmensa das teuerste Eis, im heißen australischen Sommer aber dennoch äußerst beliebt. Beim Mittagessen hoffte man, dass jemand eine Hälfte abgeben würde oder sich die Kosten mit dir teilte. Sie waren außerdem die meistgekaufte Leckerei bei Roadtrips mit der Familie, wenn wir zum Tanken anhielten. Die Leute drehten sich um, wenn ich meine Mutter bei der Eistruhe anbettelte: »Bitte, bitte, bitte!«. Toucans und Twin Poles beendeten zudem mehrere Uneinigkeiten zwischen meinen Schwestern, wenn sie sich um den letzten Eislutscher im Karton stritten.

Letzten Sommer wollte ich meine Kindheitserinnerungen noch einmal aufleben lassen und suchte überall nach Toucans, Twin Poles oder etwas ähnlichem an den Eisständen im Central Park und den Mister-Softee-Eiswagen in der Stadt. Leider gibt es sie nicht mehr und in den wärmeren Monaten vermisse ich sie sehr.

Der Twin-Pole-Quilt ist eine Ode an die Favoriten meiner Kindheit, die es nicht mehr gibt. Er baut auf den Fertigkeiten auf, die du im Straßen-und-Alleen-Quilt geübt hast. Er verwendet die Streifentechnik, diesmal in neun leuchtenden Farben, um zu zeigen, wie die Stoffbranche moderne Quilts verändert und beeinflusst hat.

Bedruckte Quiltstoffe waren in den frühen Jahren der amerikanischen Kolonisierung selten und teuer. Sie wurden als Luxusgüter betrachtet. Nur wohlhabende Frauen konnten sich importierte Stoffe leisten. Aufgrund der begrenzten Möglichkeiten mussten Frauen kreativ mit den Stoffen umgehen, die sie finden konnten. Die in einem Quilt verwendeten Stoffe zeigten dadurch, wann dieser angefertigt wurde und welche gesellschaftliche und wirtschaftliche Stellung die Quilterin hatte.

Als die Anzahl amerikanischer Stoffhersteller in der ersten Hälfte des 19. Jahrhunderts schnell anwuchs, wurden bedruckte Stoffe einfacher erhältlich und erschwinglicher. Besserer Zugang zu kostengünstigeren Stoffen ermöglichte es den Frauen, mit interessanten Designs und verschiedenen Techniken zu experimentieren. Seitdem hat sich die Stoffbranche weiterentwickelt. Ähnlich der Modebranche haben neue Designs und Kollektionen von Quiltstoffen eine kurze Lebensdauer und werden spätestens alle sechs Monate ersetzt. Dieser Trend und neue moderne Stoffe haben zusammen eine Rolle dabei gespielt, eine neue Generation von Quilter*innen anzuziehen, die nicht mehr von ihren Eltern oder Großeltern angelernt oder beeinflusst werden.

FARBINSPIRATION

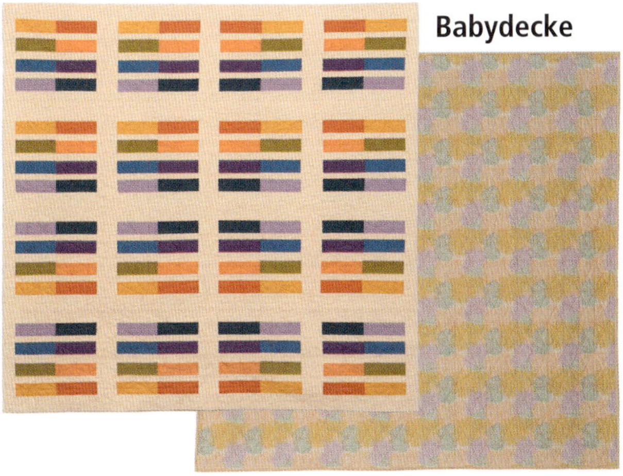

Babydecke

Stoff A	Hawthorne Supply Co, Hawthorne Essentials, Stardust in Nectar
Stoff B	Robert Kaufman, Kona Cotton in Papaya
Stoff C	Robert Kaufman, Kona Cotton in Marmalade
Stoff D	Robert Kaufman, Kona Cotton in Pickle
Stoff E	Robert Kaufman, Kona Cotton in Mango
Stoff F	Robert Kaufman, Kona Cotton in Malibu
Stoff G	Robert Kaufman, Kona Cotton in Heliotrope
Stoff H	Robert Kaufman, Kona Cotton in Orchid Ice
Stoff I	Robert Kaufman, Kona Cotton in Teal Blue
Stoff für Rückseite	Hawthorne Supply Co, Mable Tan, Urban Jungle. Rainbow Haze in Garden
Stoff für Binding	Robert Kaufman, Kona Cotton in Light Parfait

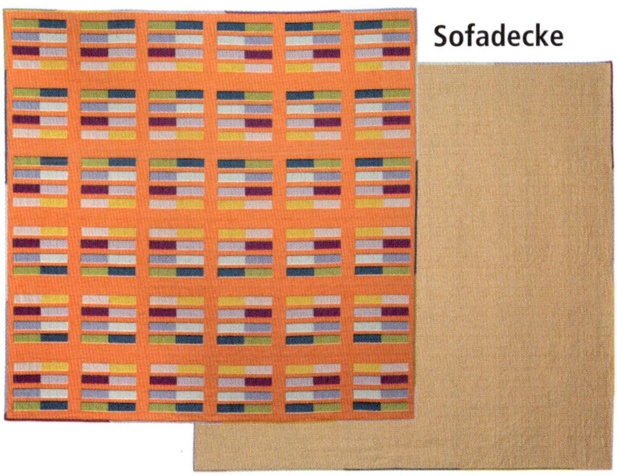

Sofadecke

Stoff A	Robert Kaufman, Kona Cotton in Nectarine
Stoff B	Robert Kaufman, Kona Cotton in Artichoke
Stoff C	Robert Kaufman, Kona Cotton in Oasis
Stoff D	Robert Kaufman, Kona Cotton in Grapemist
Stoff E	Robert Kaufman, Kona Cotton in Sea Mist
Stoff F	Robert Kaufman, Kona Cotton in Geranium
Stoff G	Robert Kaufman, Kona Cotton in Orchid
Stoff H	Robert Kaufman, Kona Cotton in Pink
Stoff I	Robert Kaufman, Kona Cotton in Duckling
Stoff für Rückseite	Hawthorne Supply Co, Hey Miss Designs, Baja Sur, View in Papaya
Stoff für Binding	Robert Kaufman, Kona Cotton in Nectarine, Artichoke, Oasis, Grapemist, Sea Mist, Geranium, Pink, Duckling

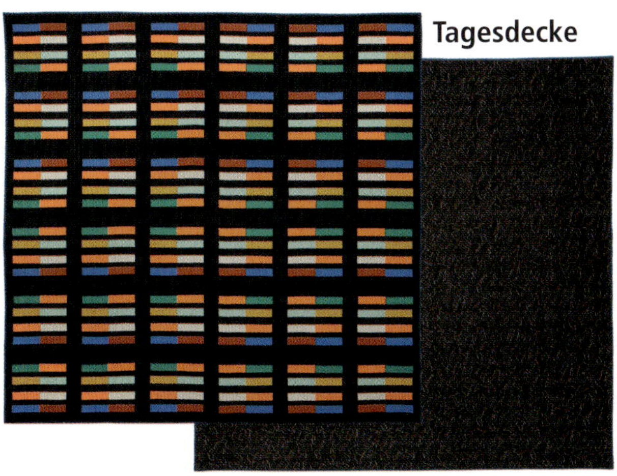

Tagesdecke

Stoff A	Robert Kaufman, Kona Cotton in Pepper
Stoff B	Robert Kaufman, Kona Cotton in Harbor
Stoff C	Robert Kaufman, Kona Cotton in Spice
Stoff D	Robert Kaufman, Kona Cotton in Orangeade
Stoff E	Robert Kaufman, Kona Cotton in Butter
Stoff F	Robert Kaufman, Kona Cotton in Curry
Stoff G	Robert Kaufman, Kona Cotton in Pond
Stoff H	Robert Kaufman, Kona Cotton in Bluegrass
Stoff I	Robert Kaufman, Kona Cotton in Torch
Stoff für Rückseite	Hawthorne Supply Co, Hawthorne Essentials, Star Charts in Onyx
Stoff für Binding	Robert Kaufman, Kona Cotton in Oasis

Stoffbedarf

	Babydecke	Sofadecke	Tagesdecke
Stoff A	161 cm	336 cm	397 cm
Stoffe B bis I	23 cm von jedem Stoff von B bis I	35 cm von jedem Stoff von B bis I	35 cm von jedem Stoff von B bis I
Stoff für Rückseite	286 cm	414 cm	686 cm
Stoff für Binding	35 cm	58 cm	61 cm

Zuschnitt

	Babydecke	Sofadecke	Tagesdecke
Stoff A	8 Streifen 1¾" x SB 11 Streifen 2¼" x SB, zugeschnitten auf: • 32 Rechtecke, 2¼" x 12½" • 1 Rechteck, 1½" x 12½" 5 Streifen, 1½" x SB, zugeschnitten auf: • 15 Rechtecke, 1½" x 12½" 11 Streifen, 1¼" x SB, zugeschnitten auf: • 32 Rechtecke, 1¼" x 12½"	16 Streifen 1¾" x SB 24 Streifen 2¼" x SB, zugeschnitten auf: • 72 Rechtecke, 2¼" x 12½" 12 Streifen, 1½" x SB, zugeschnitten auf: • 36 Rechtecke, 1½" x 12½" 24 Streifen, 1¼" x SB, zugeschnitten auf: • 72 Rechtecke, 1¼" x 12½"	16 Streifen 2" x SB 24 Streifen 2½" x SB, zugeschnitten auf: • 72 Rechtecke, 2½" x 14" 12 Streifen, 2" x SB, zugeschnitten auf: • 36 Rechtecke, 2" x 14" 24 Streifen, 1½" x SB, zugeschnitten auf: • 72 Rechtecke, 1½" x 14"
Stoffe B bis I	1 Streifen, 5¼" x SB von jedem Stoff B bis I	2 Streifen, 5¼" x SB von jedem Stoff B bis I	2 Streifen, 5¾" x SB von jedem Stoff B bis I
Stoff für Binding	5 Streifen, 2½" x SB	8 Streifen, 2½" x SB	9 Streifen, 2½" x SB

Twin-Pole-Einheiten

1. Schritt

Lege die Streifen entsprechend der Tabelle und dem Diagramm in Nähreihenfolge zurecht:

Babydecke	2x 1¾" x SB Stoff A, 1x 5¼" x SB Stoff B und 1x 5¼" x SB Stoff C
Sofadecke	2x 1¾" x SB Stoff A, 1x 5¼" x SB Stoff B und 1x 5¼" x SB Stoff C
Tagesdecke	2x 2" x SB Stoff A, 1x 5¾" x SB Stoff B und 1x 5¾" x SB Stoff C

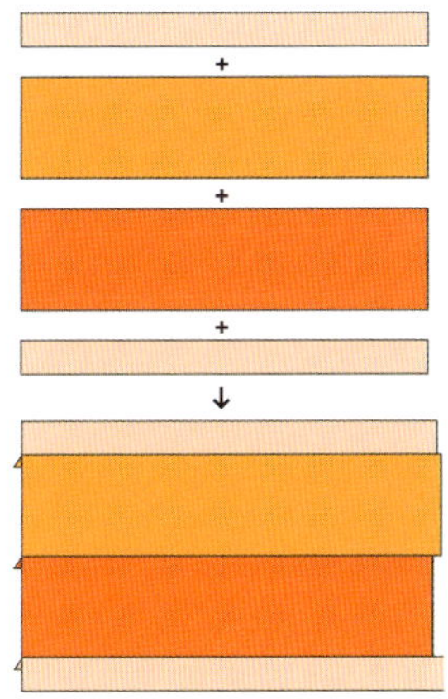
Twin-Pole-Streifensatz B/C

Stecke zwei Streifen längs rechts auf rechts aufeinander und nähe sie zusammen. Bügele die Nahtzugaben auseinander und wiederhole dies mit dem dritten und vierten Streifen, um einen Twin-Pole-Streifensatz B/C zu bilden. Nähe insgesamt:

Babydecke	**1 Twin-Pole-Streifensatz B/C**
Sofadecke	**2 Twin-Pole-Streifensätze B/C**
Tagesdecke	**2 Twin-Pole-Streifensätze B/C**

Lege die Streifensätze für den 5. Schritt, Twin-Pole-Einheiten, beiseite.

Tipp: Nähe die ersten und vierten Streifen vom linken Rand des Streifensatzes zusammen. Nähe die letzte Naht, zwischen dem zweiten und vierten Streifen, vom rechten Rand des Streifensatzes zusammen. Dadurch vermeidest du, dass sich der Streifensatz verzieht. Um sicherzustellen, dass die Einheit gerade genäht ist und sich nicht verzogen hat, lege sie flach auf eine Schneidematte. Vergleiche die Orientierungslinien auf der Matte mit den Rändern und Nähten der Einheit.

2. Schritt

Fertige **Twin-Pole-Streifensätze D/E**, indem du den **1. Schritt** mit dem Folgenden wiederholst:

Babydecke	2x 1¾" x SB Stoff A, 1x 5¼" x SB Stoff D und 1x 5¼" x SB Stoff E
Sofadecke	2x 1¾" x SB Stoff A, 1x 5¼" x SB Stoff D und 1x 5¼" x SB Stoff E
Tagesdecke	2x 2" x SB Stoff A, 1x 5¾" x SB Stoff D und 1x 5¾" x SB Stoff E

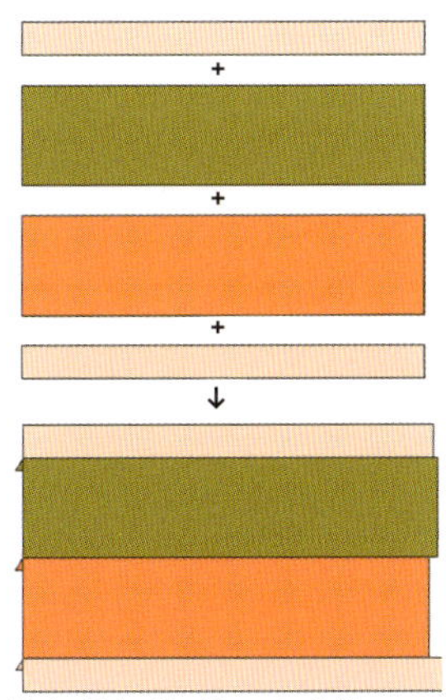
Twin-Pole-Streifensatz D/E

Nähe insgesamt:

Babydecke	**1 Twin-Pole-Streifensatz D/E**
Sofadecke	**2 Twin-Pole-Streifensätze D/E**
Tagesdecke	**2 Twin-Pole-Streifensätze D/E**

Lege die Streifensätze für den *5. Schritt, Twin-Pole-Einheiten*, beiseite.

3. Schritt

Fertige **Twin-Pole-Streifensätze F/G**, indem du den **1. Schritt** mit dem Folgenden wiederholst:

Babydecke	2x 1¾" x SB Stoff A, 1x 5¼" x SB Stoff F und 1x 5¼" x SB Stoff G
Sofadecke	2x 1¾" x SB Stoff A, 1x 5¼" x SB Stoff F und 1x 5¼" x SB Stoff G
Tagesdecke	2x 2" x SB Stoff A, 1x 5¾" x SB Stoff F und 1x 5¾" x SB Stoff G

Nähe insgesamt:

Babydecke	**1 Twin-Pole-Streifensatz F/G**
Sofadecke	**2 Twin-Pole-Streifensätze F/G**
Tagesdecke	**2 Twin-Pole-Streifensätze F/G**

Lege die Streifensätze für den *5. Schritt, Twin-Pole-Einheiten*, beiseite.

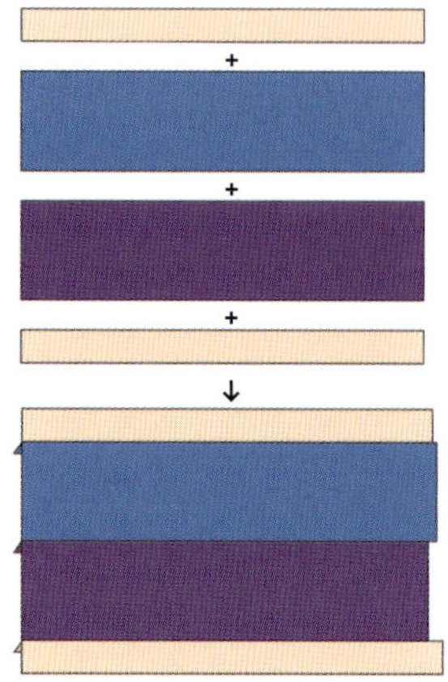

Twin-Pole-Streifensatz F/G

4. Schritt

Fertige **Twin-Pole-Streifensätze H/I**, indem du den **1. Schritt** mit dem Folgenden wiederholst:

Babydecke	2x 1¾" x SB Stoff A, 1x 5¼" x SB Stoff H und 1x 5¼" x SB Stoff I
Sofadecke	2x 1¾" x SB Stoff A, 1x 5¼" x SB Stoff H und 1x 5¼" x SB Stoff I
Tagesdecke	2x 2" x SB Stoff A, 1x 5¾" x SB Stoff H und 1x 5¾" x SB Stoff I

Nähe insgesamt:

Babydecke	**1 Twin-Pole-Streifensatz H/I**
Sofadecke	**2 Twin-Pole-Streifensätze H/I**
Tagesdecke	**2 Twin-Pole-Streifensätze H/I**

Lege die Streifensätze für den *5. Schritt, Twin-Pole-Einheiten*, beiseite.

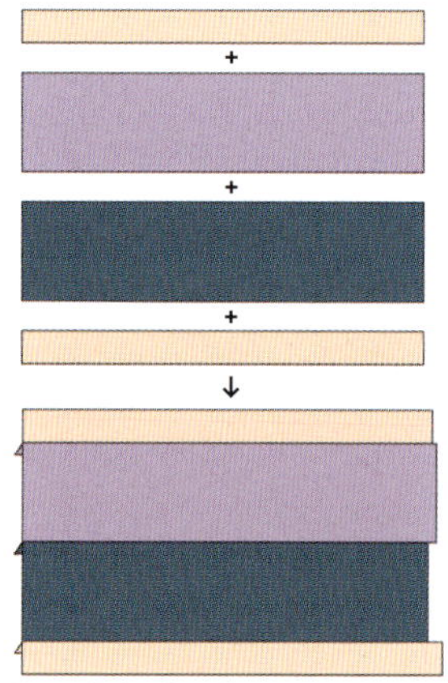

Twin-Pole-Streifensatz H/I

5. Schritt

Begradige den rechten Rand aller Twin-Pole-Streifensätze vom 1. bis 4. Schritt (für alle Quiltgrößen), damit sie gerade und im rechten Winkel zur Länge des Streifensatzes sind.

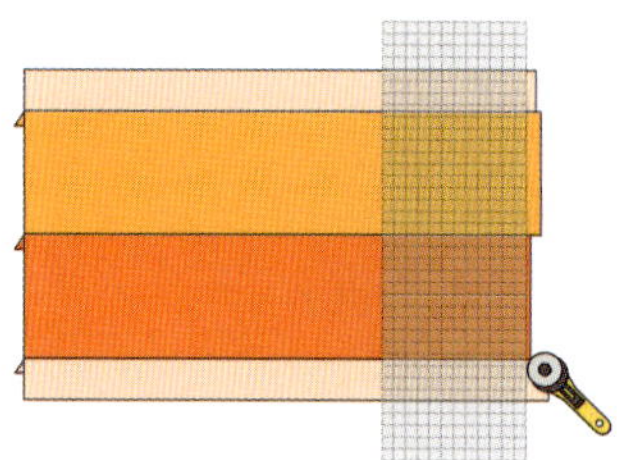

* In diesem Beispiel wird der Twin-Pole-Streifensatz B/C verwendet.

6. Schritt

Drehe alle Twin-Pole-Streifensätze um 180 Grad. Schneide entlang dem Lineal auf der linken Seite insgesamt:

	Baby-decke	**Sofa-decke**	**Tages-decke**
2" breite Twin-Pole-Einheiten B/C	16 Einheiten	36 Einheiten	36 Einheiten
2" breite Twin-Pole-Einheiten D/E	16 Einheiten	36 Einheiten	36 Einheiten
2" breite Twin-Pole-Einheiten F/G	16 Einheiten	36 Einheiten	36 Einheiten
2" breite Twin-Pole-Einheiten H/I	16 Einheiten	36 Einheiten	36 Einheiten

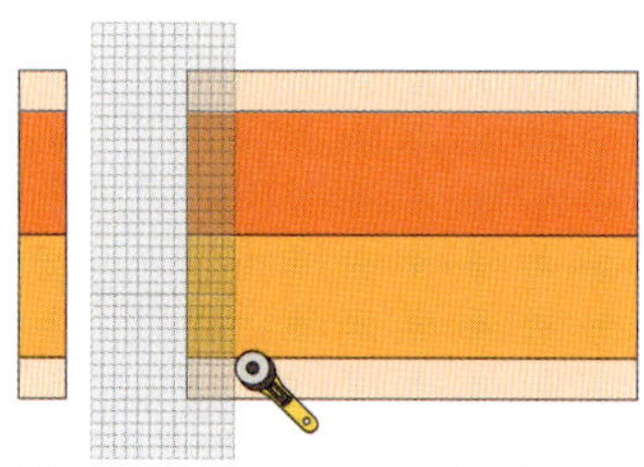

* In diesem Beispiel wird der Twin-Pole-Streifensatz B/C verwendet.

Blockeinheiten

1. Schritt

Nähe einen **Block A** folgendermaßen entsprechend dem gezeigten Diagramm.

Babydecke	2x 2¼" x 12½" Stoff A, 1x 1½" x 12½" Stoff A, 2x 1¼" x 12½" Stoff A, 1 Twin-Pole B/C, 1 Twin-Pole D/E, 1 Twin-Pole F/G, 1 Twin-Pole H/I
Sofadecke	2x 2¼" x 12½" Stoff A, 1x 1½" x 12½" Stoff A, 2x 1¼" x 12½" Stoff A, 1 Twin-Pole B/C, 1 Twin-Pole D/E, 1 Twin-Pole F/G, 1 Twin-Pole H/I
Tagesdecke	2x 2½" x 14" Stoff A, 1x 2" x 14" Stoff A, 2x 1½" x 14" Stoff A, 1 Twin-Pole B/C, 1 Twin-Pole D/E, 1 Twin-Pole F/G, 1 Twin-Pole H/I

Bügele die Nahtzugaben auseinander. Nähe insgesamt:

Babydecke	**8x 12½" Block A**
Sofadecke	**18x 12½" Block A**
Tagesdecke	**18x 14" Block A**

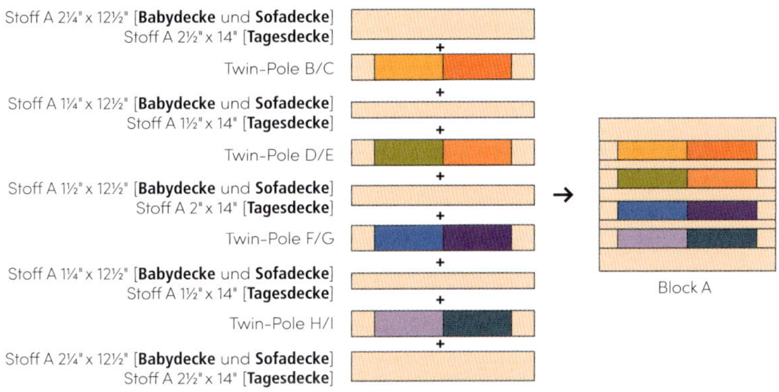

2. Schritt

Nähe einen **Block B** folgendermaßen entsprechend dem gezeigten Diagramm.

Babydecke	2x 2¼" x 12½" Stoff A, 1x 1½" x 12½" Stoff A, 2x 1¼" x 12½" Stoff A, 1 Twin-Pole B/C, 1 Twin-Pole D/E, 1 Twin-Pole F/G, 1 Twin-Pole H/I
Sofadecke	2x 2¼" x 12½" Stoff A, 1x 1½" x 12½" Stoff A, 2x 1¼" x 12½" Stoff A, 1 Twin-Pole B/C, 1 Twin-Pole D/E, 1 Twin-Pole F/G, 1 Twin-Pole H/I
Tagesdecke	2x 2½" x 14" Stoff A, 1x 2" x 14" Stoff A, 2x 1½" x 14" Stoff A, 1 Twin-Pole B/C, 1 Twin-Pole D/E, 1 Twin-Pole F/G, 1 Twin-Pole H/I

Bügele die Nahtzugaben auseinander. Nähe insgesamt:

Babydecke	**8x 12½" Block B**
Sofadecke	**18x 12½" Block B**
Tagesdecke	**18x 14" Block B**

Tipp: Pass beim Zusammennähen von Block B auf, da er Block A ähnlich ist. Achte darauf, dass die beiden Blöcke Spiegelbilder zueinander sind. Um frustrierendes Auftrennen von Nähten zu vermeiden, klebe die Blöcke mit Malerband zur Erinnerung der Stoffanordnung an die Wand oder eine Oberfläche in der Nähe deiner Nähmaschine.

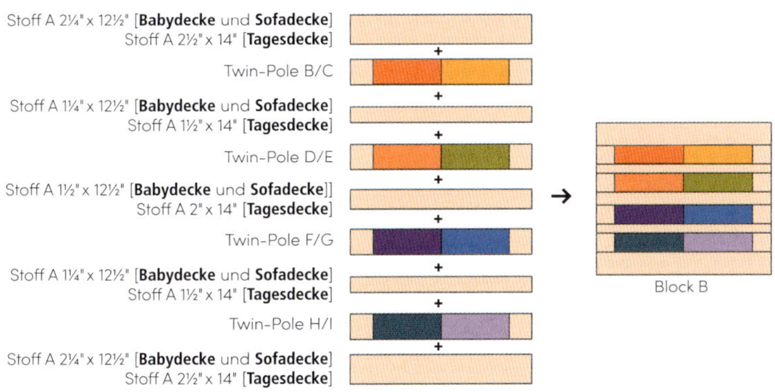

Den Quilt zusammennähen

1. Schritt

Lege **eine Reihe** wie im Diagramm gezeigt bereit und nähe sie zusammen:

Babydecke	2x Block A und 2x Block B
Sofadecke	3x Block A und 3x Block B
Tagesdecke	3x Block A und 3x Block B

Bügele die Nahtzugaben auseinander. Nähe insgesamt:

Babydecke	**4 Reihen**
Sofadecke	**6 Reihen**
Tagesdecke	**6 Reihen**

Tipp: Pass auch hier beim Zusammennähen der Reihen gut auf. Die Block-Sektionen A und B in jeder Reihe sind Spiegelbilder voneinander. Lege die Blöcke auf einer flachen Oberfläche in Nähreihenfolge bereit und prüfe lieber noch einmal nach, bevor du mit dem Nähen anfängst.

Für die **Babydecke**

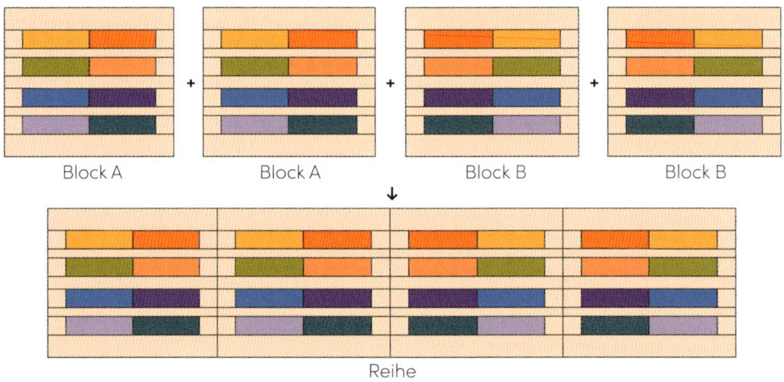

Für die **Sofadecke** und **Tagesdecke**:

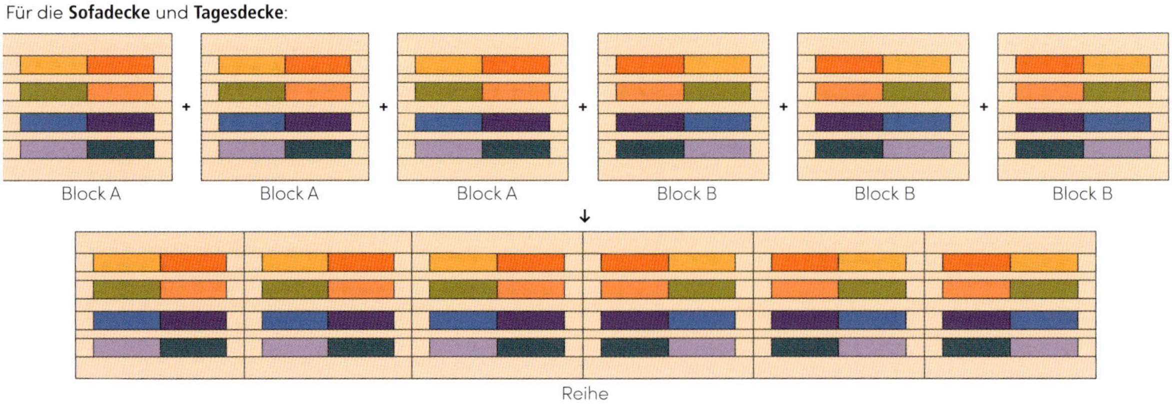

2. Schritt

Für das **Quiltoberteil für eine Babydecke** richte die vier Reihen aneinander aus und nähe sie zusammen. Bügele die Nahtzugaben auseinander.

** Hinweis: Drehe die unteren zwei Reihen um 180 Grad, bevor du sie zusammennähst. Die unteren zwei Reihen sind ein Spiegelbild der ersten zwei Reihen.*

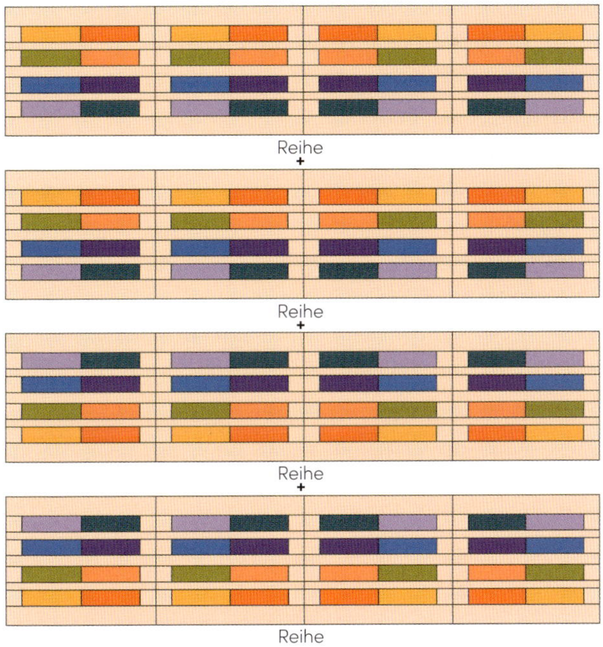

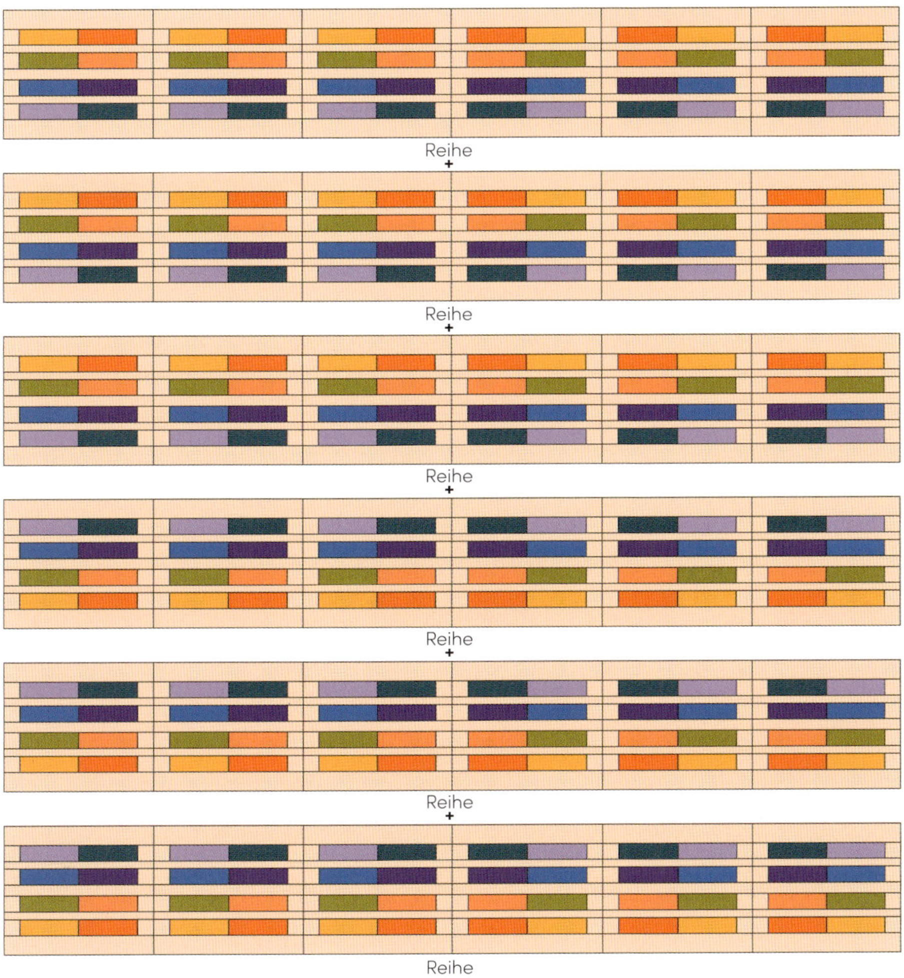

Für das **Quiltoberteil für eine Sofadecke** bzw. das **Quiltoberteil für eine Tagesdecke** richte die sechs Reihen aneinander aus und nähe sie zusammen. Bügele die Nahtzugaben auseinander.

** Hinweis: Drehe die unteren drei Reihen um 180 Grad, bevor du sie zusammennähst. Die unteren drei Reihen sind ein Spiegelbild der ersten drei Reihen.*

3. Schritt

Bügele das Quiltoberteil und den Stoff für die Rückseite. Lege die Rückseite, das Vlies und das Quiltoberteil aufeinander. Hefte die Lagen aneinander, quilte sie und fasse den Quilt ein.

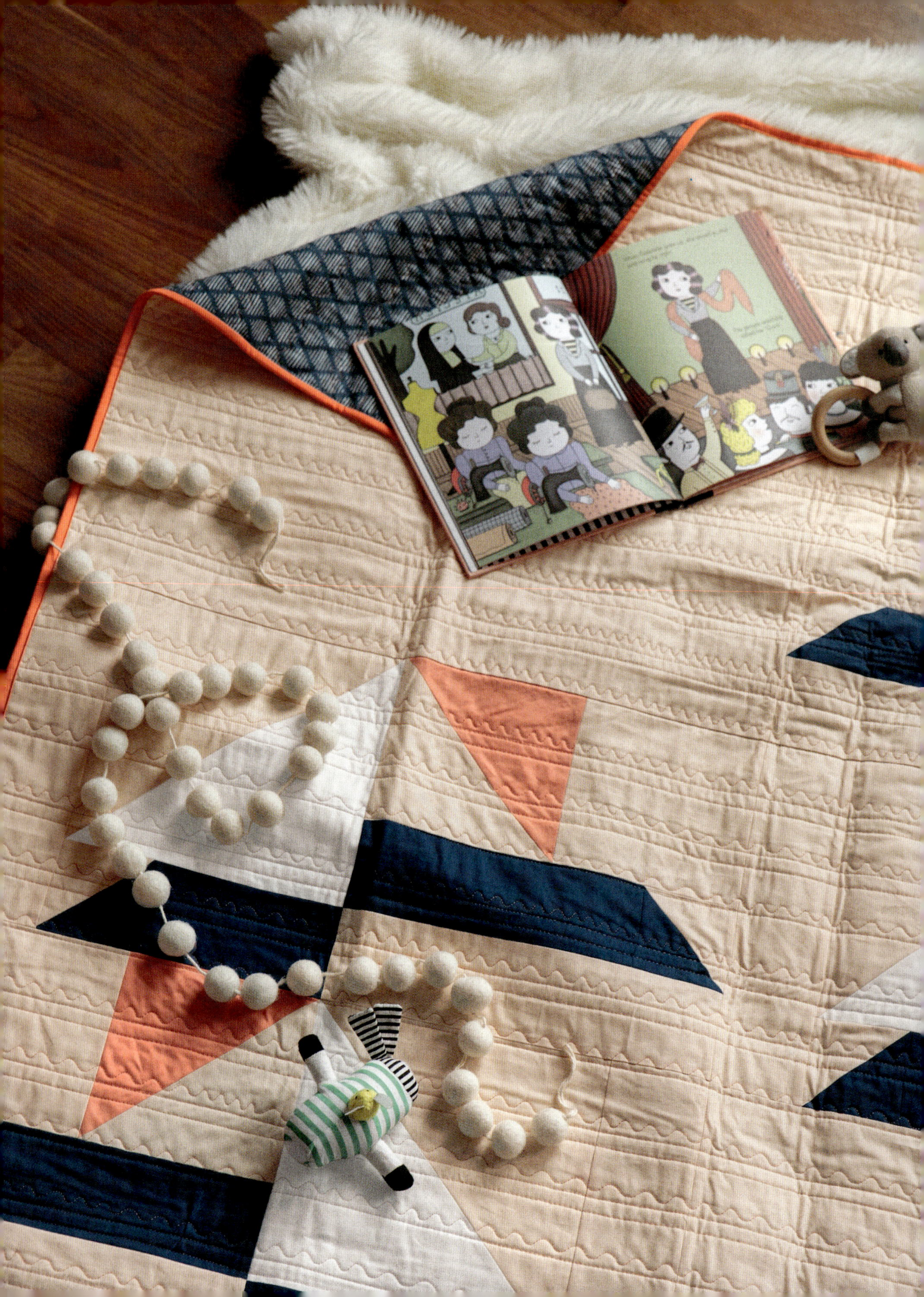

KLEINE BOOTE

(Anfänger)

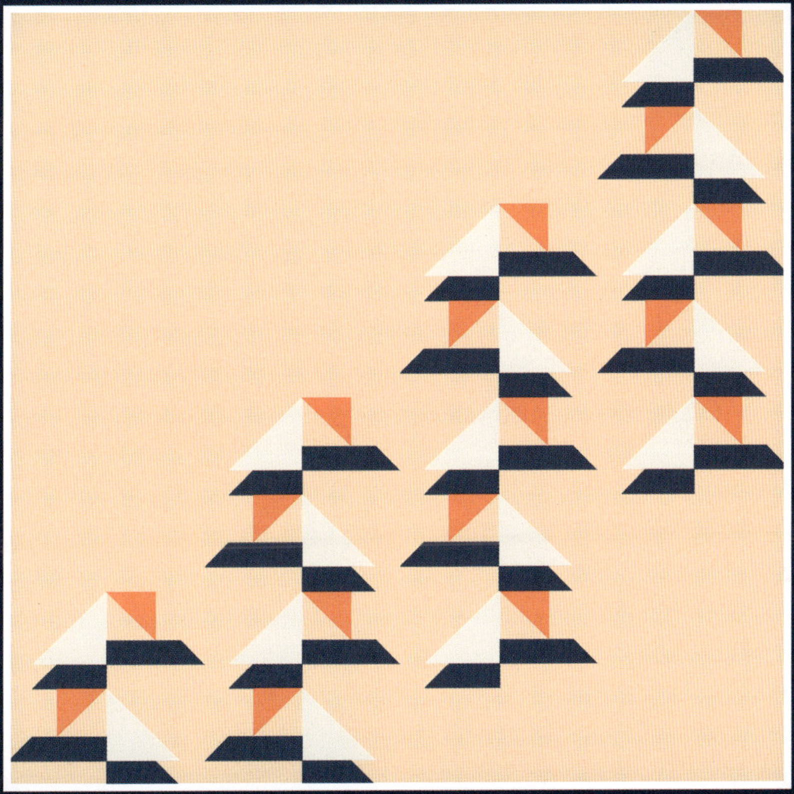

Babydecke: 122 cm x 122 cm

Sofadecke: 183 cm x 183 cm

Tagesdecke: 244 cm x 244 cm

Konstruktionsmethoden und -techniken

Half-Square Triangles: 8 auf einmal, 4 auf einmal und 2 auf einmal

Das sogenannte Half-Square Triangle – ein Quadrat, das in zwei gleich große Dreiecke geteilt ist – ist eine der meistverwendeten Formen bei Quiltdesigns und erfreut sich seit den allerersten Quilts der Geschichte bis zu den heutigen modernen Designs großer Beliebtheit. Half-Square Triangles bestehen aus zwei rechtwinkligen Dreiecken, die an ihrer Längsseite verbunden werden, um ein Quadrat zu bilden. Dieses Design ist aufgrund seiner Vielseitigkeit beliebt, da mit ihm verschiedene Muster und gängige Quiltblöcke zusammengesetzt werden können – wie »Pinwheel« und »Broken Dishes« –, indem die Quadrate anders ausgerichtet und gedreht werden oder durch das Spiel mit Farben. Außerdem sind Half-Square Triangles schnell und einfach genäht – sofern du praktische Schnellverfahren verwendest!

Als ich mit dem Quilten anfing, wusste ich nichts von Schnellverfahren für Half-Square Triangles. Für einen meiner ersten Quilts habe ich etwas über 1000 einzelne rechtwinklige Dreiecke zugeschnitten und zusammengenäht. Glücklicherweise erwarte ich das nicht von dir. Stattdessen zeige ich dir alle Tricks und Schnellverfahren, die du beim Nähen von Half-Square Triangles brauchst.

Durch das Leben in einer größeren Stadt ohne ein Auto nehme ich die Natur und Zeit im Freien anders wahr. Als mein Mann und ich in der Upper East Side lebten, haben wir das warme, sonnige Wetter nach Möglichkeit genutzt und sind rausgegangen. Am Wochenende hielten wir kurz bei unserer Bagel-Bäckerei an und liefen mit einem Quilt in den Park, um dort zu picknicken. Der Bootsteich-Quilt verwendet Half-Square Triangle-Techniken, mit denen du 2 auf einmal, 4 auf einmal und 8 auf einmal anfertigst, und nimmt dich mit auf einen Spaziergang zum Hügel, von dem aus du auf den Bootsteich im Central Park in New York blickst.

Ich erschauere immer noch, wenn ich daran denke, wie ich 1000 Teile einzeln zugeschnitten habe. Aber der Gedanke, keine Quiltlineale und Rollschneider zu haben, die mir dabei helfen, ist noch schlimmer. Der erste Rollschneider, von einem japanischen Unternehmen namens Olfa, kam erst 1979 auf den Markt. Acryllineale und Schablonen fanden erst Mitte der 1980er Einzug in die Nähzimmer. Diese Innovationen haben das Quilten effizienter und genauer gemacht, da Quilter*innen durch mehrere Stofflagen und Teile gleichzeitig schneiden können und schnell gerade und präzise Schnitte vornehmen können. Davor verwendeten Quilter*innen Schablonen aus Zeitungspapier oder Karton, zeichneten die Umrisse sorgfältig auf den Stoff und fügten zu jeder Form eine ¼" breite Nahtzugabe hinzu. Mit scharfen Augen, einer ruhigen Hand und einer Schneiderschere schnitten sie jedes einzelne Stück zu. Wie du dir vorstellen kannst, war Quilten wesentlich zeitintensiver. Ein Projekt konnte Wochen, Monate oder sogar Jahre dauern!

FARBINSPIRATION

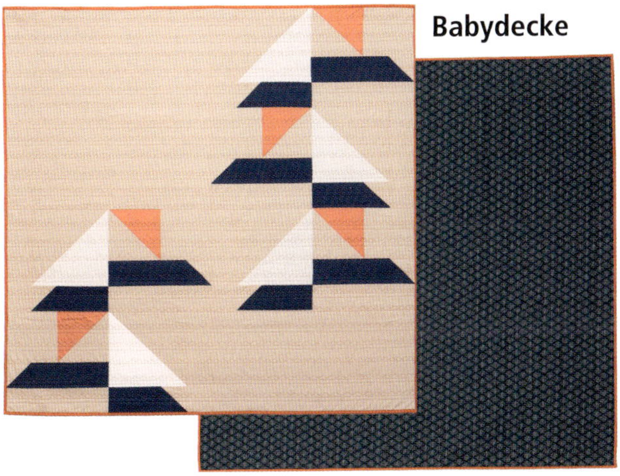

Babydecke

Stoff A	Robert Kaufman, Kona Cotton in Light Parfait
Stoff B	Robert Kaufman, Kona Cotton in Celestial
Stoff C	Robert Kaufman, Kona Cotton in Natural
Stoff D	Robert Kaufman, Kona Cotton in Salmon
Stoff für Rückseite	Hawthorne Supply Co, Shannon McNab, Woodland Autumn, Pathway in River
Stoff für Binding	Robert Kaufman, Kona Cotton in Salmon

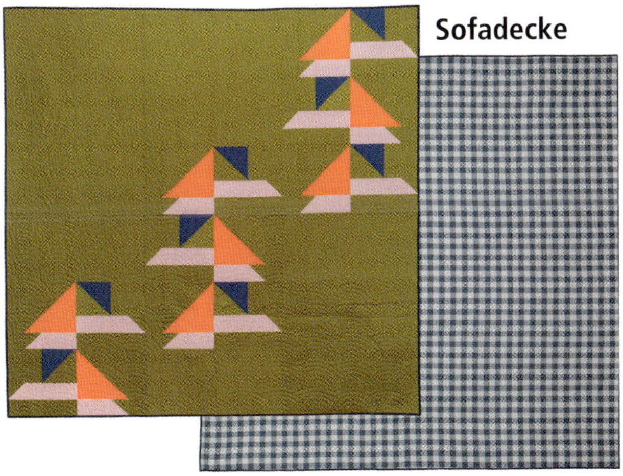

Sofadecke

Stoff A	Robert Kaufman, Kona Cotton in Pickle
Stoff B	Robert Kaufman, Kona Cotton in Pink
Stoff C	Robert Kaufman, Kona Cotton in Orangeade
Stoff D	Robert Kaufman, Kona Cotton in Regatta
Stoff für Rückseite	Hawthorne Supply Co, Hawthorne Essentials, Buffalo Plaid in Midnight
Stoff für Binding	Robert Kaufman, Kona Cotton in Nightfall

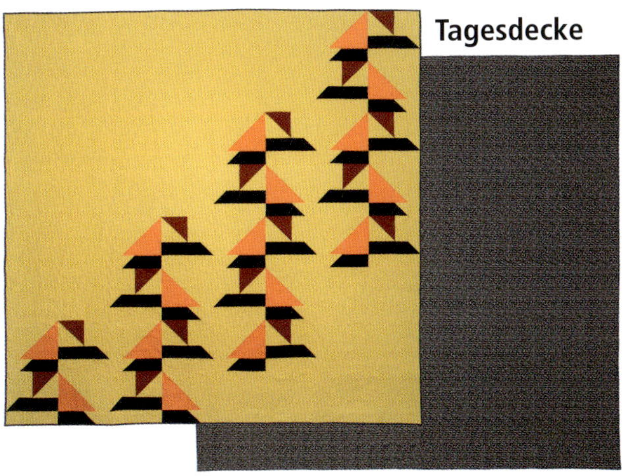

Tagesdecke

Stoff A	Robert Kaufman, Kona Cotton in Canary
Stoff B	Robert Kaufman, Kona Cotton in Navy
Stoff C	Robert Kaufman, Kona Cotton in Kumquat
Stoff D	Robert Kaufman, Kona Cotton in Cinnamon
Stoff für Rückseite	Hawthorne Supply Co, Lisa Clow, Autumn Revival, Soul Burst in Onyx
Stoff für Binding	Robert Kaufman, Kona Cotton in Prussian

Stoffbedarf

	Babydecke	Sofadecke	Tagesdecke
Stoff A	183 cm	366 cm	652 cm
Stoff B	46 cm	69 cm	92 cm
Stoff C	35 cm	35 cm	58 cm
Stoff D	35 cm oder ein Fat Quarter	35 cm oder ein Fat Quarter	35 cm
Stoff für Rückseite	286 cm	412 cm	801 cm
Stoff für Binding	46 cm	58 cm	69 cm

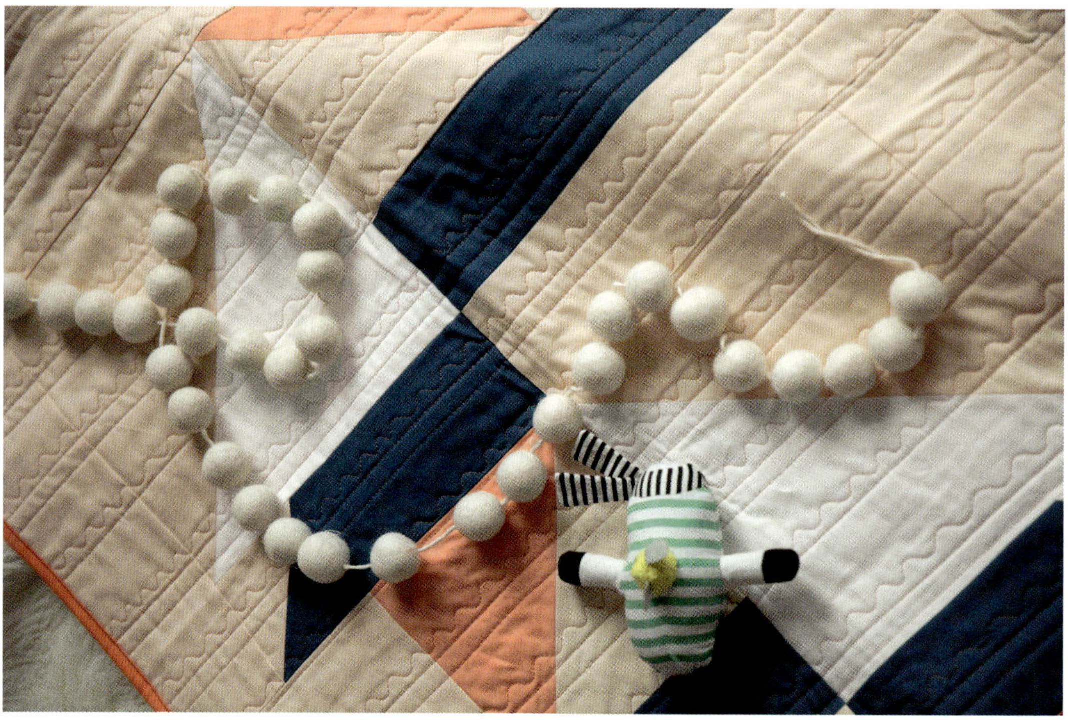

Zuschnitt

	Babydecke	Sofadecke	Tagesdecke
Stoff A	1 Streifen 24½" x SB, zugeschnitten auf: • 1 Quadrat, 24½" x 24½" • 1 Rechteck, 24½" x 12½" 2 Streifen, 10½" x SB, zugeschnitten auf: • 5 Quadrate, 10½" x 10½" • 2 Quadrate, 8" x 8" 1 Streifen, 6½" x SB, zugeschnitten auf: • 5 Quadrate, 6½" x 6½" 4 Streifen, 3½" x SB, zugeschnitten auf: • 10 Rechtecke, 3½" x 12½"	4 Streifen 24½" x SB, zugeschnitten auf: • 4 Quadrate, 24½" x 24½" • 2 Rechtecke, 24½" x 12½" • 8 Quadrate, 6½" x 6½" 2 Streifen, 10½" x SB, zugeschnitten auf: • 6 Quadrate, 10½" x 10½" • 2 Quadrate, 8" x 8" 5 Streifen, 3½" x SB, zugeschnitten auf: • 16 Rechtecke, 3½" x 12½"	7 Streifen 24½" x SB, zugeschnitten auf: • 7 Quadrate, 24½" x 24½" • 2 Rechtecke, 24½" x 12½" • 16 Quadrate, 6½" x 6½" 3 Streifen, 10½" x SB, zugeschnitten auf: • 12 Quadrate, 10½" x 10½" • 1 Quadrat, 8" x 8" 11 Streifen, 3½" x SB, zugeschnitten auf: • 32 Rechtecke, 3½" x 12½"
Stoff B	2 Streifen, 3½" x SB, zugeschnitten auf: • 5 Rechtecke, 3½" x 9½" • 5 Rechtecke, 3½" x 6½" 2 Quadrate, 8" x 8"	4 Streifen, 3½" x SB, zugeschnitten auf: • 8 Rechtecke, 3½" x 9½" • 8 Rechtecke, 3½" x 6½" 2 Quadrate, 8" x 8"	7 Streifen, 3½" x SB, zugeschnitten auf: • 16 Rechtecke, 3½" x 9½" • 16 Rechtecke, 3½" x 6½" 4 Quadrate, 8" x 8"
Stoff C	3 Quadrate, 10½" x 10½"	4 Quadrate, 10½" x 10½"	8 Quadrate, 10½" x 10½"
Stoff D	2 Quadrate, 10½" x 10½"	2 Quadrate, 10½" x 10½"	4 Quadrate, 10½" x 10½"
Stoff für Binding	5 Streifen, 2½" x SB	8 Streifen, 2½" x SB	10 Streifen, 2½" x SB

Half-Square Triangles, 2 auf einmal

1. Schritt

Zeichne eine diagonale Orientierungslinie auf die Rückseite von:

Babydecke	3x 10½" x 10½" Quadrat aus Stoff C
Sofadecke	4x 10½" x 10½" Quadrat aus Stoff C
Tagesdecke	8x 10½" x 10½" Quadrat aus Stoff C

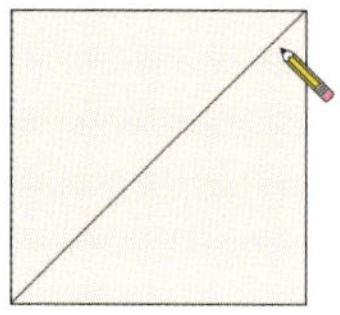

2. Schritt

Lege ein markiertes 10½" x 10½" großes Quadrat aus Stoff C rechts auf rechts auf ein 10½" x 10½" großes Quadrat aus Stoff A und nähe in ¼" Abstand auf beiden Seiten der Orientierungslinie. Stecke die Quadrate bei Bedarf zusammen, damit sie sich beim Nähen nicht verschieben.

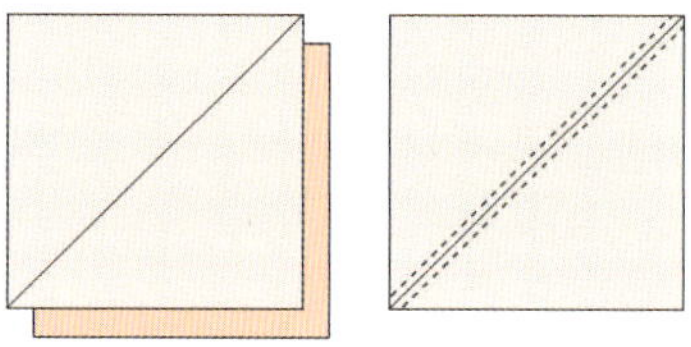

3. Schritt

Schneide entlang der aufgezeichneten Linie und bügele die Nahtzugaben auseinander, um **zwei Half-Square Triangles aus Stoff A/C** zu erhalten.

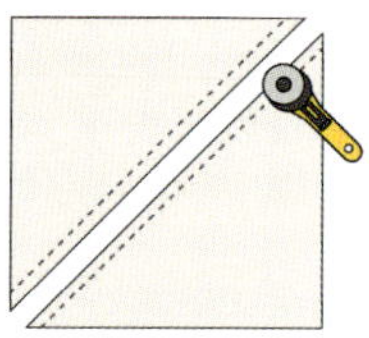

4. Schritt

Wiederhole den 2. und 3. Schritt und nähe insgesamt:

Babydecke	5 Half-Square Triangles aus Stoff A/C*
Sofadecke	8 Half-Square Triangles aus Stoff A/C
Tagesdecke	16 Half-Square Triangles aus Stoff A/C

** Hinweis: Bei der Babydecke bleibt ein Half-Square Triangle übrig.*

5. Schritt

Schneide jedes Half-Square Triangle aus Stoff A/C auf ein 9½" x 9½" großes Quadrat zu. Lege die Quadrate für *Satzeinheiten, 4. Schritt (Seite 78)* beiseite.

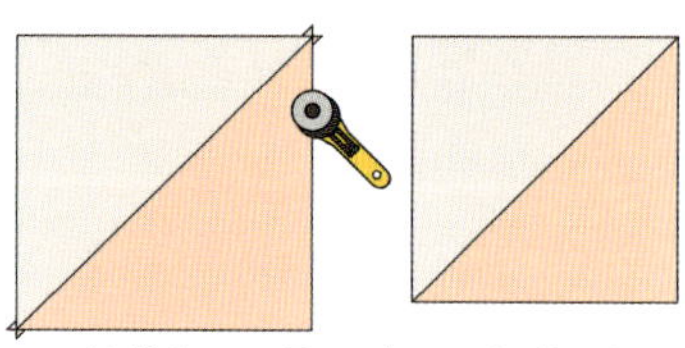

Half-Square Triangle aus Stoff A/C

Half-Square Triangles, 4 auf einmal

1. Schritt

Lege ein 10½" x 10½" großes Quadrat aus Stoff A rechts auf rechts auf ein 10½" x 10½" großes Quadrat aus Stoff D und nähe eine Linie in ¼" Abstand von allen vier Rändern, um einen Half-Square Triangle-Satz aus Stoff A/D zu erhalten. Nähe davon insgesamt:

Babydecke	2 Half-Square Triangle-Sätze aus Stoff A/D
Sofadecke	2 Half-Square Triangle-Sätze aus Stoff A/D
Tagesdecke	4 Half-Square Triangle-Sätze aus Stoff A/D

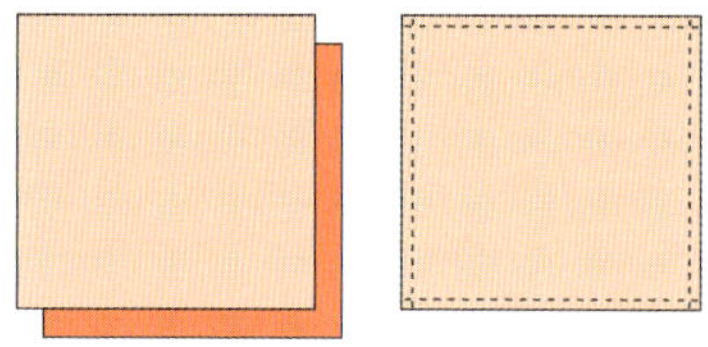

2. Schritt

Zeichne auf der linken Seite aller Half-Square Triangle-Sätze aus Stoff A/D zwei diagonal Orientierungslinien.

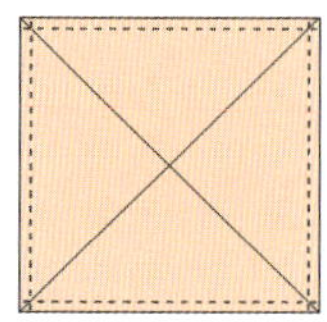

3. Schritt

Schneide entlang den Orientierungslinien und bügele die Nahtzugaben auseinander. Du benötigst insgesamt:

Babydecke	5 Half-Square Triangles aus Stoff A/D*
Sofadecke	8 Half-Square Triangles aus Stoff A/D
Tagesdecke	16 Half-Square Triangles aus Stoff A/D

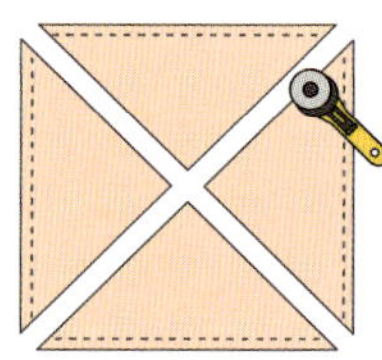

** Hinweis: Bei der Babydecke bleiben 3 zusätzliche Half-Square Triangles übrig.*

4. Schritt

Schneide jedes Half-Square Triangle aus Stoff A/D auf ein 6½" x 6½" großes Quadrat zu. Lege die Quadrate für *Satzeinheiten, 5. Schritt (Seite 78)* beiseite.

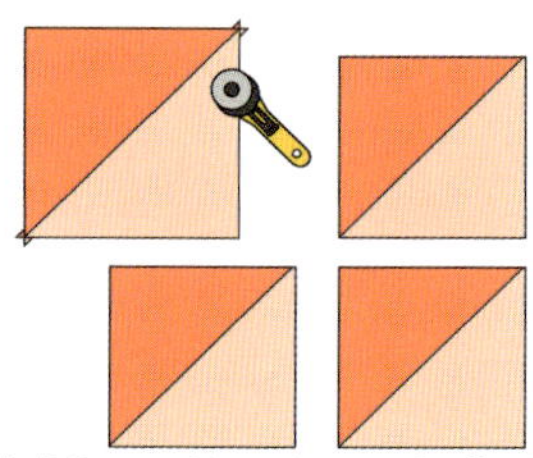

Half-Square Triangles aus Stoff A/D

Half-Square Triangles, 8 auf einmal

1. Schritt

Zeichne auf die linken Seiten von allen 8" x 8" großen Quadraten aus Stoff B zwei diagonale Orientierungslinien.

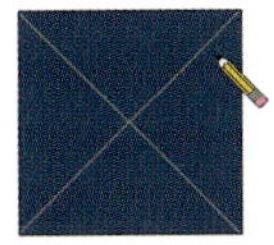

2. Schritt

Lege je ein markiertes 8" x 8" großes Quadrat aus Stoff B auf ein 8" x 8" großes Quadrat aus Stoff A und nähe in ¼" Abstand auf beiden Seiten der Orientierungslinien entlang.

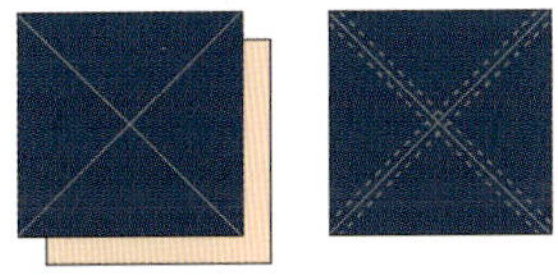

3. Schritt

Schneide das 8" x 8" große Quadrat senkrecht in der Mitte durch. Richte dazu ein Lineal am Rand und dem Schnittpunkt der diagonalen Linien aus. Ohne die Stoffteile zu verschieben, schneide dann einmal im rechten Winkel zum ersten Schnitt.

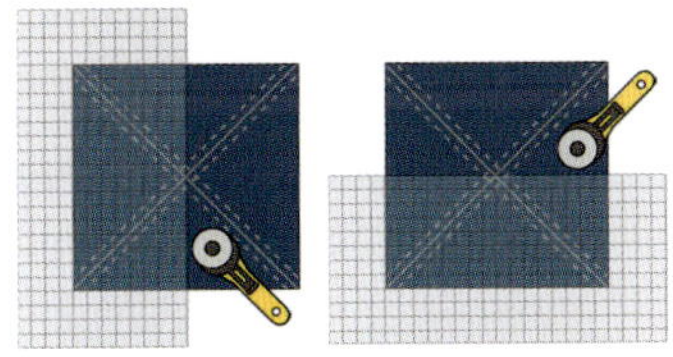

4. Schritt

Schiebe die Stoffteile auseinander. Schneide alle vier Quadrate auf den Orientierungslinien diagonal von einer Ecke zur anderen durch. Bügele die Nahtzugaben auseinander. Du erhältst **8 Half-Square Triangles** aus Stoff A/B.

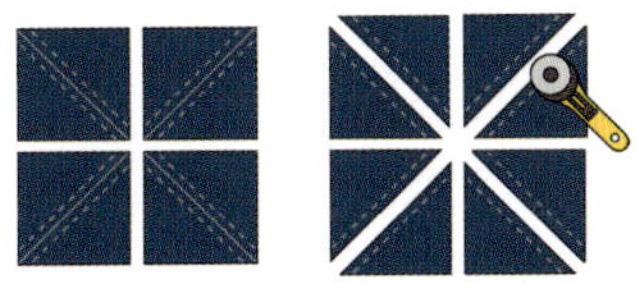

5. Schritt

Wiederhole den *2. bis 4. Schritt*. Du benötigst:

Babydecke	**10 Half-Square Triangles aus Stoff A/B***
Sofadecke	**16 Half-Square Triangles aus Stoff A/B**
Tagesdecke	**32 Half-Square Triangles aus Stoff A/B**

** Hinweis: Bei der Babydecke bleiben 6 Half-Square Triangles übrig.*

6. Schritt

Schneide jedes Half-Square Triangle aus Stoff A/B auf ein 3½" x 3½" großes Quadrat zu.

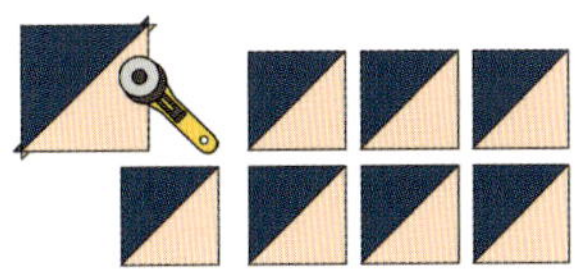

Half-Square Triangles aus Stoff A/B

Satzeinheiten

1. Schritt

Nähe ein Half-Square Triangle aus Stoff A/B links an ein 3½" x 6½" großes Rechteck aus Stoff B. Du erhältst einen **Satz D**. Nähe insgesamt:

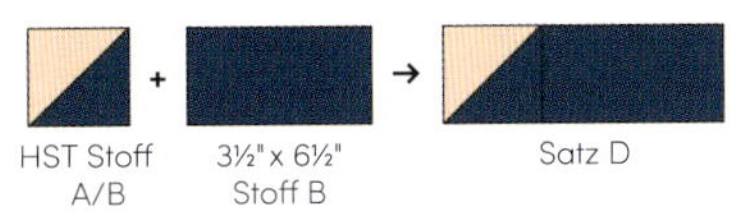

Babydecke	**3 Sätze D**
Sofadecke	**5 Sätze D**
Tagesdecke	**9 Sätze D**

Bügele die Nahtzugaben auseinander und lege die Sätze für den *4. Schritt (Seite 78)* beiseite.

2. Schritt

Nähe ein Half-Square Triangle aus Stoff A/B rechts an ein 3½" x 6½" großes Rechteck aus Stoff B. Du erhältst einen **Satz E**. Nähe insgesamt:

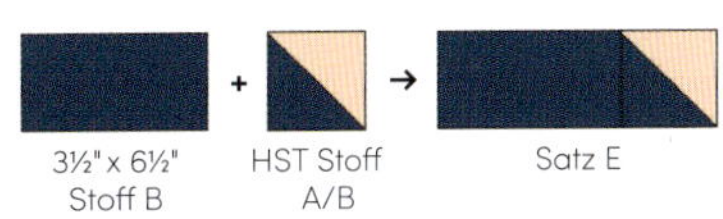

Babydecke	**2 Sätze E**
Sofadecke	**3 Sätze E**
Tagesdecke	**7 Sätze E**

Bügele die Nahtzugaben auseinander und lege die Sätze für den *4. Schritt (Seite 78)* beiseite.

3. Schritt

Genau wie im 1. und 2. Schritt nähst du ein Half-Square Triangle aus Stoff A/B links an ein 3½" x 9½" großes Rechteck aus Stoff B, um einen **Satz F** zu bilden. Nähe ein Half-Square Triangle aus Stoff A/B rechts an ein 3½" x 9½" großes Rechteck aus Stoff B, um einen **Satz G** zu bilden. Insgesamt nähst du:

Babydecke	**2 Sätze F und 3 Sätze G**
Sofadecke	**3 Sätze F und 5 Sätze G**
Tagesdecke	**7 Sätze F und 9 Sätze G**

Bügele die Nahtzugaben auseinander.

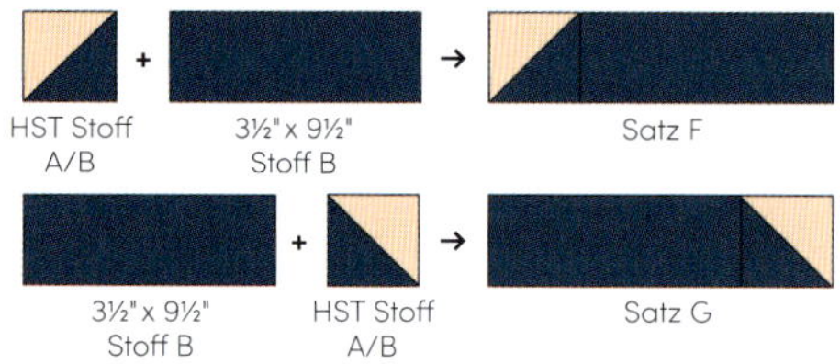

4. Schritt

Kombiniere wie im Diagramm gezeigt ein Half-Square Triangle A/C und einen Satz D, um einen **Satz H** zu bilden. Kombiniere ein Half-Square Triangle A/C und einen Satz E, um einen **Satz I** zu bilden. Nähe insgesamt:

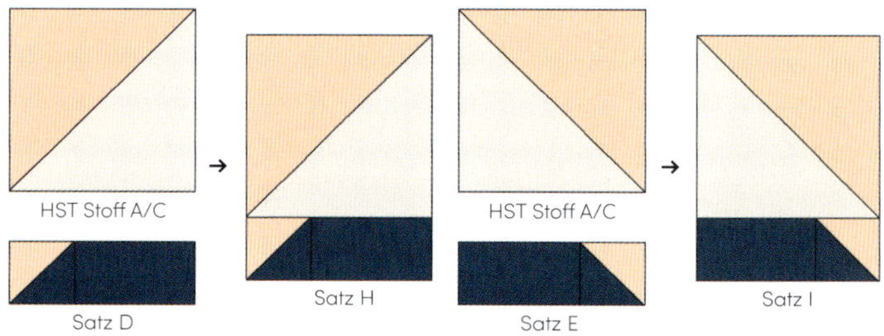

Babydecke	**3 Sätze H und 2 Sätze I**
Sofadecke	**5 Sätze H und 3 Sätze I**
Tagesdecke	**9 Sätze H und 7 Sätze I**

Bügele die Nahtzugaben auseinander und lege die Sätze für *Blöcke zusammennähen, 1. und 2. Schritt (Seite 79)* beiseite.

5. Schritt

Nähe ein Half-Square Triangle aus Stoff A/C links an ein 6½" x 6½" großes Quadrat aus Stoff A, um einen **Satz J** zu bilden. Nähe insgesamt:

Babydecke	**3 Sätze J**
Sofadecke	**5 Sätze J**
Tagesdecke	**9 Sätze J**

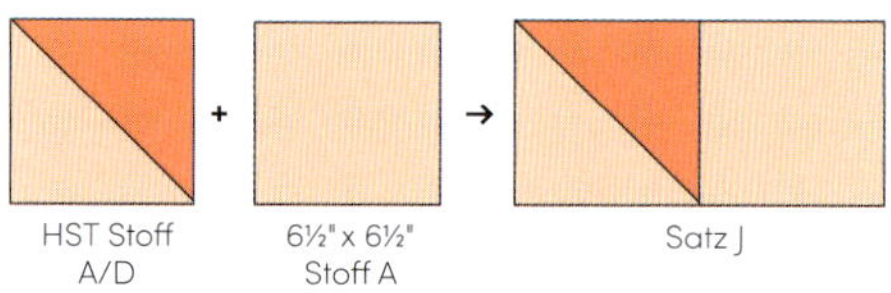

Bügele die Nahtzugaben auseinander und lege die Sätze für *Blöcke zusammennähen, 3. Schritt (Seite 79)* beiseite.

6. Schritt

Nähe ein Half-Square Triangle aus Stoff A/D rechts an ein 6½" x 6½" großes Quadrat aus Stoff A, um einen **Satz K** zu bilden. Nähe insgesamt:

Babydecke	**2 Sätze K**
Sofadecke	**3 Sätze K**
Tagesdecke	**7 Sätze K**

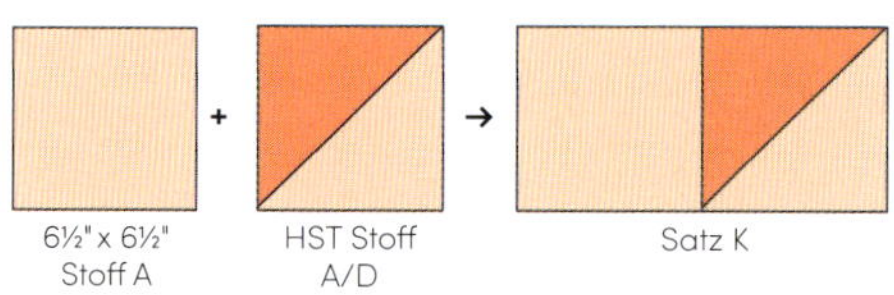

Bügele die Nahtzugaben auseinander und lege die Sätze für *Blöcke zusammennähen, 4. Schritt (Seite 79)* beiseite.

Blöcke zusammennähen

1. Schritt

Nähe ein 3½" x 12½" großes Rechteck aus Stoff A links an einen Satz H, um einen **Block A** zu bilden. Nähe insgesamt:

Babydecke	**3 Blöcke A**
Sofadecke	**5 Blöcke A**
Tagesdecke	**9 Blöcke A**

Bügele die Nahtzugaben auseinander und lege die Sätze für den *5. Schritt (Seite 80)* beiseite.

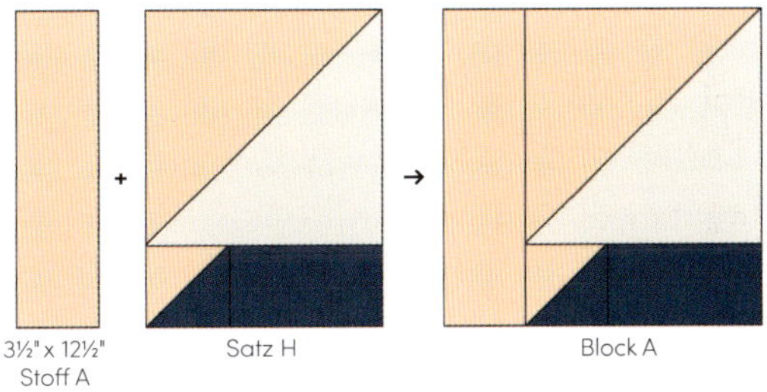

2. Schritt

Nähe ein 3½" x 12½" großes Rechteck aus Stoff A rechts an einen Satz I, um einen **Block B** zu bilden. Nähe insgesamt:

Babydecke	**2 Blöcke B**
Sofadecke	**3 Blöcke B**
Tagesdecke	**7 Blöcke B**

Bügele die Nahtzugaben auseinander und lege die Sätze für den *5. Schritt (Seite 80)* beiseite.

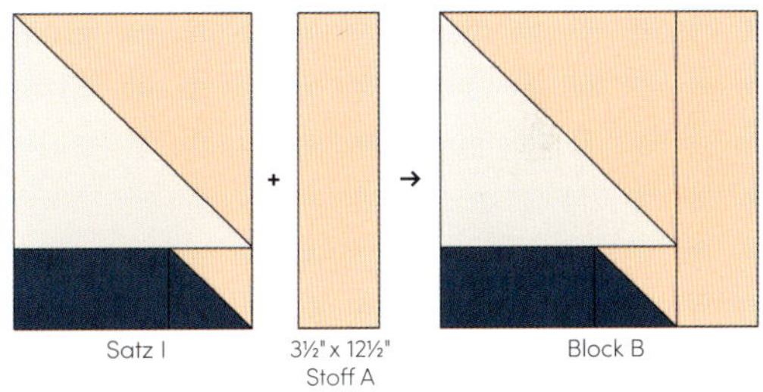

3. Schritt

Kombiniere einen Satz J, einen Satz G und ein 3½" x 12½" großes Rechteck aus Stoff A, um einen **Block C** zu bilden. Nähe insgesamt:

Babydecke	**3 Blöcke C**
Sofadecke	**5 Blöcke C**
Tagesdecke	**9 Blöcke C**

Bügele die Nahtzugaben auseinander und lege die Sätze für den *5. Schritt (Seite 80)* beiseite.

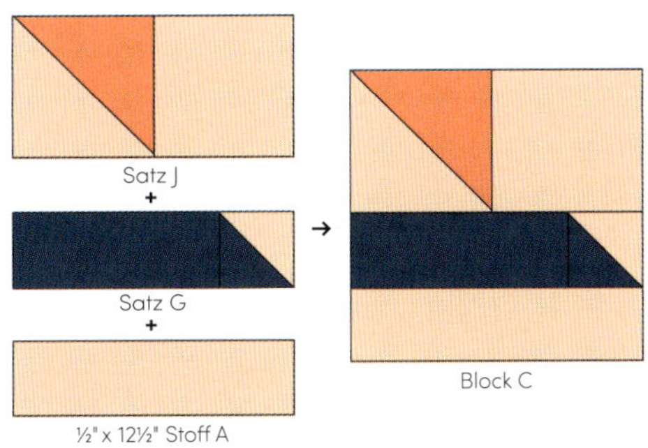

4. Schritt

Nähe wie im Diagramm gezeigt einen Satz K, einen Satz F und ein 3½" x 12½" großes Rechteck aus Stoff A zusammen, um einen **Block D** zu bilden. Nähe insgesamt:

Babydecke	**2 Blöcke D**
Sofadecke	**3 Blöcke D**
Tagesdecke	**7 Blöcke D**

Bügele die Nahtzugaben auseinander.

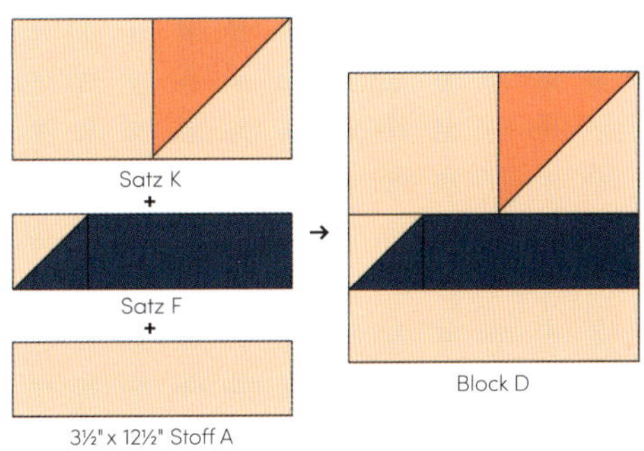

5. Schritt

Nähe einen Block A, einen Block B, einen Block C und einen Block D wie im Diagramm gezeigt zusammen, um einen **Block E** zu bilden. Verwende Stecknadeln nach Bedarf, um Nähte und Spitzen auszurichten. Nähe insgesamt:

Babydecke	**2 Blöcke E**
Sofadecke	**3 Blöcke E**
Tagesdecke	**7 Blöcke E**

Bügele die Nahtzugaben auseinander und lege die Blöcke für *Den Quilt zusammennähen, 1. Schritt (Seite 81)* beiseite.

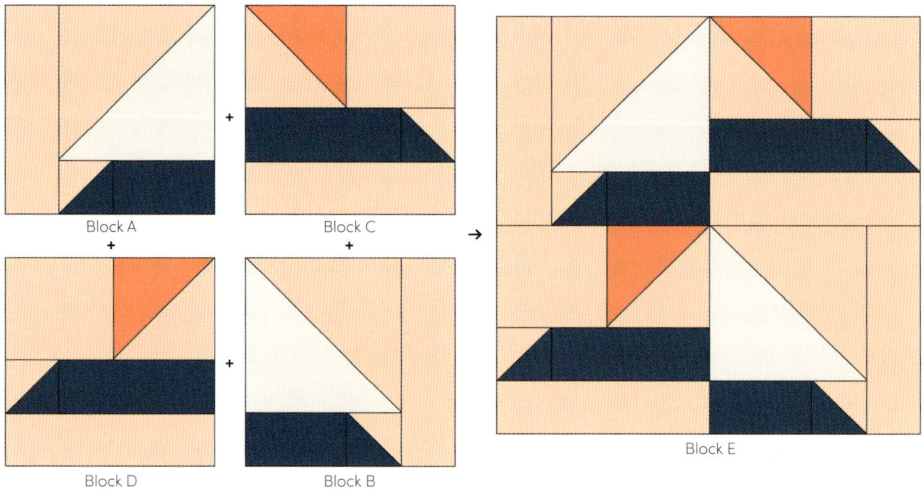

6. Schritt

Kombiniere wie im Diagramm gezeigt ein 12½" x 24½" großes Rechteck aus Stoff A, einen Block A und einen Block C, um einen **Block F** zu bilden. Nähe insgesamt:

Babydecke	**1 Block F**
Sofadecke	**2 Blöcke F**
Tagesdecke	**2 Blöcke F**

Bügele die Nahtzugaben auseinander.

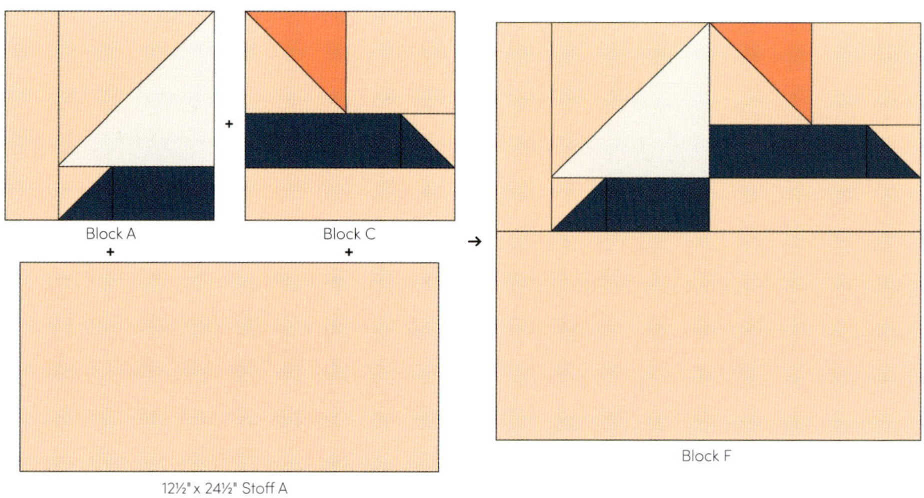

Den Quilt zusammennähen

1. Schritt

Das **Quiltoberteil für eine Babydecke** besteht aus zwei Reihen. Nähe ein 24½" x 24½" großes Quadrat aus Stoff A und einen Block E entsprechend dem Diagramm zusammen, um die **1. Reihe** zu bilden. Nähe einen Block E und einen Block F zusammen, um die **2. Reihe** zu bilden. Richte die Nähte aus und nähe die beiden Reihen zum Quiltoberteil für die Babydecke zusammen. Bügele die Nahtzugaben auseinander.

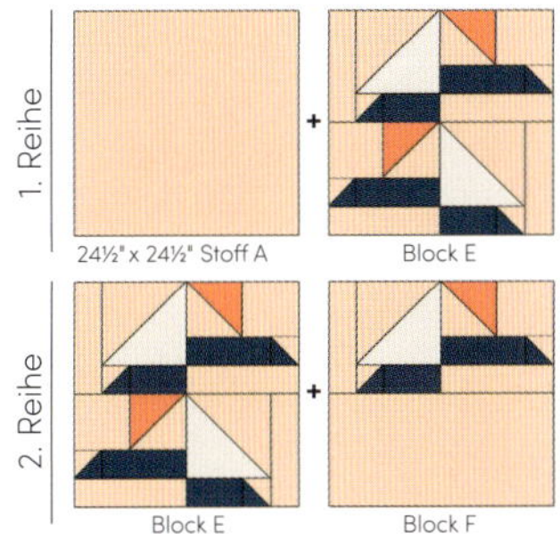

Das Quiltoberteil für die Sofadecke besteht aus drei Reihen. Nähe für die **1. Reihe** zwei 24½" x 24½" große Quadrate aus Stoff A und einen Block E zusammen. Für die **2. und die 3. Reihe** kombiniere entsprechend dem Diagramm ein 24½" x 24½" großes Quadrat aus Stoff A, einen Block E und einen Block F. Richte die Nähte aus und nähe die 1. bis 3. Reihe zum Quiltoberteil für die Sofadecke zusammen. Bügele die Nahtzugaben auseinander.

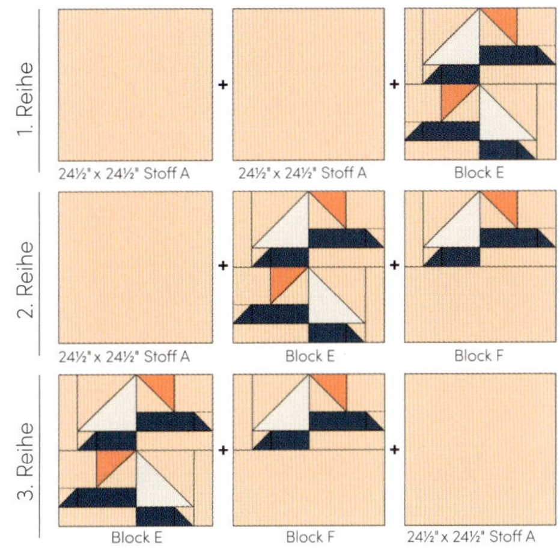

Das **Quiltoberteil für die Tagesdecke** besteht aus vier Reihen. Nähe wie im Diagramm gezeigt drei 24½" x 24½" große Quadrate aus Stoff A und einen Block E zusammen, um die **1. Reihe** zu bilden. Nähe zwei 24½" x 24½" große Quadrate aus Stoff A und zwei Blöcke E zusammen, um die **2. Reihe** zu bilden. Für die 3. und 4. Reihe nähe ein 24½" x 24½" großes Quadrat, zwei Blöcke E und einen Block F zusammen. Richte die Nähte aus und nähe die 1. bis 4. Reihe zum Quiltoberteil für die Tagesdecke zusammen. Bügele die Nahtzugaben auseinander.

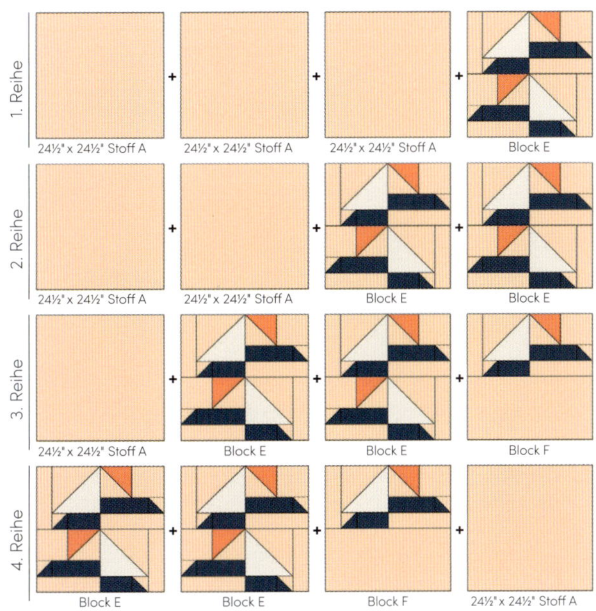

2. Schritt

Bügele das Quiltoberteil und den Stoff für die Rückseite. Lege die Rückseite, das Vlies und das Quiltoberteil aufeinander. Hefte die Lagen aneinander, quilte sie und fasse den Quilt ein.

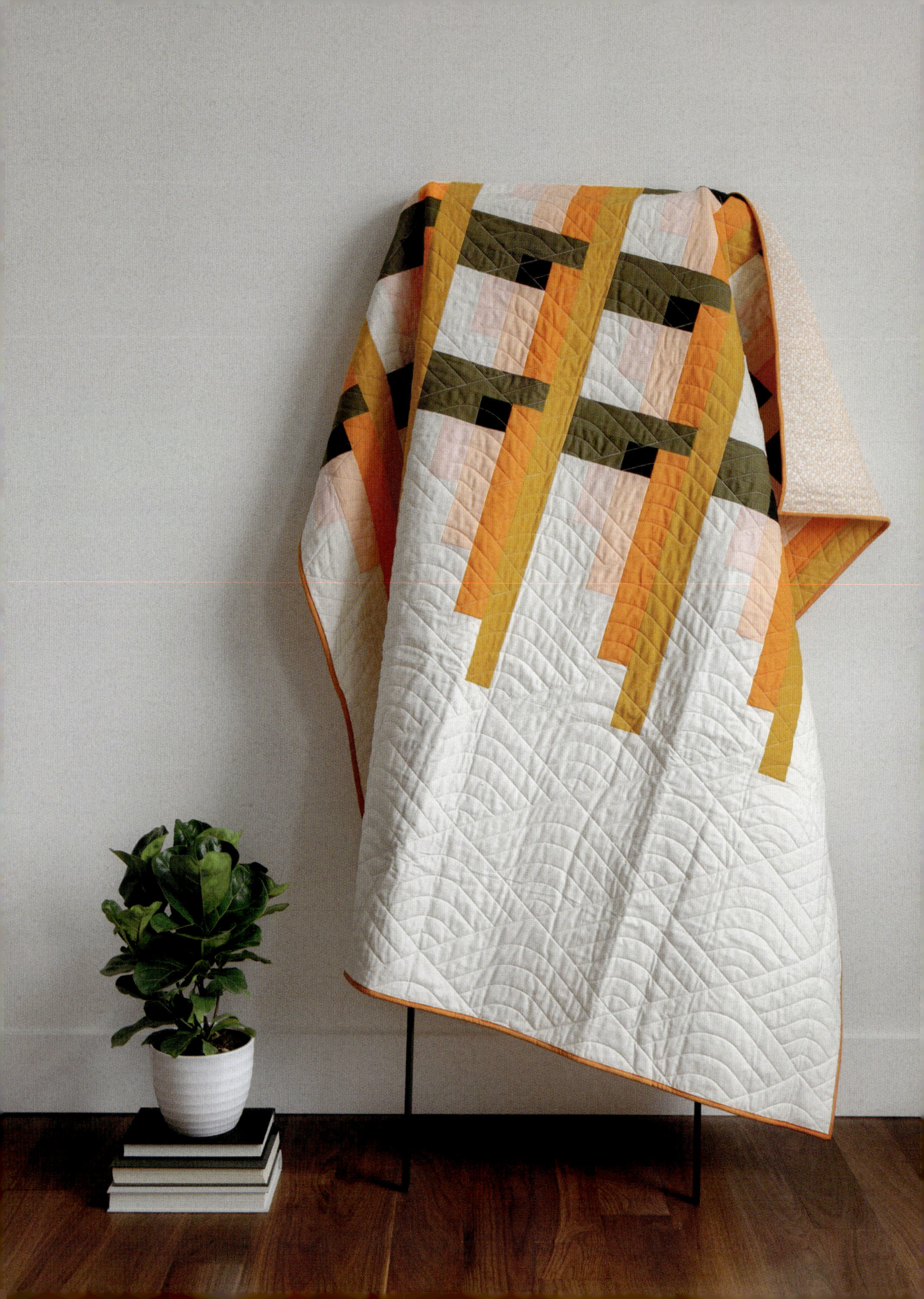

LANDMARKE

(Fortgeschrittene Anfänger)

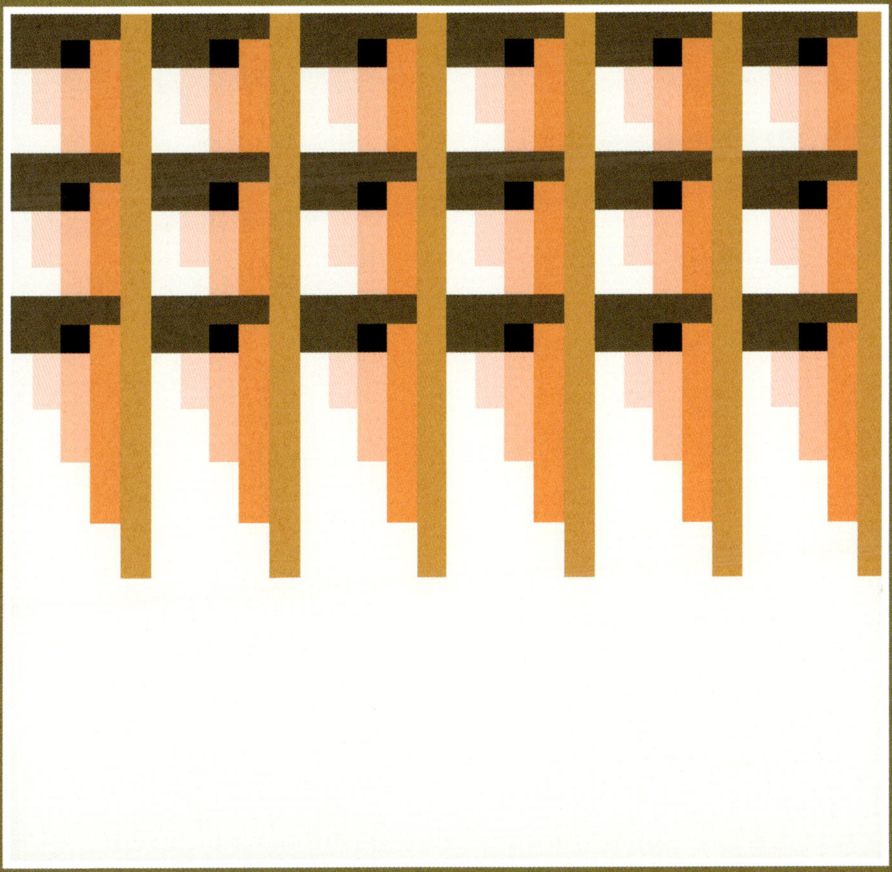

Wandbehang: 77 cm x 77 cm

Babydecke: 102 cm x 140 cm

Sofadecke: 153 cm x 153 cm

Konstruktionsmethoden und -techniken

Streifentechnik/Log-Cabin-Blöcke

Verschiedene Städte auf der Welt lassen sich an ihren legendären Gebäuden erkennen: der Gherkin in London, die Oper in Sydney, das Empire State Building in New York, die Pyramiden von Gizeh, Burj Khalifa in Dubai, die Verbotene Stadt in Peking und viele mehr. Diese Gebäude verleihen einer Stadt Charakter und Kultur, jedes mit seiner eigenen einzigartigen Geschichte und Einblicken in eine bestimmte Zeitperiode. Touristen reisen für diese Sehenswürdigkeiten von weit her an und es ist oft ein Höhepunkt einer Reise, das Gebäude zu besuchen oder ein Foto davon zu machen.

Ich bin in Perth in Australien geboren und aufgewachsen. Es gibt einige einzigartige Gebäude, die die Silhouette der Stadt bestimmen. Ich kann mir Perth nicht ohne 108 St Georges Terrace (früher als Bankwest Tower oder Bond Tower bekannt) vorstellen. Manchmal habe ich auf dem Weg von der Arbeit nach Hause beim South Perth Foreshore Halt gemacht, um spazieren oder joggen zu gehen und mich nach einem langen Tag zu entspannen. Dies war einer meiner Lieblingsorte, da ich die Skyline der Stadt bewundern und gleichzeitig den Sonnenuntergang beobachten konnte.

Der Landmark-Quilt ist von diesem ikonischen Gebäude am Swan River an einem warmen Sommertag inspiriert. Es ist eine moderne Interpretation des Log-Cabin-Blocks, der aus einem Quadrat in der Mitte besteht, um das Stoffstreifen angeordnet werden. Traditionell ist das mittlere Quadrat rot und steht für den Kamin im Haus. Manchmal wird ein gelbes Quadrat gewählt, um an Sonnenschein zu erinnern, der durch ein Fenster fällt. Dunklere Stoffstreifen an zwei Seiten des Quiltblocks stehen für die Schattenseite des Hauses, hellere Streifen auf der anderen Seite für die Sonnenseite.

Das Log-Cabin-Muster geht wahrscheinlich auf die alten Ägypter zurück. Anfang des 19. Jahrhunderts, als die Briten die Gräber ägyptischer Könige entdeckten, fanden sie Tausende von kleinen Tiermumien, die in Leinenstoffe mit diesem Muster darauf gewickelt waren. Da sie nicht wussten, was sie mit den Tausenden von Stoffen machen sollten, mit denen die Mumien in den Gräbern eingewickelt waren, schickten britische Entdecker sie an Bauern in der Heimat. Stell dir die Bauernfrauen vor, die die Muster in ihre eigenen Quiltprojekte aufnahmen!

In den 1860er-Jahren, während des amerikanischen Bürgerkriegs, waren Log-Cabin-Quilts beliebt und in US-amerikanischen Haushalten weit verbreitet. Log-Cabin-Blöcke aus dieser Zeit fanden auch Eingang in Underground-Railway-Quilts, von denen man glaubt, dass sie Sklaven zur Orientierung dienten, um aus dem Süden zu fliehen. Die Farben in der Mitte des Blocks standen für verschiedene Botschaften. Blau hieß, dass es ein sicheres Haus war, Gelb, dass man vorsichtig weitergehen konnte, und Rot oder Schwarz standen für drohende Gefahr.

Heute gibt es verschiedene Variationen der Log-Cabin-Blocks, wie die Courthouse-Steps-Blöcke (wir werden sie uns im Quilt »Museumstreppe« auf Seite 93 genauer ansehen) und Pineapple-Blöcke.

FARBINSPIRATION

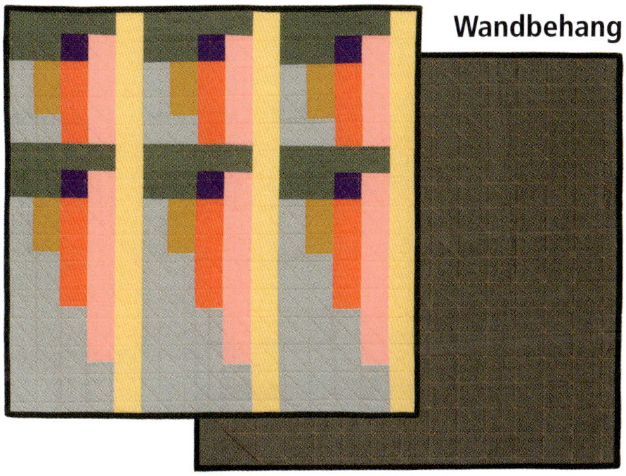

Wandbehang

Stoff A	Robert Kaufman, Kona Cotton in Seafoam
Stoff B	Robert Kaufman, Kona Cotton in Curry
Stoff C	Robert Kaufman, Kona Cotton in Watermelon
Stoff D	Robert Kaufman, Kona Cotton in Bubble Gum
Stoff E	Robert Kaufman, Kona Cotton in Daffodil
Stoff F	Robert Kaufman, Kona Cotton in Dill
Stoff G	Robert Kaufman, Kona Cotton in Velvet
Stoff für Rückseite	Robert Kaufman, Kona Cotton in O.D. Green
Stoff für Binding	Robert Kaufman, Kona Cotton in Hunter Green

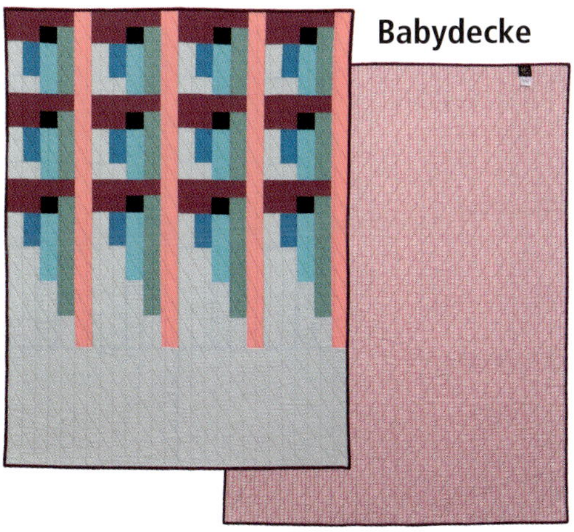

Babydecke

Stoff A	Robert Kaufman, Kona Cotton in Sky
Stoff B	Robert Kaufman, Kona Cotton in Turquoise
Stoff C	Robert Kaufman, Kona Cotton in Jamaica
Stoff D	Robert Kaufman, Kona Cotton in Sage
Stoff E	Robert Kaufman, Kona Cotton in Bubble Gum
Stoff F	Robert Kaufman, Kona Cotton in Plum
Stoff G	Robert Kaufman, Kona Cotton in Pepper
Stoff für Rückseite	Hawthorne Supply Co, Hawthorne Supply Co, Bewitched, Rhythmic in Wisteria
Stoff für Binding	Robert Kaufman, Kona Cotton in Berry

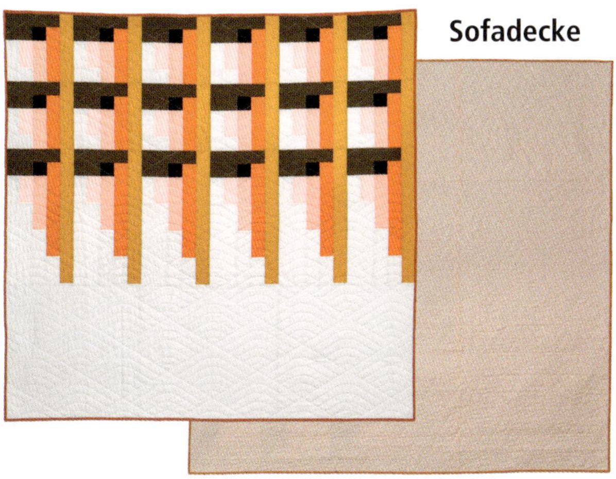

Sofadecke

Stoff A	Robert Kaufman, Kona Cotton in Bone
Stoff B	Robert Kaufman, Kona Cotton in Pink
Stoff C	Robert Kaufman, Kona Cotton in Peach
Stoff D	Robert Kaufman, Kona Cotton in Saffron
Stoff E	Robert Kaufman, Kona Cotton in Grellow
Stoff F	Robert Kaufman, Kona Cotton in Moss
Stoff G	Robert Kaufman, Kona Cotton in Black
Stoff für Rückseite	Hawthorne Supply Co, Indy Bloom, Dragonfly Dreams, Pebbles in Pink Bloom
Stoff für Binding	Robert Kaufman, Kona Cotton in Cedar

Stoffbedarf

	Wandbehang	Babydecke	Sofadecke
Stoff A	46 cm	104 cm	161 cm
Stoff B	12 cm*	23 cm*	23 cm*
Stoff C	23 cm oder 1 Fat Quarter	35 cm	46 cm
Stoff D	23 cm oder 1 Fat Quarter	35 cm	46 cm
Stoff E	23 cm	31 cm	46 cm
Stoff F	31 cm	35 cm	58 cm
Stoff G	12 cm oder 1 Fat Eigth	12 cm	23 cm
Stoff für Rückseite	92 cm	252 cm	343 cm
Stoff für Binding	35 cm	35 cm	46 cm

* Verwende hier keine Fat Eigths or Fat Quarters, da die Breiten jeweils nicht lang genug für die Streifentechnik sind.

Zuschnitt

	Wandbehang	Babydecke	Sofadecke
Stoff A	1 Streifen, 8½" x SB, zugeschnitten auf: • 1 Quadrat, 8½" x 8½" • 1 Rechteck, 2½" x 28" 2 Streifen, 4½" x SB, zugeschnitten auf: • 3 Rechtecke, 4½" x 12½" • 1 Rechteck, 4½" x 8½" • 3 Rechtecke, 4½" x 2½"	1 Streifen, 15½" x SB, zugeschnitten auf: • 1 Rechteck, 15½" x 40½" 1 Streifen, 8½" x SB, zugeschnitten auf: • 2 Rechtecke, 2½" x 28" • 1 Rechteck, 8½" x 11" 3 Streifen, 4½" x SB, zugeschnitten auf: • 4 Rechtecke, 4½" x 12½" • 1 Rechteck, 4½" x 11" • 8 Rechtecke, 4½" x 2½"	2 Streifen, 20½" x SB, zugeschnitten auf: • 3 Quadrate, 20½" x 20½" • 1 Rechteck, 8½" x 16" 3 Streifen, 4½" x SB, zugeschnitten auf: • 1 Rechteck, 4½" x 16" • 6 Rechtecke, 4½" x 12½" • 12 Rechtecke, 4½" x 2½" 2 Streifen, 2½" x SB

Zuschnitt

... Fortsetzung

	Wandbehang	Babydecke	Sofadecke
Stoff B	1 Rechteck, 2½" x 28"	2 Rechtecke, 2½" x 28"	2 Streifen, 2½" x SB
Stoff C	1 Streifen, 8½" x SB, zugeschnitten auf: • 1 Quadrat, 8½" x 8½" • 3 Rechtecke, 2½" x 6½"	1 Streifen, 11" x SB, zugeschnittten auf: • 1 Rechteck, 8½" x 11" • 8 Rechtecke, 2½" x 6½"	1 Streifen, 16" x SB, zugeschnitten auf: • 1 Rechteck, 8½" x 16" • 12 Rechtecke, 2½" x 6½"
Stoff D	1 Streifen, 8½" x SB, zugeschnitten auf: • 1 Rechteck, 8½" x 14½" • 3 Rechtecke, 8½" x 2½"	1 Streifen, 11" x SB, zugeschnitten auf: • 1 Rechteck, 11" x 14½" • 8 Rechtecke, 8½" x 2½"	1 Streifen, 16" x SB, zugeschnitten auf: • 1 Rechteck, 14½" x 16" • 12 Rechtecke, 8½" x 2½"
Stoff E	3 Streifen, 2½" x SB, zugeschnitten auf: • 3 Rechtecke, 2½" x 20½" • 3 Rechtecke, 2½" x 10½"	4 Streifen, 2½" x SB, zugeschnitten auf: • 4 Rechtecke, 2½" x 20½" • 8 Rechtecke, 2½" x 10½"	6 Streifen, 2½" x SB, zugeschnitten auf: • 6 Rechtecke, 2½" x 20½" • 12 Rechtecke, 2½" x 10½"
Stoff F	2 Streifen, 2½" x SB, zugeschnitten auf: • 6 Rechtecke, 2½" x 8½" 1 Rechteck, 4½" x 16"	3 Streifen, 2½" x SB, zugeschnitten auf: • 12 Rechtecke, 2½" x 8½" 1 Rechteck, 4½" x 31"	4 Streifen, 2½" x SB, zugeschnitten auf: • 18 Rechtecke, 2½" x 8½" 2 Rechtecke, 4½" x 23½
Stoff G	1 Rechteck, 2½" x 16"	1 Rechteck, 2½" x 31"	6 Rechtecke, 2½" x 23½"
Stoff für Binding	4 Streifen, 2½" x SB	5 Streifen, 2½" x SB	7 Streifen, 2½" x SB

Streifensätze

1. Schritt

Nähe entsprechend dem nachstehenden Diagramm einen **Streifensatz A/B**, indem du Folgendes kombinierst:

Wand-behang	1 Rechteck 2½" x 28", Stoff A und 1 Rechteck 2½" x 28", Stoff B
Babydecke	1 Rechteck 2½" x 28", Stoff A und 1 Rechteck 2½" x 28", Stoff B
Sofadecke	1 Streifen 2½" x SB, Stoff A und 1 Streifen 2½" x SB, Stoff B

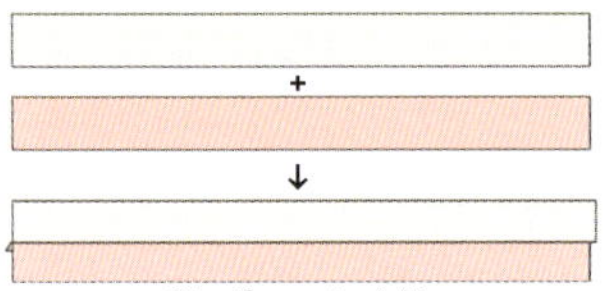

Streifensatz A/B

Bügele die Nahtzugaben auseinander. Wiederhole dies einmal, sodass du insgesamt **2 Streifensätze A/B** für die Baby- bzw. Sofadecke erhältst (Für den Wandbehang brauchst du es nicht zu wiederholen). Lege die Streifensätze für den *6. Schritt (Seite 89)* beiseite.

2. Schritt

Nähe entsprechend dem nachstehenden Diagramm einen **Streifensatz A/C**, indem du Folgendes kombinierst:

Wand-behang	1 Quadrat 8½" x 8½", Stoff A und 1 Quadrat 8½" x 8½", Stoff C
Babydecke	1 Rechteck 8½" x 11", Stoff A und 1 Rechteck 8½" x 11", Stoff C*
Sofadecke	1 Rechteck 8½" x 16", Stoff A und 1 Rechteck 8½" x 16", Stoff C

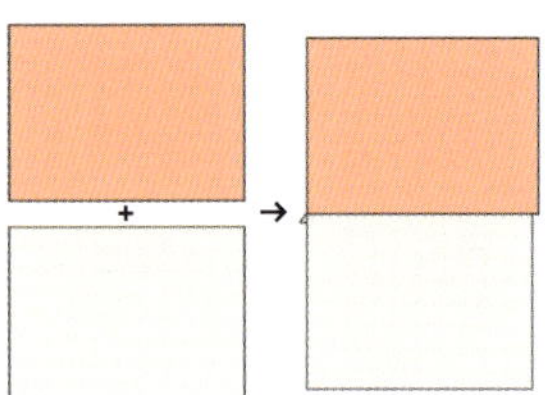

Streifensatz A/C

* In diesem Beispiel wurde die Babydecke verwendet.

Bügele die Nahtzugaben auseinander und lege die Streifensätze für den *6. Schritt (Seite 89)* beiseite.

3. Schritt

Nähe einen **Streifensatz A/D**, indem du Folgendes wie im Diagramm gezeigt kombinierst:

Wand-behang	1 Rechteck 4½" x 8½", Stoff A und 1 Rechteck 8½" x 14½", Stoff D
Babydecke	1 Rechteck 4½" x 11", Stoff A und 1 Rechteck 11" x 14½", Stoff D*
Sofadecke	1 Rechteck 4½" x 16", Stoff A und 1 Rechteck 14½" x 16", Stoff D

Bügele die Nahtzugaben auseinander und lege die Streifensätze für den *6. Schritt (Seite 89)* beiseite.

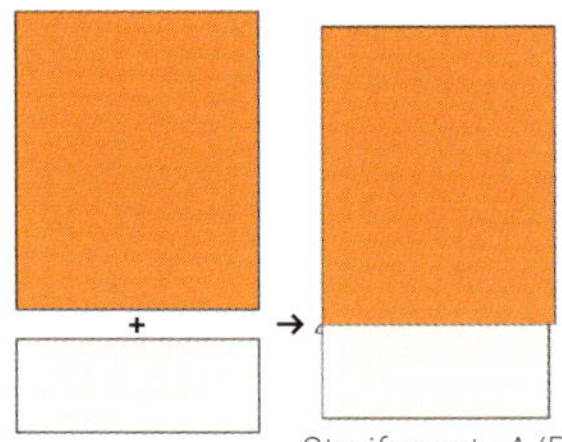

Streifensatz A/D

* In diesem Beispiel wurde die Babydecke verwendet.

4. Schritt

Bilde einen **Streifensatz F/G**, indem du Folgendes wie im Diagramm gezeigt zusammennähst:

Wand-behang	1 Rechteck 4½" x 16", Stoff F und 1 Rechteck 2½" x 16", Stoff G
Babydecke	1 Rechteck 4½" x 31", Stoff F und 1 Rechteck 2½" x 31", Stoff G*
Sofadecke	1 Rechteck 4½" x 23½", Stoff F und 1 Rechteck 2½" x 23½", Stoff G

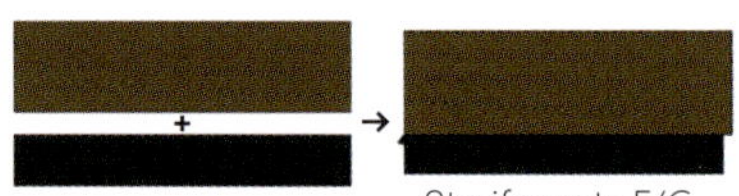

Streifensatz F/G

* In diesem Beispiel wurde die Babydecke verwendet.

Bügele die Nahtzugaben auseinander. Wiederhole dies einmal, um insgesamt **2 Streifensätze F/G** für eine Sofadecke zu nähen. (Für eine Babydecke oder einen Wandbehang brauchst du es nicht zu wiederholen).

5. Schritt

Begradige die rechten Ränder aller Streifensätze aus dem **1. bis 4. Schritt**, damit sie gerade und rechtwinklig zur Länge des Streifensatzes sind.

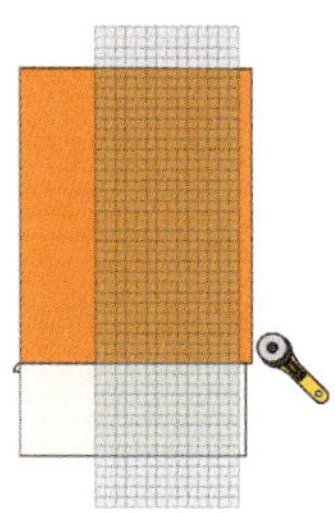

* In diesem Beisp
Streifensatz A/D g

6. Schritt

Drehe alle Streifensätze um 180 Grad. Schneide am Lineal auf der linken Seite entlang insgesamt:

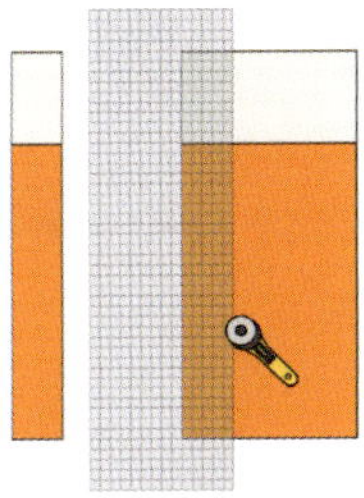

* In diesem Beispiel ist Streifensatz A/D gezeigt.

	Wand-behang	Baby-decke	Sofa-decke
4½" Streifensatz A/B 	6 Einheiten	12 Einheiten	18 Einheiten
2½" Streifensatz A/C 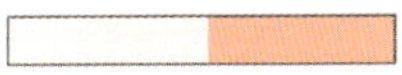	3 Einheiten	4 Einheiten	6 Einheiten
2½" Streifensatz A/D 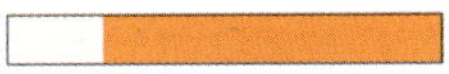	3 Einheiten	4 Einheiten	6 Einheiten
2½" Streifensatz F/G 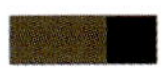	6 Einheiten	12 Einheiten	18 Einheiten

Die Blöcke zusammennähen

Die Log-Cabin-Blöcke im Landmark-Quilt sind etwas anders als der traditionelle Block zusammengesetzt. Die Konstruktion ist jedoch im Großen und Ganzen gleich: Du beginnst mit einem Quadrat oder Rechteck in der Mitte und fügst darum herum Streifen hinzu, bis du die gewünschte Blockform und -größe erreicht hast.

1. Schritt

Nähe für alle Quiltgrößen einen **Block A** entsprechend der Reihenfolge in der Tabelle und dem Diagramm. Bügele dabei nach jedem Schritt die Nahtzugaben auseinander.

Reihenfolge	Einheiten
1	1 Rechteck 2½" x 4½", Stoff A
2	1 Streifeneinheit A/B
3	1 Rechteck 2½" x 6½", Stoff C
4	1 Streifeneinheit F/G
5	1 Rechteck 2½" x 8½", Stoff D
6	1 Rechteck 2½" x 8½", Stoff F
7	1 Rechteck 2½" x 10½", Stoff E

… 1. Schritt

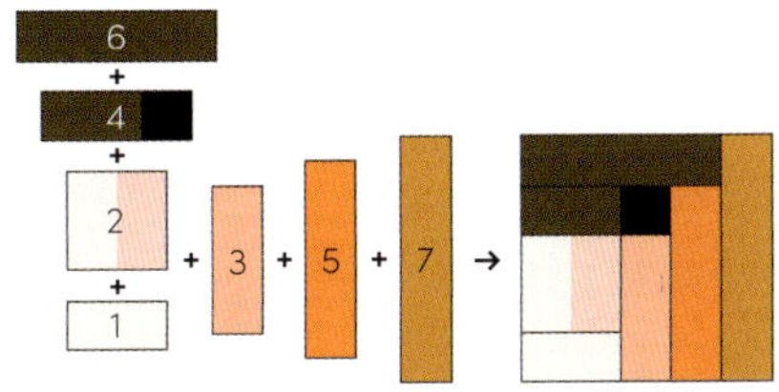

Block A

Nähe insgesamt:

Wandbehang	**3 Blöcke A**
Babydecke	**8 Blöcke A**
Sofadecke	**12 Blöcke A**

2. Schritt

Nähe für alle Quiltgrößen einen **Block B** entsprechend dem Diagramm und der in der Tabelle gezeigten Reihenfolge. Bügele dabei nach jedem Schritt die Nahtzugaben auseinander.

Reihenfolge	Einheiten
1	1 Rechteck 4½" x 12½", Stoff A
2	1 Streifeneinheit A/B
3	1 Streifeneinheit A/C
4	1 Streifeneinheit F/G
5	1 Streifeneinheit A/D
6	1 Rechteck 2½" x 8½", Stoff F
7	1 Rechteck 2½" x 20½", Stoff E

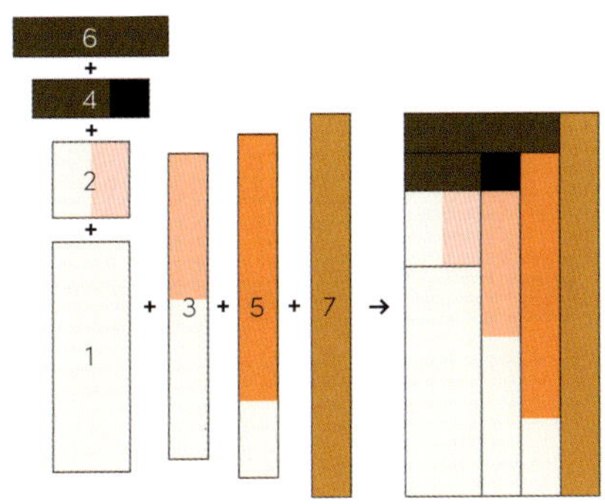

Block B

Nähe insgesamt:

Wandbehang	**3 Blöcke B**
Babydecke	**4 Blöcke B**
Sofadecke	**6 Blöcke B**

Den Quilt zusammennähen

1. Schritt

Nähe für die **1. Reihe** entsprechend dem Diagramm die folgenden Einheiten zusammen:

Wandbehang	3 Blöcke A
Babydecke	4 Blöcke A
Sofadecke	6 Blöcke A

Wiederhole dies noch einmal für die Baby- bzw. Sofadecke, um **zwei Einheiten der 1. Reihe** zu erhalten. (Für den Wandbehang brauchst du es nicht zu wiederholen.)

Für den **Wandbehang**:

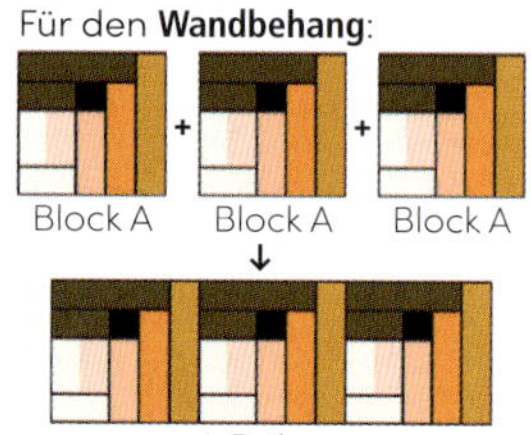

1. Reihe

Für die **Babydecke**:

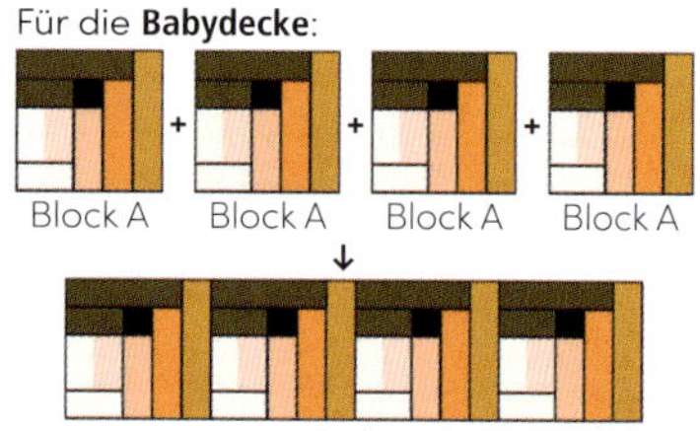

1. Reihe

Für die **Sofadecke**:

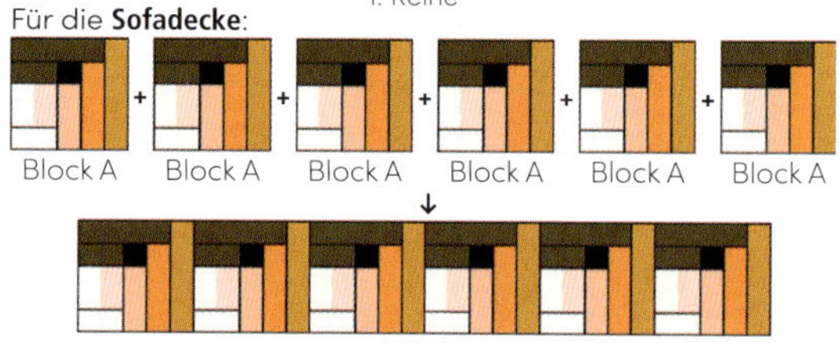

1. Reihe

2. Schritt

Kombiniere für die **2. Reihe** wie im Diagramm gezeigt die folgenden Einheiten:

Wandbehang	3 Blöcke B
Babydecke	4 Blöcke B
Sofadecke	6 Blöcke B

Für den **Wandbehang**:

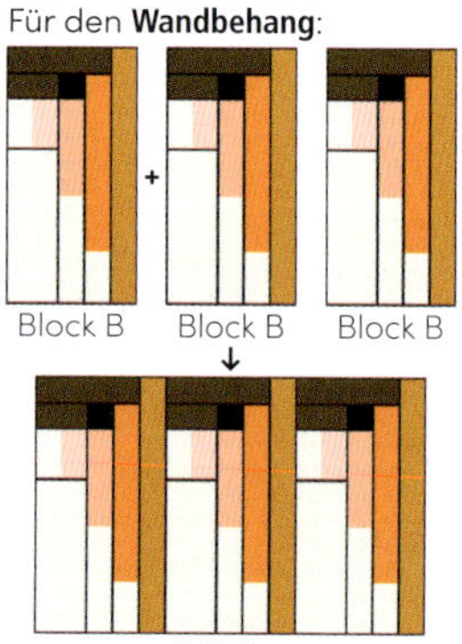

2. Reihe

Für die **Babydecke**:

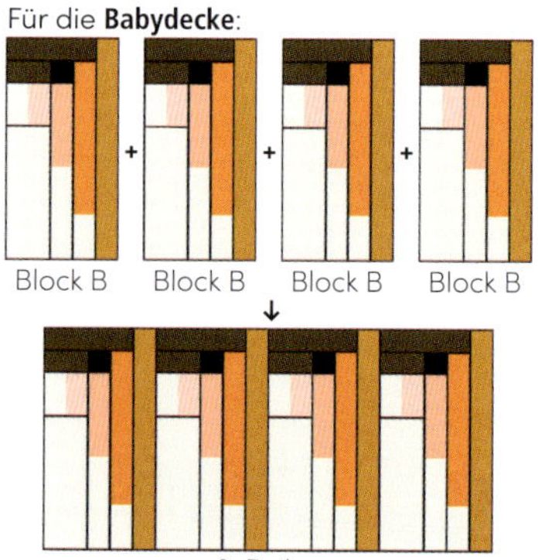

2. Reihe

Für die **Sofadecke**:

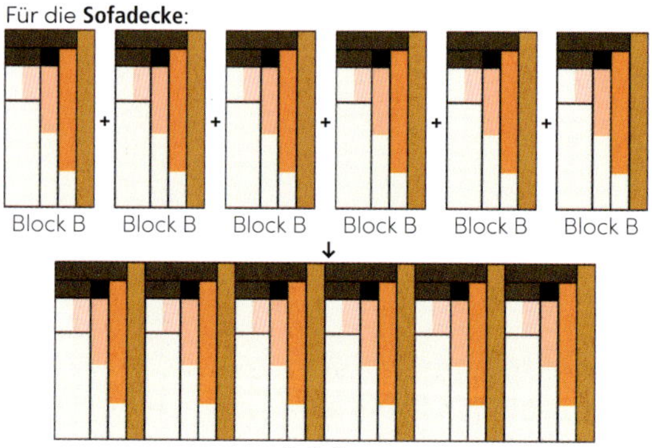

2. Reihe

3. Schritt

Nähe für die **3. Reihe** wie folgt:

Wandbehang	nicht zutreffend
Babydecke	nicht zutreffend
Sofadecke	3 Quadrate 20½" x 20½", Stoff A

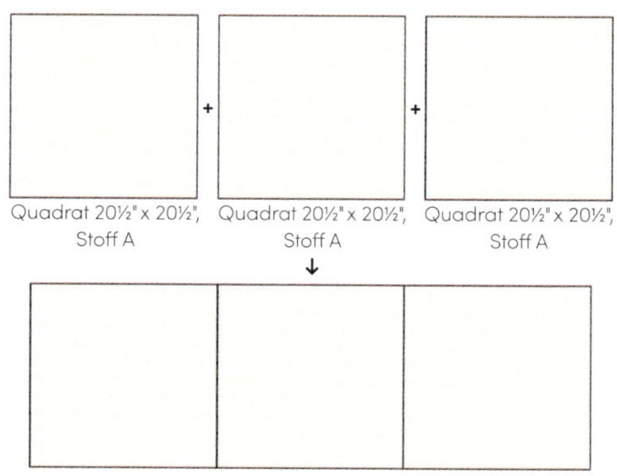

3. Reihe

4. Schritt

Um das **Quiltoberteil für den Wandbehang** fertigzustellen, nähe eine 1. Reihe und eine 2. Reihe zusammen und richte dabei die Nähte aufeinander aus.

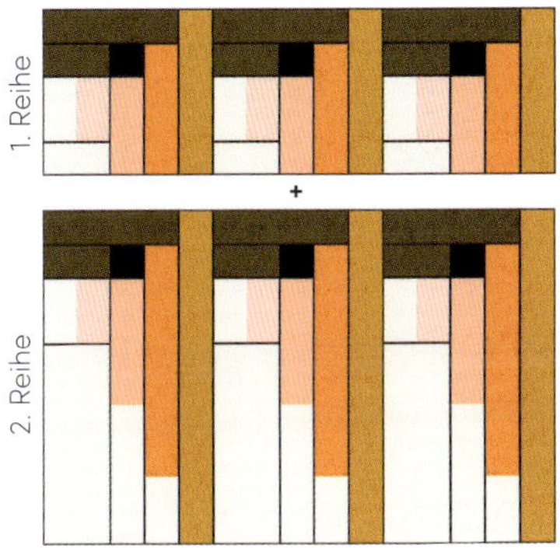

Um das **Quiltoberteil für die Babydecke** fertigzustellen, nähe zwei 1. Reihen, eine 2. Reihe und das 15½" x 40½" große Rechteck zusammen und richte dabei die Nähte aufeinander aus.

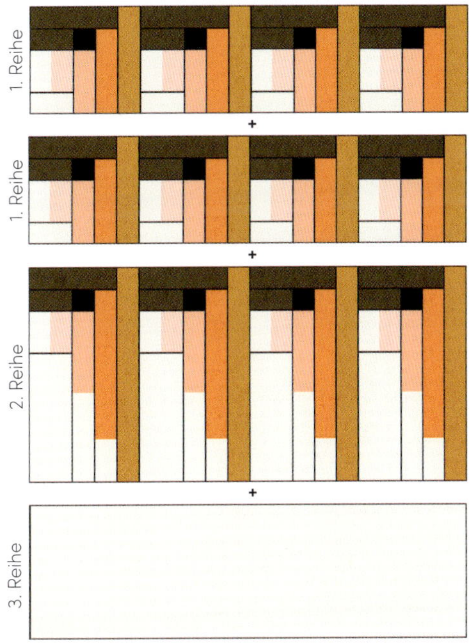

Um das **Quiltoberteil für die Sofadecke** fertigzustellen, nähe zwei 1. Reihen, eine 2. Reihe und eine 3. Reihe zusammen und richte dabei die Nähte aufeinander aus.

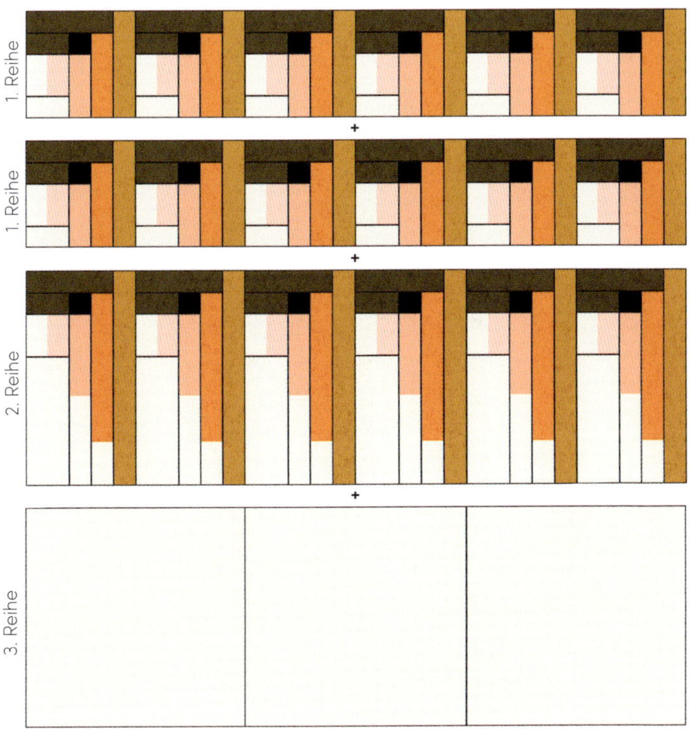

5. Schritt

Bügele das Quiltoberteil und den Stoff für die Rückseite. Lege die Rückseite, das Vlies und das Quiltoberteil aufeinander. Hefte die Lagen aneinander, quilte sie und fasse den Quilt ein.

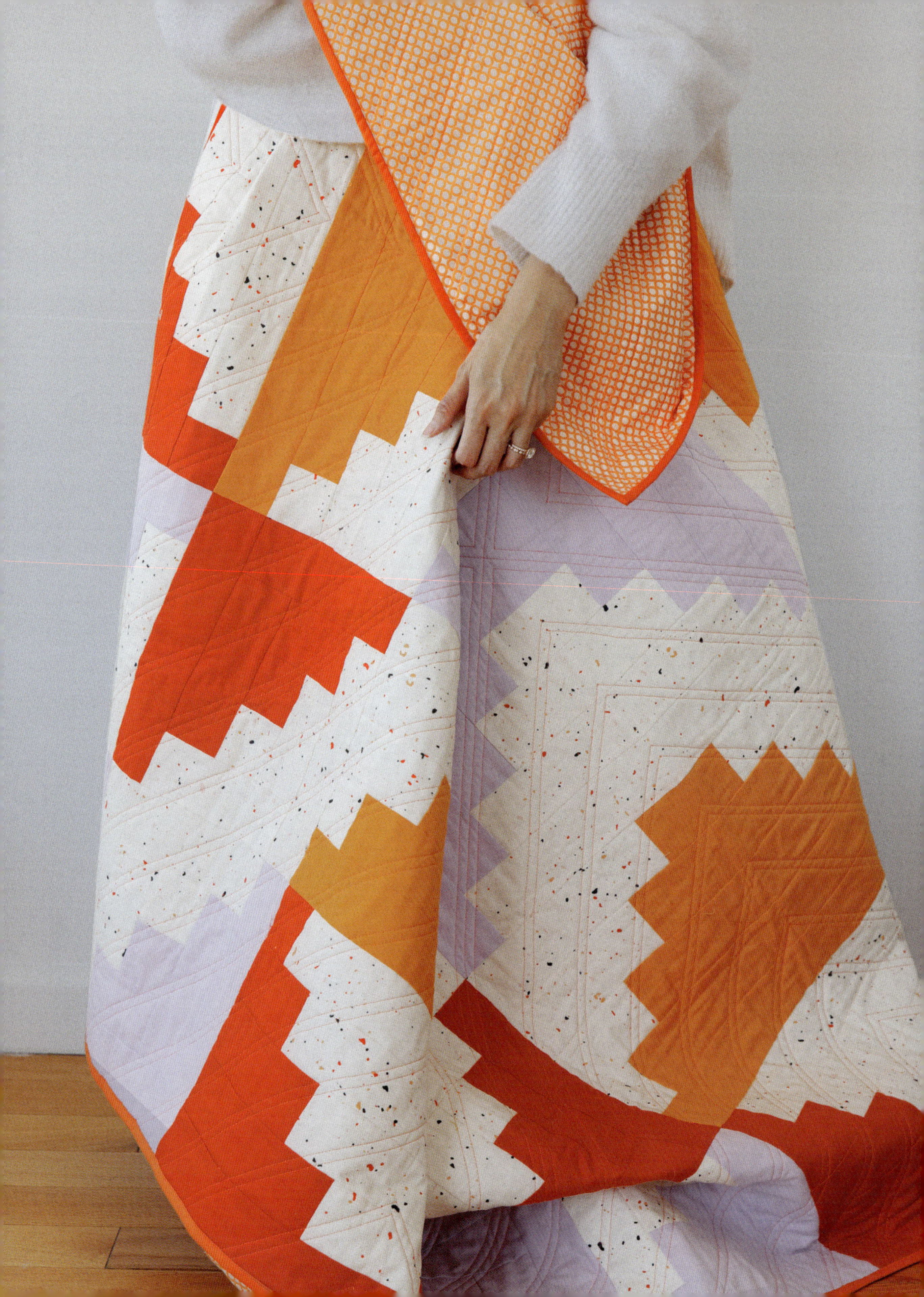

MUSEUMSTREPPE

(Fortgeschrittene Anfänger)

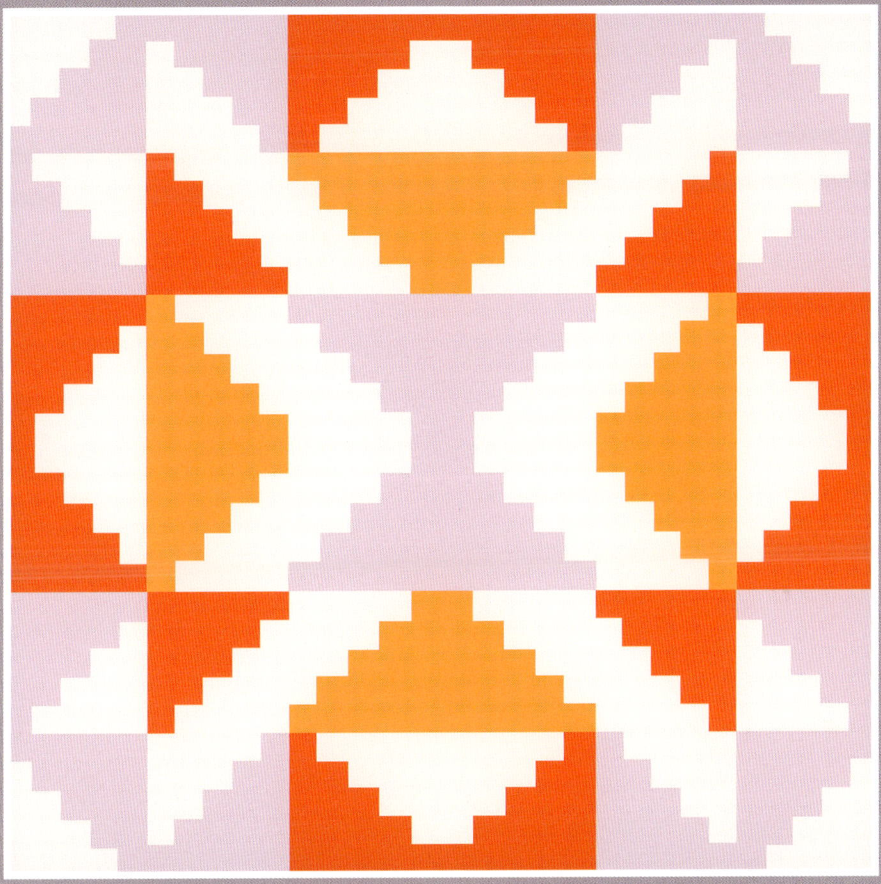

Wandbehang: 77 cm x 77 cm

Babydecke: 115 cm x 115 cm

Sofadecke: 153 cm x 153 cm

Konstruktionsmethoden und -techniken

Streifentechnik/Log-Cabin-Blöcke/Courthouse-Steps-Blöcke

Für mich ist eine Reise in eine neue Stadt ohne einen Besuch in mindestens einem Museum oder einer historischen Sehenswürdigkeit nicht komplett. Diese Tradition begann mit einer unvergesslichen Reise nach Xi'an (China) mit meiner Familie, als ich 14 Jahre alt war. Mit meinen Eltern besuchten wir die Terrakotta-Krieger – eine historische Stätte mit Tausenden von Repliken der Armee des ersten Kaisers von China in Lebensgröße. Während ich dort umherging, ging es mir nicht aus dem Kopf, dass das, was vor mir stand, schon Jahrhunderte vor mir existierte.

Seit diesem Tag steht ein Besuch in einem lokalen Museum oder einer historischen Stätte bei Reisen ganz oben auf meiner To-Do-Liste. Dadurch erfahre ich ganz kompakt an einem Ort etwas über die Geschichte und Kultur eines Landes oder einer Stadt, insbesondere wenn mir der Reiseplan nicht viel Zeit lässt.

Wenn man in New York lebt, hat man die Wahl zwischen einigen der weltbesten Museen. Eines meiner Lieblingsmuseen ist das Metropolitan Museum of Art, das oft »The Met« genannt wird. Es ist so groß, dass es Tage dauern würde, das ganze Museum zu sehen. Bei jedem Besuch werde ich in andere Zeitperioden transportiert und entdecke andere Kulturen. Die unverwechselbaren Stufen von »The Met« waren die Inspiration für den Museumstreppen-Quilt. Blöcke in Log-Cabin- und Courthouse-Steps-Design bilden einen Stern, um an die berühmte Met Gala mit all ihrem Glamour zu erinnern, die jedes Jahr am ersten Montag im Mai stattfindet.

Courthouse-Steps-Blöcke (der Block in der Mitte des Museumstreppen-Quilts) gehen auf die Zeit des amerikanischen Bürgerkriegs zurück (1861–1865). Der Name sagt es schon: Courthouse-Steps-Blöcke stellen die Treppen dar, die zu einem Gericht führen. Genau wie moderne Quilter*innen hat man sich damals von Dingen im Alltag für die Quiltdesigns inspirieren lassen und diesen Designs dann entsprechende Namen gegeben, wie zum Beispiel auch bei den Blöcken Bear Paw (Bärenpfote), Hourglass (Sanduhr) und Sawtooth Star (Sägezahn-Stern).

Courthouse-Steps-Blöcke sind eine Abwandlung der Log-Cabin-Blöcke. Stoffstreifen werden um das Quadrat in der Mitte genäht. Aber statt die Stoffstreifen in der Runde um das Quadrat hinzuzufügen, wie du es für einen Log-Cabin-Block tun würdest, nähst du zwei identische Stoffstreifen an sich gegenüberliegende Seiten des mittleren Quadrats. Füge einen weiteren Satz aus zwei identischen Streifen an den anderen beiden Seiten an und wiederhole dies, bis die gewünschte Größe erreicht ist. Traditionell ist das mittlere Quadrat schwarz, um den Richter darzustellen, der im Gericht arbeitet. Hellere und dunklere Farben an entgegengesetzten Enden sorgen für Kontrast und unterstreichen die »Stufen«, die zum Gericht führen.

Bei dieser Quiltanleitung wird außerdem die Streifentechnik eingesetzt, um das Zusammennähen von zwei Log-Cabin-Blöcken zu beschleunigen. Diese Blöcke werden in der Anleitung als Flying-Geese-Streifensätze bezeichnet.

FARBINSPIRATION

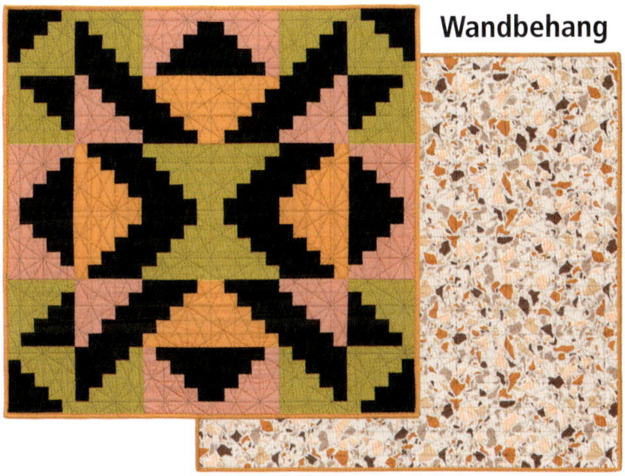

Wandbehang

Stoff A	Robert Kaufman, Kona Cotton in Hunter Green
Stoff B	Robert Kaufman, Kona Cotton in Pickle
Stoff C	Robert Kaufman, Kona Cotton in Rose
Stoff D	Robert Kaufman, Kona Cotton in Amber
Stoff für Rückseite	Hawthorne Supply Co, Lisa Clow, Modern Moods, Large Terazzo in Modern
Stoff für Binding	Robert Kaufman, Kona Cotton in Amber

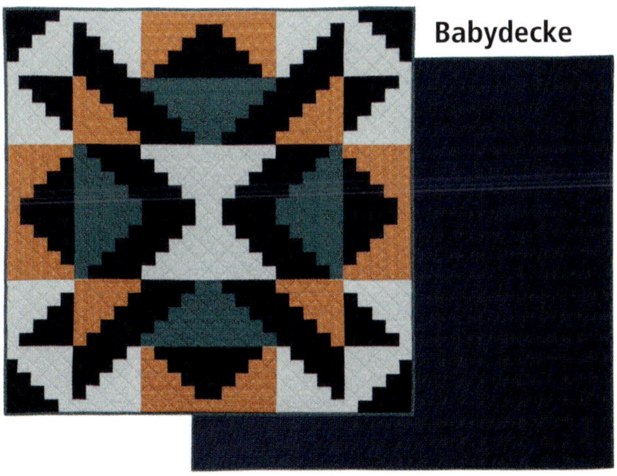

Babydecke

Stoff A	Robert Kaufman, Kona Cotton in Nautical
Stoff B	Hawthorne Supply Co, Northern Trails, Cracked Ice in Glacier Blue
Stoff C	Hawthorne Supply Co, Indy Bloom, Desert Rose, Luxe in Clay
Stoff D	Hawthorne Supply Co, Hawthorne Supply Co, Lynx, Pine Needles in Juniper
Stoff für Rückseite	Hawthorne Supply Co, Lisa Clow, Modern Moods, Large Terazzo in Modern
Stoff für Binding	Robert Kaufman, Kona Cotton in Windsor

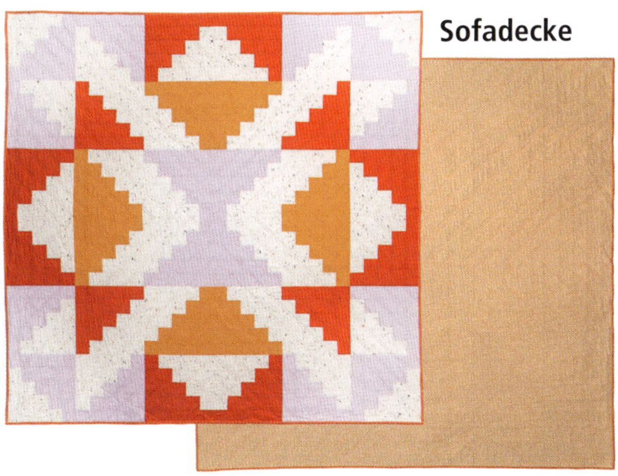

Sofadecke

Stoff A	Hawthorne Supply Co, Hey Miss Designs, Chi Town, Large Ninety-Fifth Floor in AM
Stoff B	Robert Kaufman, Kona Cotton in Orchid
Stoff C	Robert Kaufman, Kona Cotton in Flame
Stoff D	Robert Kaufman, Kona Cotton in Nacho Cheese
Stoff für Rückseite	Robert Kaufman, Kona Cotton in Nacho Cheese
Stoff für Binding	Robert Kaufman, Kona Cotton in Saffron

Stoffbedarf

	Wandbehang	Babydecke	Sofadecke
Stoff A	69 cm	92 cm	172 cm
Stoff B	35 cm	69 cm	103 cm
Stoff C	35 cm	58 cm	103 cm
Stoff D	23 cm	35 cm	46 cm
Stoff für Binding	92 cm	275 cm	355 cm
Stoff für Rückseite	31 cm	35 cm	46 cm

Zuschnitt

	Wandbehang	Babydecke	Sofadecke
Stoff A	2 Streifen, 7" x SB, zugeschnitten auf: • 1 Rechteck, 7" x 8½" • 1 Rechteck, 7" x 6½" • 3 Rechtecke, 7" x 4½" • 2 Rechtecke, 7" x 3½" • 3 Rechtecke, 7" x 2½" • 2 Rechtecke, 7" x 1½" 6 Streifen, 1½" x SB, zugeschnitten auf: • 2 Rechtecke, 1½" x 8½" • 2 Rechtecke, 1½" x 6½" • 18 Rechtecke, 1½" x 4½" • 16 Rechtecke, 1½" x 3½" • 18 Rechtecke, 1½" x 2½" • 16 Quadrate, 1½" x 1½"	2 Streifen, 9" x SB, zugeschnitten auf: • 1 Rechteck, 9" x 12½" • 1 Rechteck, 9" x 9½" • 3 Rechtecke, 9" x 6½" • 2 Rechtecke, 9" x 5" • 3 Rechtecke, 9" x 3½" • 2 Rechtecke, 9" x 2" 7 Streifen, 2" x SB, zugeschnitten auf: • 2 Rechtecke, 2" x 12½" • 2 Rechtecke, 2" x 9½" • 18 Rechtecke, 2" x 6½" • 16 Rechtecke, 2" x 5" • 18 Rechtecke, 2" x 3½" • 16 Quadrate, 2" x 2"	3 Streifen, 11" x SB, zugeschnitten auf: • 1 Rechteck, 11" x 16½" • 3 Rechtecke, 11" x 8½" • 3 Rechtecke, 11" x 4½" • 2 Rechtecke, 11" x 6½" • 1 Rechteck, 11" x 12½" • 2 Rechtecke, 11" x 2½" 12 Streifen, 2½" x SB, zugeschnitten auf: • 2 Rechtecke, 2½" x 16½" • 18 Rechtecke, 2½" x 8½" • 18 Rechtecke, 2½" x 4½" • 16 Quadrate, 2½" x 2½" • 16 Rechtecke, 2½" x 6½" • 2 Rechtecke, 2½" x 12½"
Stoff B	1 Quadrat, 2½" x 2½" 7 Streifen, 1½" x SB, zugeschnitten auf: • 12 Rechtecke, 1½" x 3½" • 14 Rechtecke, 1½" x 4½"	1 Quadrat, 3½" x 3½" 11 Streifen, 2" x SB, zugeschnitten auf: • 2 Rechtecke, 2" x 15½" • 2 Rechtecke, 2" x 9½"	1 Quadrat, 4½" x 4½" 13 Streifen, 2½" x SB, zugeschnitten auf: • 2 Rechtecke, 2½" x 20½" • 2 Rechtecke, 2½" x 16½"

Zuschnitt

… Fortsetzung

	Wandbehang	Babydecke	Sofadecke
Stoff B	• 2 Rechtecke, 1½" x 6½" • 12 Rechtecke, 1½" x 5½" • 12 Quadrate, 1½" x 1½" • 2 Rechtecke, 1½" x 8½" • 2 Rechtecke, 1½" x 10½" • 12 Rechtecke, 1½" x 2½"	• 2 Rechtecke, 2" x 12½" • 12 Rechtecke, 2" x 8" • 14 Rechtecke, 2" x 6½" • 12 Rechtecke, 2" x 5" • 12 Rechtecke, 2" x 3½" • 12 Quadrate, 2" x 2"	• 12 Rechtecke, 2½" x 4½" • 12 Rechtecke, 2½" x 6½" • 12 Quadrate, 2½" x 2½" • 2 Rechtecke, 2½" x 12½" • 14 Rechtecke, 2½" x 8½" • 12 Rechtecke, 2½" x 10½"
Stoff C	1 Streifen, 7" x SB, zugeschnitten auf: • 2 Rechtecke, 7" x 4½" • 2 Rechtecke, 7" x 3½" • 2 Rechtecke, 7" x 2½" • 2 Rechtecke, 7" x 1½" 3 Streifen, 1½" x SB, zugeschnitten auf: • 4 Rechtecke, 1½" x 10½" • 4 Rechtecke, 1½" x 5½" • 4 Rechtecke, 1½" x 4½" • 4 Rechtecke, 1½" x 3½" • 4 Rechtecke, 1½" x 2½" • 4 Quadrate, 1½" x 1½"	1 Streifen, 9" x SB, zugeschnitten auf: • 2 Rechtecke, 9" x 6½" • 2 Rechtecke, 9" x 5" • 2 Rechtecke, 9" x 3½" • 2 Rechtecke, 9" x 2" 5 Streifen, 2" x SB, zugeschnitten auf: • 4 Rechtecke, 2" x 8" • 4 Rechtecke, 2" x 5" • 4 Rechtecke, 2" x 6½" • 4 Rechtecke, 2" x 3½" • 4 Quadrate, 2" x 2" • 4 Rechtecke, 2" x 15½"	2 Streifen, 11" x SB, zugeschnitten auf: • 2 Rechtecke, 11" x 8½" • 2 Rechtecke, 11" x 2½" • 2 Rechtecke, 11" x 4½" • 2 Rechtecke, 11" x 6½" 6 Streifen, 2½" x SB, zugeschnitten auf: • 4 Rechtecke, 2½" x 20½" • 4 Rechtecke, 2½" x 10½" • 4 Rechtecke, 2½" x 8½" • 4 Quadrate, 2½" x 2½" • 4 Rechtecke, 2½" x 6½" • 4 Rechtecke, 2½" x 4½"
Stoff D	1 Streifen, 7" x SB, zugeschnitten auf: • 1 Rechteck, 7" x 8½" • 1 Rechteck, 7" x 6½" • 1 Rechteck, 7" x 4½" • 1 Rechteck, 7" x 2½" 1 Streifen, 1½" x SB, zugeschnitten auf: • 4 Rechtecke, 1½" x 10½"	1 Streifen, 9" x SB, zugeschnitten auf: • 1 Rechteck, 9" x 12½" • 1 Rechteck, 9" x 9½" • 1 Rechteck, 9" x 6½" • 1 Rechteck, 9" x 3½" 2 Streifen, 2" x SB, zugeschnitten auf: • 4 Rechtecke, 2" x 15½"	1 Streifen, 11" x SB, zugeschnitten auf: • 1 Rechteck, 11" x 16½" • 1 Rechteck, 11" x 8½" • 1 Rechteck, 11" x 12½" • 1 Rechteck, 11" x 4½" 2 Streifen, 2½" x SB, zugeschnitten auf: • 4 Rechtecke, 2½" x 20½"
Stoff für Binding	4 Streifen, 2½" x SB	5 Streifen, 2½" x SB	7 Streifen, 2½" x SB

Courthouse-Steps-Blöcke

Für die Courthouse-Steps-Blöcke beginnst du mit einem Quadrat in der Mitte und arbeitest dich dann nach außen vor, indem du zwei Rechtecke auf gegenüberliegenden Seiten des Quadrats hinzufügst. Anschließend fügst du zwei weitere Rechtecke auf den verbliebenen Seiten an, um ein größeres Quadrat zu bilden.

1. Schritt

Nähe einen **Courthouse-Steps-Block aus Stoff A/B** (für alle Quilts) in der Reihenfolge, die in der Tabelle und im Diagramm gezeigt ist. Bügele dabei immer die Nahtzugaben auseinander, damit du die Einzelteile korrekt zusammenfügen kannst.

Reihen-folge	Wand-behang	Baby-decke	Sofa-decke
1	1 Quadrat 2½" x 2½", Stoff B	1 Quadrat 3½" x 3½", Stoff B	1 Quadrat 4½" x 4½", Stoff B
2	2 Rechtecke 1½" x 2½", Stoff A	2 Rechtecke 2" x 3½", Stoff A	2 Rechtecke 2½" x 4½", Stoff A
3	2 Rechtecke 1½" x 4½", Stoff B	2 Rechtecke 2" x 6½", Stoff B	2 Rechtecke 2½" x 8½", Stoff B
4	2 Rechtecke 1½" x 4½", Stoff A	2 Rechtecke 2" x 6½", Stoff A	2 Rechtecke 2½" x 8½", Stoff A
5	2 Rechtecke 1½" x 6½", Stoff B	2 Rechtecke 2" x 9½", Stoff B	2 Rechtecke 2½" x 12½", Stoff B
6	2 Rechtecke 1½" x 6½", Stoff A	2 Rechtecke 2" x 9½", Stoff A	2 Rechtecke 2½" x 12½", Stoff A
7	2 Rechtecke 1½" x 8½", Stoff B	2 Rechtecke 2" x 12½", Stoff B	2 Rechtecke 2½" x 16½", Stoff B
8	2 Rechtecke 1½" x 8½", Stoff A	2 Rechtecke 2" x 12½", Stoff A	2 Rechtecke 2½" x 16½", Stoff A
9	2 Rechtecke 1½" x 10½", Stoff B	2 Rechtecke 2" x 15½", Stoff B	2 Rechtecke 2½" x 20½", Stoff B

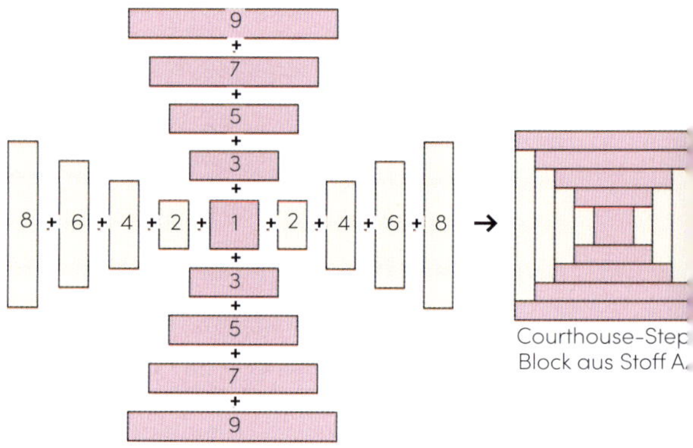

Courthouse-Step Block aus Stoff A

Log-Cabin-Blöcke

Wie der Courthouse-Steps-Block beginnt auch der Log-Cabin-Block mit einem Quadrat in der Mitte. Dann fügst du Streifen um das Quadrat hinzu, sodass ein Log-Cabin-Block entsteht.

1. Schritt

Nähe **12 Log-Cabin-Blöcke aus Stoff A/B**. Befolge dabei die Reihenfolge, die für jeden Block in der Tabelle und im Diagramm gezeigt ist. Bügele beim Zusammenfügen die Nahtzugaben auseinander.

Reihen-folge	Wand-behang	Baby-decke	Sofa-decke
1	1 Quadrat 1½" x 1½", Stoff B	1 Quadrat 2" x 2", Stoff B	1 Quadrat 2½" x 2½", Stoff B
2	1 Quadrat 1½" x 1½", Stoff A	1 Quadrat 2" x 2", Stoff A	1 Quadrat 2½" x 2½", Stoff A
3	1 Rechteck 1½" x 2½", Stoff A	1 Rechteck 2" x 3½", Stoff A	1 Rechteck 2½" x 4½", Stoff A
4	1 Rechteck 1½" x 2½", Stoff B	1 Rechteck 2" x 3½", Stoff B	1 Rechteck 2½" x 4½", Stoff B
5	1 Rechteck 1½" x 3½", Stoff B	1 Rechteck 2" x 5", Stoff B	1 Rechteck 2½" x 6½", Stoff B
6	1 Rechteck 1½" x 3½", Stoff A	1 Rechteck 2" x 5", Stoff A	1 Rechteck 2½" x 6½", Stoff A
7	1 Rechteck 1½" x 4½", Stoff A	1 Rechteck 2" x 6½", Stoff A	1 Rechteck 2½" x 8½", Stoff A
8	1 Rechteck 1½" x 4½", Stoff B	1 Rechteck 2" x 6½", Stoff B	1 Rechteck 2½" x 8½", Stoff B
9	1 Rechteck 1½" x 5½", Stoff B	1 Rechteck 2" x 8", Stoff B	1 Rechteck 2½" x 10½", Stoff B

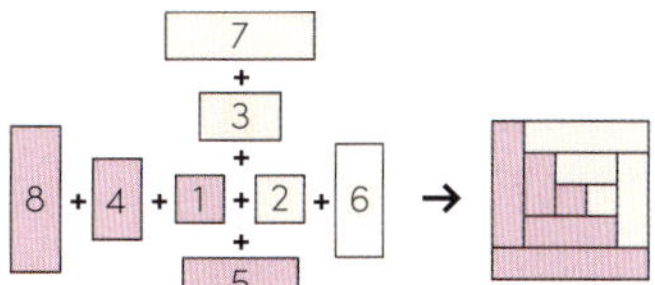

Log-Cabin-Block aus Stoff A/B

2. Schritt

Nähe analog zum 1. Schritt **4 Log-Cabin-Blöcke aus Stoff A/C**. Befolge dabei die Reihenfolge, die für jeden Block in der Tabelle und im Diagramm gezeigt ist. Bügele beim Zusammenfügen die Nahtzugaben auseinander.

Reihen-folge	Wand-behang	Baby-decke	Sofa-decke
1	1 Quadrat 1½" x 1½", Stoff C	1 Quadrat 2" x 2", Stoff C	1 Quadrat 2½" x 2½", Stoff C
2	1 Quadrat 1½" x 1½", Stoff A	1 Quadrat 2" x 2", Stoff A	1 Quadrat 2½" x 2½", Stoff A
3	1 Rechteck 1½" x 2½", Stoff A	1 Rechteck 2" x 3½", Stoff A	1 Rechteck 2½" x 4½", Stoff A
4	1 Rechteck 1½" x 2½", Stoff C	1 Rechteck 2" x 3½", Stoff C	1 Rechteck 2½" x 4½", Stoff C
5	1 Rechteck 1½" x 3½", Stoff C	1 Rechteck 2" x 5", Stoff C	1 Rechteck 2½" x 6½", Stoff C
6	1 Rechteck 1½" x 3½", Stoff A	1 Rechteck 2" x 5", Stoff A	1 Rechteck 2½" x 6½", Stoff A
7	1 Rechteck 1½" x 4½", Stoff A	1 Rechteck 2" x 6½", Stoff A	1 Rechteck 2½" x 8½", Stoff A
8	1 Rechteck 1½" x 4½", Stoff C	1 Rechteck 2" x 6½", Stoff C	1 Rechteck 2½" x 8½", Stoff C
9	1 Rechteck 1½" x 5½", Stoff C	1 Rechteck 2" x 8", Stoff C	1 Rechteck 2½" x 10½", Stoff C

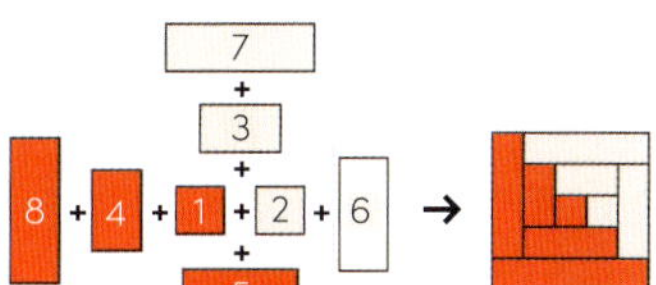

Log-Cabin-Block aus Stoff A/C

Flying-Geese-Streifensätze

1. Schritt

Bilde einen **Flying-Geese-Streifensatz A1 aus Stoff A/D**, indem du folgende Elemente entsprechend dem Diagramm zusammennähst:

Wandbehang	2 Rechtecke 4½" x 7", Stoff A und 1 Rechteck 2½" x 7", Stoff D
Babydecke	2 Rechtecke 6½" x 9", Stoff A und 1 Rechteck 3½" x 9", Stoff D
Sofadecke	2 Rechtecke 8½" x 11", Stoff A und 1 Rechteck 4½" x 11", Stoff D

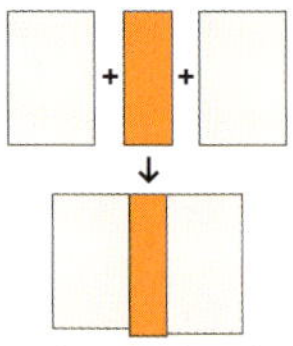

Flying-Geese-Streifensatz A1 aus Stoff A/D

Bügele die Nahtzugaben auseinander und lege den Streifensatz für den *5. Schritt (Seite 100)* beiseite.

2. Schritt

Bilde einen **Flying-Geese-Streifensatz A2 aus Stoff A/D**, indem du die folgenden Elemente entsprechend dem Diagramm zusammennähst.

Wandbehang	2 Rechtecke 3½" x 7", Stoff A und 1 Rechteck 4½" x 7", Stoff D
Babydecke	2 Rechtecke 5" x 9", Stoff A und 1 Rechteck 6½" x 9", Stoff D
Sofadecke	2 Rechtecke 6½" x 11", Stoff A und 1 Rechteck 8½" x 11", Stoff D

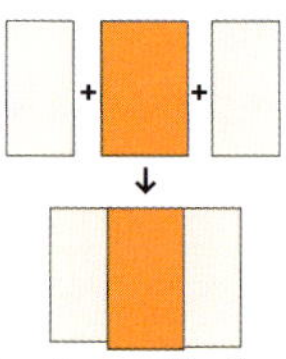

Flying-Geese-Streifensatz A2 aus Stoff A/D

Bügele die Nahtzugaben auseinander und lege den Streifensatz für den *5. Schritt (Seite 100)* beiseite.

3. Schritt

Bilde einen **Flying-Geese-Streifensatz A3 aus Stoff A/D**, indem du die folgenden Elemente entsprechend dem Diagramm zusammennähst.

Wandbehang	2 Rechtecke 2½" x 7", Stoff A und 1 Rechteck 6½" x 7", Stoff D
Babydecke	2 Rechtecke 3½" x 9", Stoff A und 1 Rechteck 9½" x 9", Stoff D
Sofadecke	2 Rechtecke 4½" x 11", Stoff A und 1 Rechteck 12½" x 11", Stoff D

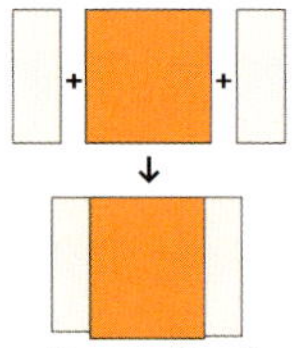

Flying-Geese-Streifensatz A3 aus Stoff A/D

Bügele die Nahtzugaben auseinander und lege den Streifensatz für den *5. Schritt (Seite 100)* beiseite.

4. Schritt

Bilde einen **Flying-Geese-Streifensatz A4 aus Stoff A/D**, indem du die folgenden Elemente entsprechend dem Diagramm zusammenfügst.

Wandbehang	2 Rechtecke 1½" x 7", Stoff A und 1 Rechteck 8½" x 7", Stoff D
Babydecke	2 Rechtecke 2" x 9", Stoff A und 1 Rechteck 12½" x 9", Stoff D
Sofadecke	2 Rechtecke 2½" x 11", Stoff A und 1 Rechteck 16½" x 11", Stoff D

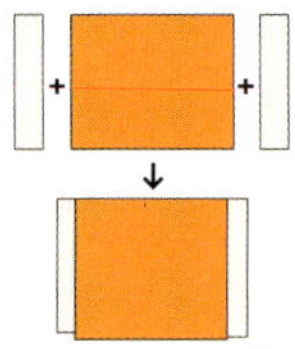

Flying-Geese-Streifensatz A4 aus Stoff A/D

Bügele die Nahtzugaben auseinander.

5. Schritt

Begradige den rechten Rand aller Flying-Geese-Streifensätze aus Stoff A/D (aus dem 1. bis 4. Schritt), damit sie gerade und rechtwinklig zur Länge der Einheiten sind.

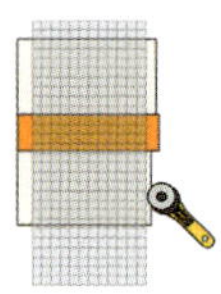

* Dieses Beispiel zeigt den Flying-Geese-Streifensatz A1 aus Stoff A/D.

6. Schritt

Drehe alle Flying-Geese-Streifensätze aus Stoff A/D um 180 Grad. Schneide entlang dem Lineal auf der linken Seite die folgenden Einheiten zu:

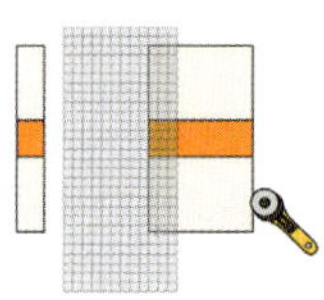

* Dieses Beispiel zeigt den Flying-Geese-Streifensatz A1 aus Stoff A/D.

Wandbehang	4 Flying-Geese-Einheiten A1, 1½" breit, Stoff A/D 4 Flying-Geese-Einheiten A2, 1½" breit, Stoff A/D 4 Flying-Geese-Einheiten A3, 1½" breit, Stoff A/D 4 Flying-Geese-Einheiten A4, 1½" breit, Stoff A/D
Babydecke	4 Flying-Geese-Einheiten A1, 2" breit, Stoff A/D 4 Flying-Geese-Einheiten A2, 2" breit, Stoff A/D 4 Flying-Geese-Einheiten A3, 2" breit, Stoff A/D 4 Flying-Geese-Einheiten A4, 2" breit, Stoff A/D
Sofadecke	4 Flying-Geese-Einheiten A1, 2½" breit, Stoff A/D 4 Flying-Geese-Einheiten A2, 2½" breit, Stoff A/D 4 Flying-Geese-Einheiten A3, 2½" breit, Stoff A/D 4 Flying-Geese-Einheiten A4, 2½" breit, Stoff A/D

7. Schritt

Bilde **vier Flying-Geese-Blöcke aus Stoff A/D**. Nähe dafür zusammen, von oben nach unten in der folgenden Reihenfolge: eine Flying-Geese-Einheit A1 aus Stoff A/D, eine Flying-Geese-Einheit A2 aus Stoff A/D, eine Flying-Geese-Einheit A3 aus Stoff A/D, eine Flying-Geese-Einheit A4 aus Stoff A/D und:

Wandbehang	1 Rechteck 1½" x 10½", Stoff D
Babydecke	1 Rechteck 2" x 15½", Stoff D
Sofadecke	1 Rechteck 2½" x 20½", Stoff D

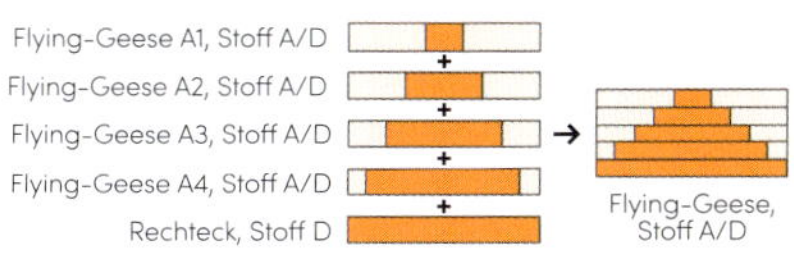

Bügele die Nahtzugaben auseinander.

8. Schritt

Nähe, wie im Diagramm gezeigt, die folgenden Teile zusammen, um einen **Flying-Geese-Streifensatz B1 aus Stoff A/C** zu bilden:

Wandbehang	2 Rechtecke 4½" x 7", Stoff C und 1 Rechteck 2½" x 7", Stoff A
Babydecke	2 Rechtecke 6½" x 9", Stoff C und 1 Rechteck 3½" x 9", Stoff A
Sofadecke	2 Rechtecke 8½" x 11", Stoff C und 1 Rechteck 4½" x 11", Stoff A

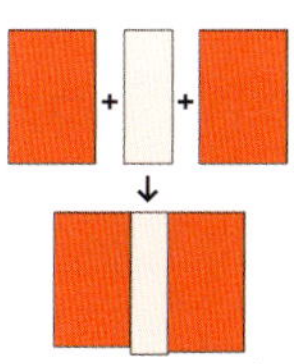

Flying-Geese-Streifensatz B1 aus Stoff A/C

Bügele die Nahtzugaben auseinander und lege den Streifensatz für den *12. Schritt (Seite 102)* beiseite.

9. Schritt

Bilde einen **Flying-Geese-Streifensatz B2 aus Stoff A/C**, indem du die folgenden Teile zusammennähst.

Wandbehang	2 Rechtecke 3½" x 7", Stoff C und 1 Rechteck 4½" x 7", Stoff A
Babydecke	2 Rechtecke 5" x 9", Stoff C und 1 Rechteck 6½" x 9", Stoff A
Sofadecke	2 Rechtecke 6½" x 11", Stoff C und 1 Rechteck 8½" x 11", Stoff A

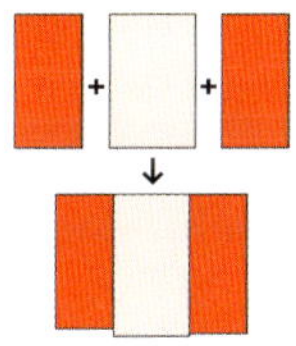

Flying-Geese-Streifensatz B2 aus Stoff A/C

Bügele die Nahtzugaben auseinander und lege den Streifensatz für den *12. Schritt (Seite 102)* beiseite.

10. Schritt

Nähe mit folgenden Teilen einen **Flying-Geese-Streifensatz B3 aus Stoff A/C**:

Wandbehang	2 Rechtecke 2½" x 7", Stoff C und 1 Rechteck 6½" x 7", Stoff A
Babydecke	2 Rechtecke 3½" x 9", Stoff C und 1 Rechteck 9½" x 9", Stoff A
Sofadecke	2 Rechtecke 4½" x 11", Stoff C und 1 Rechteck 12½" x 11", Stoff A

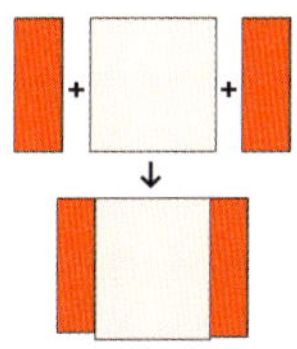

Flying-Geese-Streifensatz B3 aus Stoff A/C

Bügele die Nahtzugaben auseinander und lege den Streifensatz für den *12. Schritt (Seite 102)* beiseite.

11. Schritt

Bilde entsprechend dem Diagramm einen **Flying-Geese-Streifensatz B4 aus Stoff A/C** mit:

Wandbehang	2 Rechtecke 1½" x 7", Stoff C und 1 Rechteck 8½" x 7", Stoff A
Babydecke	2 Rechtecke 2" x 9", Stoff C und 1 Rechteck 12½" x 9", Stoff A
Sofadecke	2 Rechtecke 2½" x 11", Stoff C und 1 Rechteck 16½" x 11", Stoff A

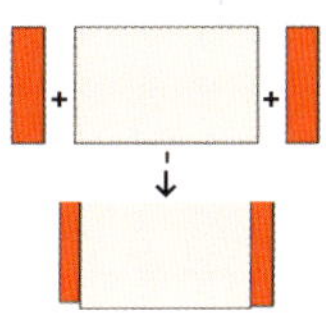

Flying-Geese-Streifensatz B4 aus Stoff A/C

12. Schritt

Begradige den rechten Rand aller Flying-Geese-Streifensätze aus Stoff A/C, damit sie gerade und rechtwinklig zur Länge des Streifensatzes sind.

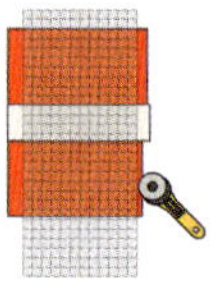

* Dieses Beispiel zeigt den Flying-Geese-Streifensatz B1 aus Stoff A/C.

13. Schritt

Drehe alle Flying-Geese-Streifensätze aus Stoff A/C um 180 Grad. Schneide entlang dem Lineal auf der linken Seite die folgenden Einheiten zu:

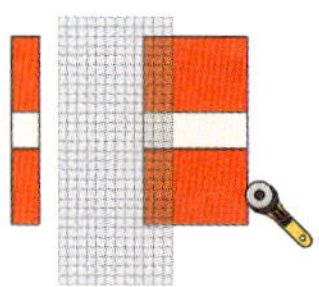

* Dieses Beispiel zeigt den Flying-Geese-Streifensatz B1 aus Stoff A/C.

Wandbehang	4 Flying-Geese-Einheiten B1, 1½" breit, Stoff A/C 4 Flying-Geese-Einheiten B2, 1½" breit, Stoff A/C 4 Flying-Geese-Einheiten B3, 1½" breit, Stoff A/C 4 Flying-Geese-Einheiten B4, 1½" breit, Stoff A/C
Babydecke	4 Flying-Geese-Einheiten B1, 2" breit, Stoff A/C 4 Flying-Geese-Einheiten B2, 2" breit, Stoff A/C 4 Flying-Geese-Einheiten B3, 2" breit, Stoff A/C 4 Flying-Geese-Einheiten B4, 2" breit, Stoff A/C
Sofadecke	4 Flying-Geese-Einheiten B1, 2½" breit, Stoff A/C 4 Flying-Geese-Einheiten B2, 2½" breit, Stoff A/C 4 Flying-Geese-Einheiten B3, 2½" breit, Stoff A/C 4 Flying-Geese-Einheiten B4, 2½" breit, Stoff A/C

14. Schritt

Bilde **vier Flying-Geese-Einheiten aus Stoff A/C.** Nähe dafür zusammen, von oben nach unten: die Flying-Geese-Einheiten B1 bis B4 aus Stoff A/D sowie:

Wandbehang	1 Rechteck 1½" x 10½", Stoff C
Babydecke	1 Rechteck 2" x 15½", Stoff C
Sofadecke	1 Rechteck 2½" x 20½", Stoff C

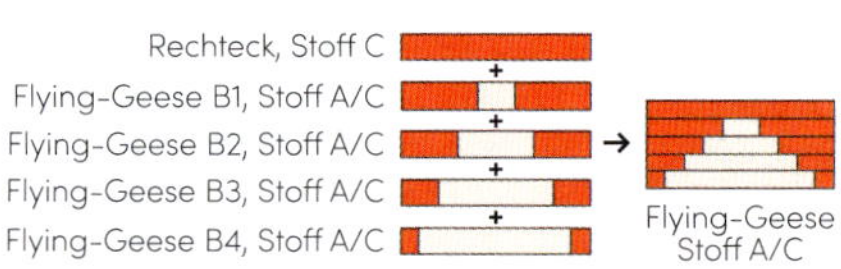

Den Quilt zusammennähen

1. Schritt

Kombiniere für alle Quiltgrößen vier Log-Cabin-Einheiten aus Stoff A/B mit einem Flying-Geese-Block aus Stoff A/C, um eine **1. Reihe** zu bilden. Wiederhole diesen Schritt, um insgesamt zwei **1. Reihen** zu bilden.

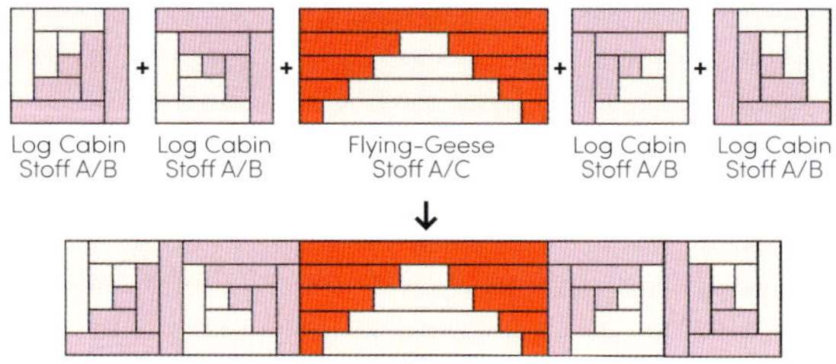

1. Reihe

2. Schritt

Bilde insgesamt zwei **2. Reihen** (für alle Quiltgrößen), indem du einen Flying-Geese-Block aus Stoff A/D zwischen zwei Log-Cabin-Blöcke aus Stoff A/C und zwei Log-Cabin-Blöcke aus Stoff A/B nähst.

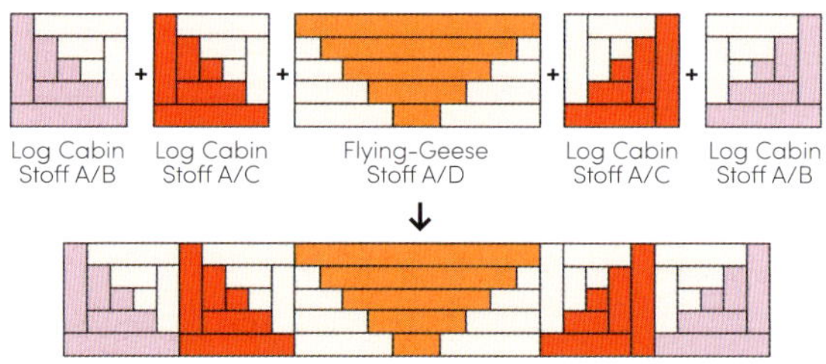

2. Reihe

3. Schritt

Nähe für alle Quiltgrößen einen Courthouse-Steps-Block aus Stoff A/B zwischen zwei Flying-Geese-Blöcke aus Stoff A/D und zwei Flying-Geese-Blöcke aus Stoff A/C, um eine **3. Reihe** zu bilden.

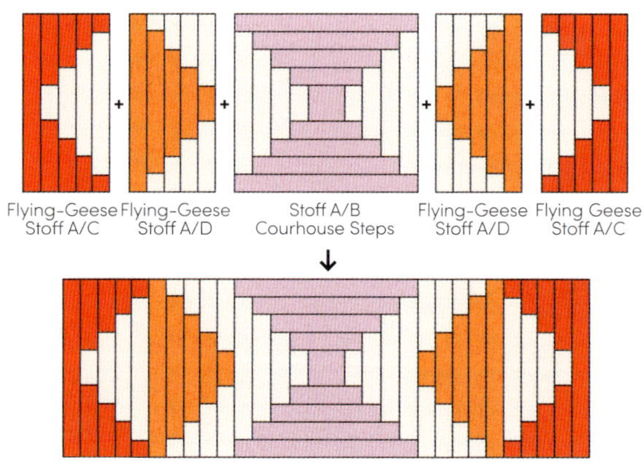

3. Reihe

4. Schritt

Ordne die Reihen entsprechend dem Diagramm an und nähe sie zusammen (für alle Quiltgrößen), um das Quiltoberteil fertigzustellen.

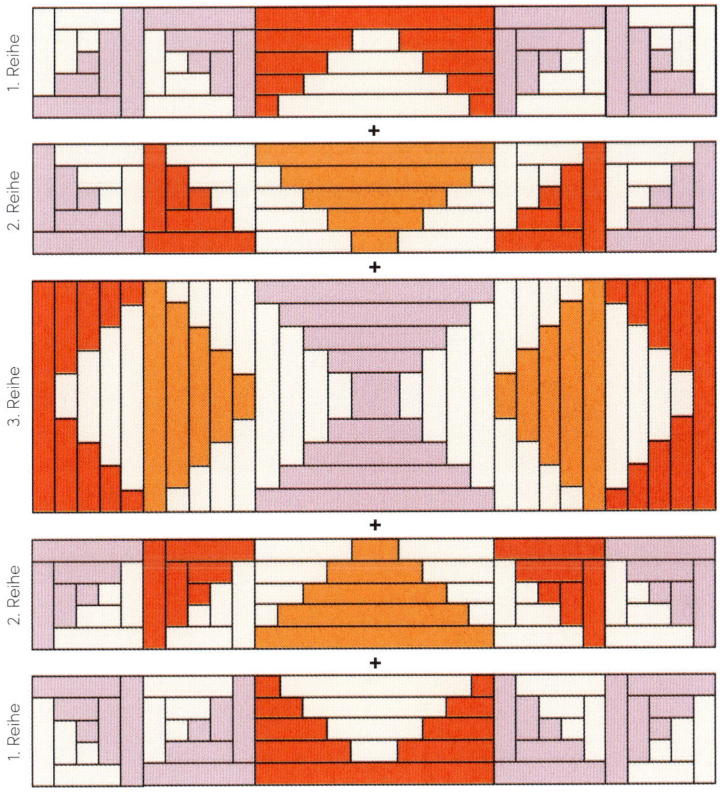

5. Schritt

Bügele das Quiltoberteil und den Stoff für die Rückseite. Lege die Rückseite, das Vlies und das Quiltoberteil aufeinander. Hefte die Lagen aneinander, quilte sie und fasse den Quilt ein.

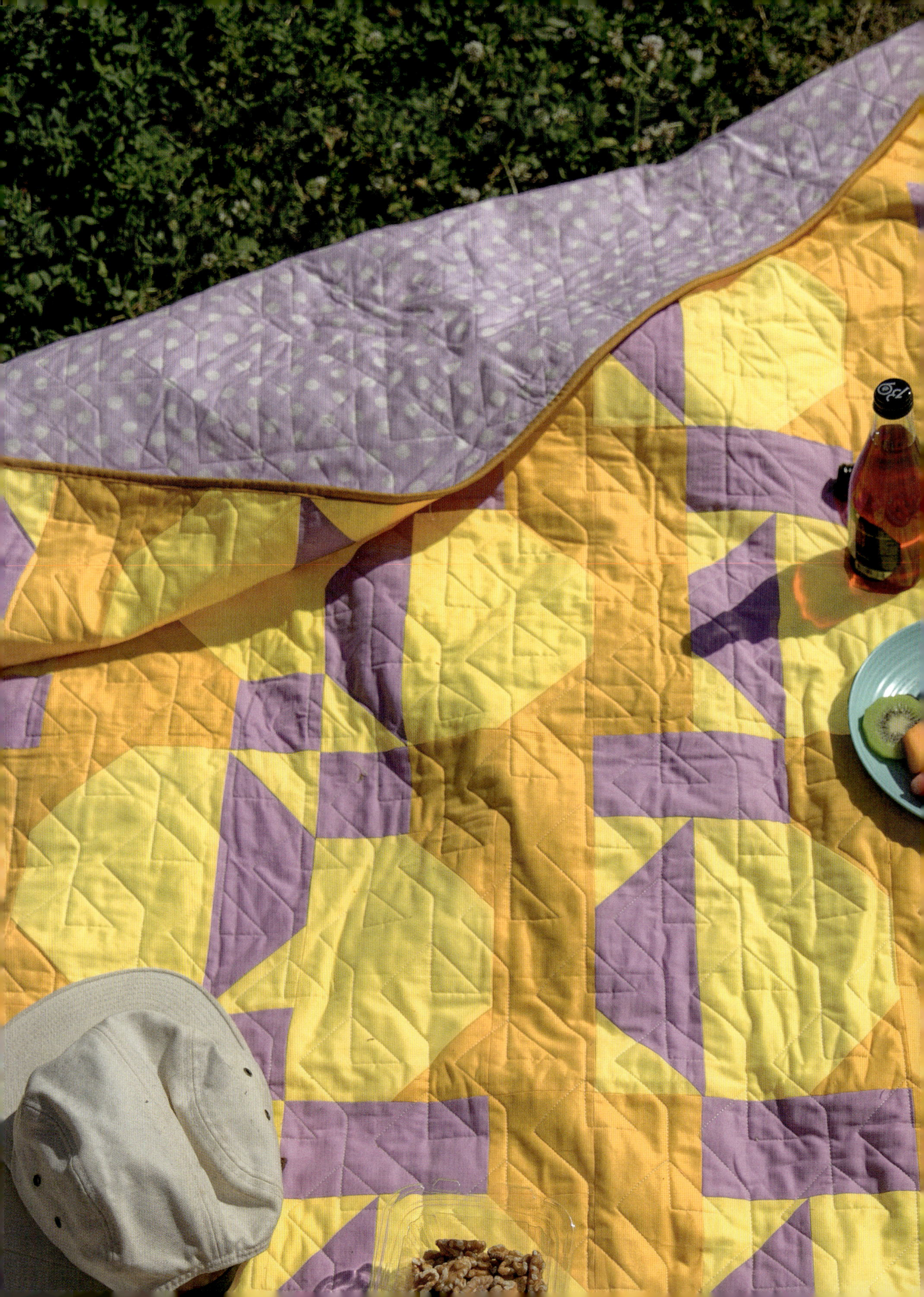

RUSHHOUR

(Fortgeschrittene Anfänger)

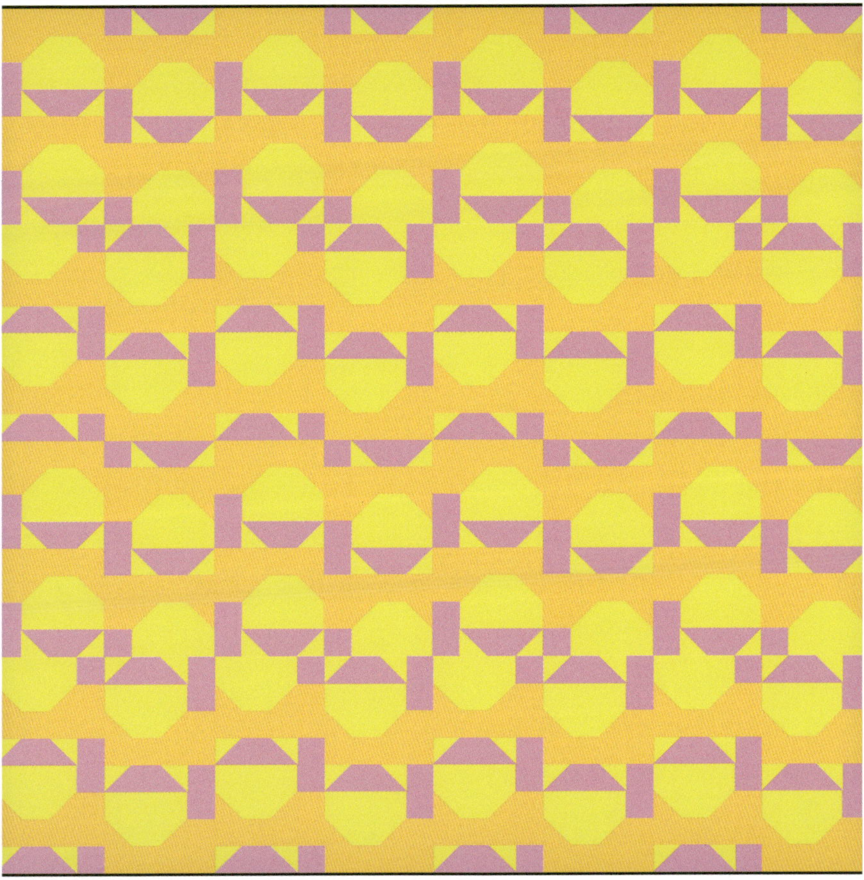

Babydecke: 122 cm x 122 cm

Sofadecke: 183 cm x 183 cm

Tagesdecke: 244 cm x 244 cm

Konstruktionsmethoden und -techniken

Streifentechnik/Schneeball-Blöcke/Schnelle Ecken

Die Food-Truck-Szenen in New York und Perth sind völlig gegensätzlich und jeweils typisch für die spezifischen Eigenschaften der Städte. Die eine ist energiegeladen und trubelig, die andere entspannter und lockerer. In Perth kommen am Wochenende oft Freunde und Familien an den Food-Trucks zusammen. Sie sind Orte des Gemeinschaftsgefühls. In New York dagegen bedienen die Wagen hauptsächlich die arbeitende Bevölkerung und man muss sich zügig entscheiden, da hinter einem andere warten, um einen schnellen Imbiss zu bestellen und weiterzueilen. Aber unabhängig vom Tempo und den verschiedenen Kunden bieten Food-Trucks auf der ganzen Welt die Möglichkeit, Essen aus verschiedenen Kulturen zu kosten und zu teilen.

Schneeball-Blöcke (Achtecke) werden im Rushhour-Quilt verwendet, um die Räder der aneinandergereihten Imbisswagen zu symbolisieren. Diese Formen können auch als Teller mit Essen interpretiert werden. Die Rushhour-Babydecke besteht aus 148 Teilen, die Sofadecke aus 333 Teilen und die Tagesdecke aus 592 Teilen. Das mag nach viel klingen, ist aber gar nicht so schlimm, wie du denkst. Andere Designs in diesem Buch haben sogar noch mehr Teile. Indem du die Streifentechnik und schnelle Ecken verwendest, um die Schneeball-Blöcke und andere Elemente in diesem Quilt zu nähen, hast du das Quiltoberteil ganz schnell fertig.

Wie in vorherigen Projekten erwähnt, war es früher nicht einfach und oft teuer, Stoffe für Quilts zu beschaffen. Deshalb bestanden viele Quilts aus alter Kleidung, Stoffresten von Schneidereien und Futtersäcken, es sei denn, die Quilter*innen waren wohlhabend und konnten Stoffe von indischen und europäischen Händlern kaufen. Frauen der Pioneer-Ära waren sehr stolz auf die Anzahl der Stoffstücke, aus denen ihre Quilts zusammengesetzt waren. Je größer ihre Anzahl, desto mehr zeigten die Quilts ihre Sparsamkeit sowie die Zeit und Geduld, die sie in das Projekt investiert hatten.

FARBINSPIRATION

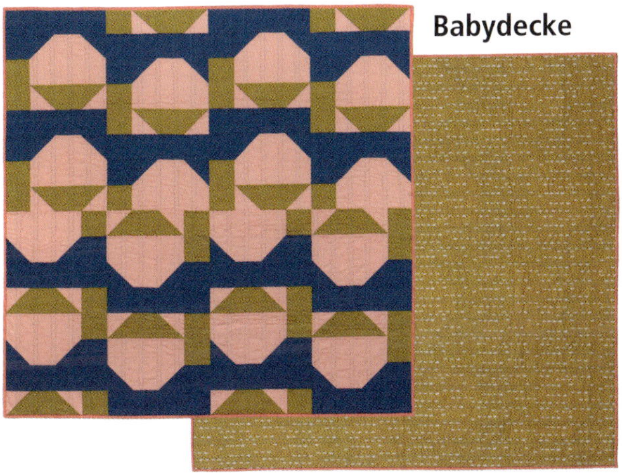

Babydecke

Stoff A Robert Kaufman, Kona Cotton in Primrose

Stoff B Robert Kaufman, Kona Cotton in Mediterranean

Stoff C Robert Kaufman, Kona Cotton in Pickle

Stoff für Rückseite Hawthorne Supply Co, Hawthorne Supply Co, Botany, Seeds in Gold

Stoff für Binding Robert Kaufman, Kona Cotton in Melon

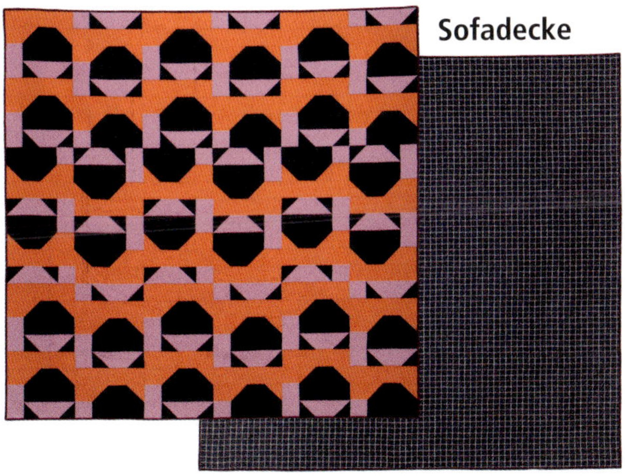

Sofadecke

Stoff A Robert Kaufman, Kona Cotton in Navy

Stoff B Robert Kaufman, Kona Cotton in Marmalade

Stoff C Robert Kaufman, Kona Cotton in Ballerina

Stoff für Rückseite Hawthorne Supply Co, Hawthorne ssentials, Windowpane, Windowpane in Ink

Stoff für Binding Robert Kaufman, Kona Cotton in Berry

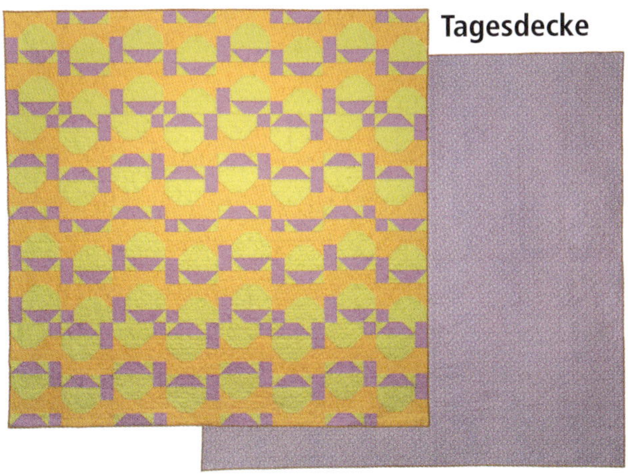

Tagesdecke

Stoff A Robert Kaufman, Kona Cotton in Bright Idea

Stoff B Robert Kaufman, Kona Cotton in Corn Yellow

Stoff C Robert Kaufman, Kona Cotton in Corsage

Stoff für Rückseite Hawthorne Supply Co, Mable Tan, Urban Jungle, Pebbles in Orchid

Stoff für Binding Robert Kaufman, Kona Cotton in Yarrow

Stoffbedarf

	Babydecke	Sofadecke	Tagesdecke
Stoff A	103 cm	229 cm	366 cm
Stoff B	92 cm	195 cm	332 cm
Stoff C	80 cm	153 cm	244 cm
Stoff für Rückseite	286 cm	412 cm	793 cm
Stoff für Binding	35 cm	58 cm	69 cm

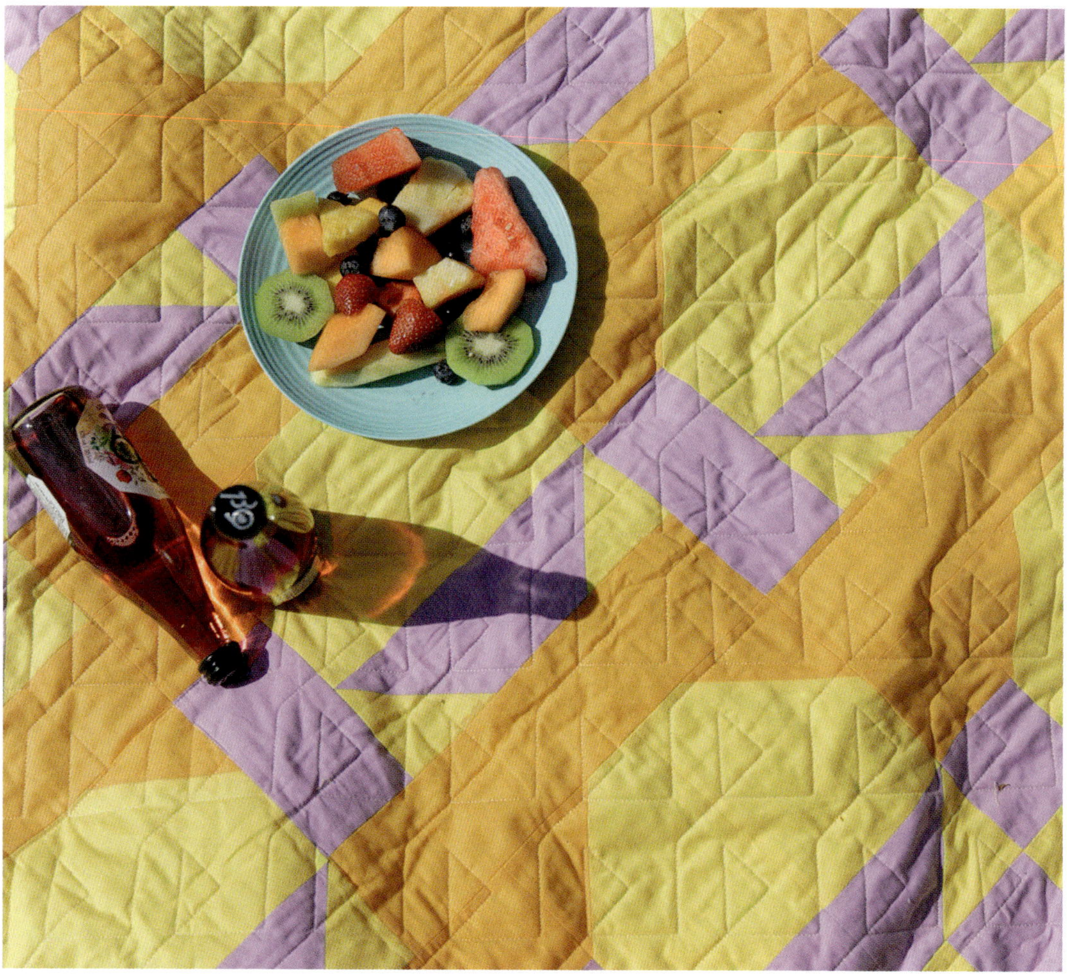

Zuschnitt

	Babydecke	Sofadecke	Tagesdecke
Stoff A	3 Streifen, 6½" x SB (für Streifentechnik) 1 Streifen, 6½" x SB, zugeschnitten auf: • 4 Rechtecke, 6½" x 9½" 3 Streifen, 3½" x SB, zugeschnitten auf: • 32 Quadrate, 3½" x 3½"	7 Streifen, 6½" x SB (für Streifentechnik) 3 Streifen, 6½" x SB, zugeschnitten auf: • 9 Rechtecke, 6½" x 9½" 6 Streifen, 3½" x SB, zugeschnitten auf: • 72 Quadrate, 3½" x 3½"	12 Streifen, 6½" x SB (für Streifentechnik) 4 Streifen, 6½" x SB, zugeschnitten auf: • 16 Rechtecke, 6½" x 9½" 11 Streifen, 3½" x SB, zugeschnitten auf: • 128 Quadrate, 3½" x 3½"
Stoff B	1 Streifen, 3½" x SB (für Streifentechnik) 8 Streifen, 3½" x SB, zugeschnitten auf: • 16 Rechtecke, 3½" x 12½" • 36 Quadrate, 3½" x 3½"	3 Streifen, 3½" x SB (für Streifentechnik) 18 Streifen, 3½" x SB, zugeschnitten auf: • 36 Rechtecke, 3½" x 12½" • 81 Quadrate, 3½" x 3½"	4 Streifen, 3½" x SB (für Streifentechnik) 32 Streifen, 3½" x SB, zugeschnitten auf: • 64 Rechtecke, 3½" x 12½" • 144 Quadrate, 3½" x 3½"
Stoff C	1 Streifen, 6½" x SB (für Streifentechnik) 3 Streifen, 3½" x SB (für Streifentechnik) 2 Streifen, 3½" x SB, zugeschnitten auf: • 4 Rechtecke, 3½" x 9½" • 8 Quadrate, 3½" x 3½"	3 Streifen, 6½" x SB (für Streifentechnik) 7 Streifen, 3½" x SB (für Streifentechnik) 4 Streifen, 3½" x SB, zugeschnitten auf: • 9 Rechtecke, 3½" x 9½" • 18 Quadrate, 3½" x 3½"	4 Streifen, 6½" x SB (für Streifentechnik) 12 Streifen, 3½" x SB (für Streifentechnik) 7 Streifen, 3½" x SB, zugeschnitten auf: • 16 Rechtecke, 3½" x 9½" • 32 Quadrate, 3½" x 3½"
Stoff für Binding	5 Streifen, 2½" x SB	8 Streifen, 2½" x SB	10 Streifen, 2½" x SB

Schneebälle

1. Schritt

Nähe einen 6½" x SB großen Streifen aus Stoff A längs rechts auf rechts an einen 3½" x SB großen Streifen aus Stoff C und bügele die Nahtzugaben auseinander. Dies ist ein **Streifensatz A**. Nähe insgesamt:

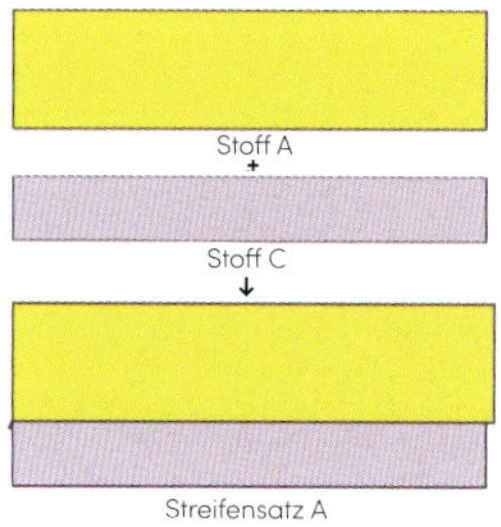

Babydecke	3 Streifensätze A
Sofadecke	7 Streifensätze A
Tagesdecke	12 Streifensätze A

2. Schritt

Begradige den rechten Rand aller Streifensätze A, damit sie gerade und rechtwinklig zur Länge des Streifensatzes sind.

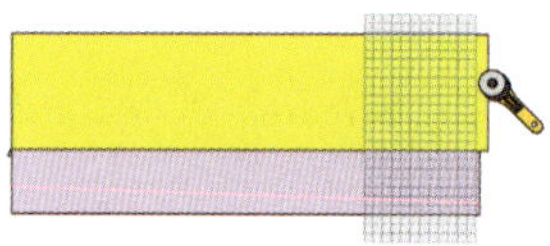

3. Schritt

Drehe die Streifensätze A um 180 Grad. Schneide entlang einem Lineal auf der linken Seite insgesamt:

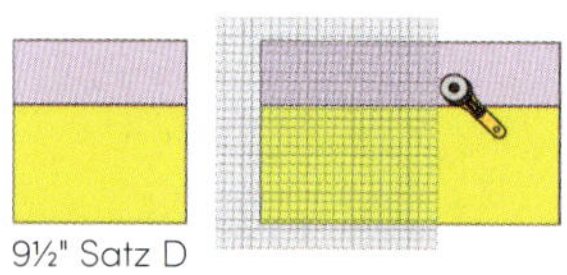

Babydecke	12x 9½" Sätze D
Sofadecke	27x 9½" Sätze D
Tagesdecke	48x 9½" Sätze D

4. Schritt

Zeichne eine diagonale Orientierungslinie auf die Rückseite von:

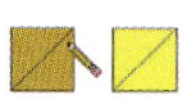

Babydecke	32 Quadraten 3½" x 3½", Stoff A und 32 Quadraten 3½" x 3½", Stoff B
Sofadecke	72 Quadraten 3½" x 3½", Stoff A und 72 Quadraten 3½" x 3½", Stoff B
Tagesdecke	128 Quadraten 3½" x 3½", Stoff A und 128 Quadraten 3½" x 3½", Stoff B

5. Schritt

Lege, wie im Diagramm gezeigt, zwei 3½" x 3½" große Quadrate aus Stoff A und zwei 3½" x 3½" große Quadrate aus Stoff B auf die Ecken von Satz D und nähe auf den Orientierungslinien entlang.

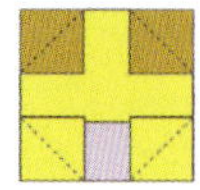

6. Schritt

Schneide mit ¼" Nahtzugabe außen entlang der Nähte. Bügele die Nahtzugaben auseinander, um einen **Schneeball A** zu bilden. Wiederhole den 5. und 6. Schritt und nähe insgesamt:

Babydecke	12 Schneebälle A
Sofadecke	27 Schneebälle A
Tagesdecke	48 Schneebälle A

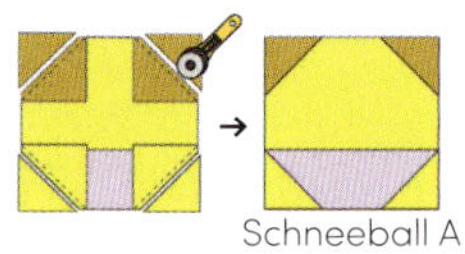

7. Schritt

Lege zwei 3½" x 3½" große Quadrate aus Stoff B rechts auf rechts auf die oberen zwei Ecken eines 6½" x 9½" großen Rechtecks aus Stoff A, wie gezeigt, und nähe auf den Orientierungslinien.

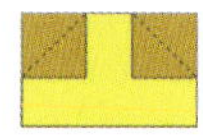

8. Schritt

Schneide mit ¼" Nahtzugabe außen entlang der Nähte. Bügele die Nahtzugaben auseinander, um einen **Schneeball B** zu bilden. Wiederhole den 7. und 8. Schritt und nähe insgesamt:

Babydecke	4 Schneebälle B
Sofadecke	9 Schneebälle B
Tagesdecke	16 Schneebälle B

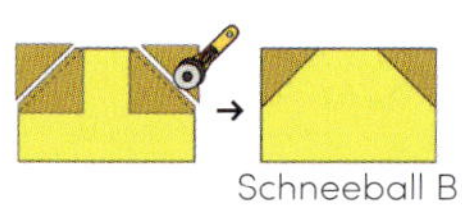

9. Schritt

Lege zwei 3½" x 3½" große Quadrate aus Stoff A rechts auf rechts auf die beiden Enden eines 3½" x 9½" großen Rechtecks aus Stoff C, wie im Diagramm gezeigt. Nähe auf den Orientierungslinien.

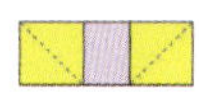

10. Schritt

Schneide mit ¼" Nahtzugabe außen entlang der Nähte. Bügele die Nahtzugaben auseinander, um einen **Schneeball C** zu bilden. Wiederhole den 9. und 10. Schritt und nähe insgesamt:

Babydecke	4 Schneebälle C
Sofadecke	9 Schneebälle C
Tagesdecke	16 Schneebälle C

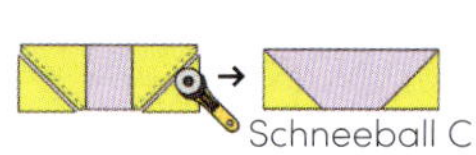

Streifensätze

1. Schritt

Nähe einen 3½" x SB großen Streifen aus Stoff B längs rechts auf rechts an einen 6½" x SB großen Streifen aus Stoff C und bügele die Nahtzugaben auseinander. Dies ist ein **Streifensatz B**. Nähe insgesamt:

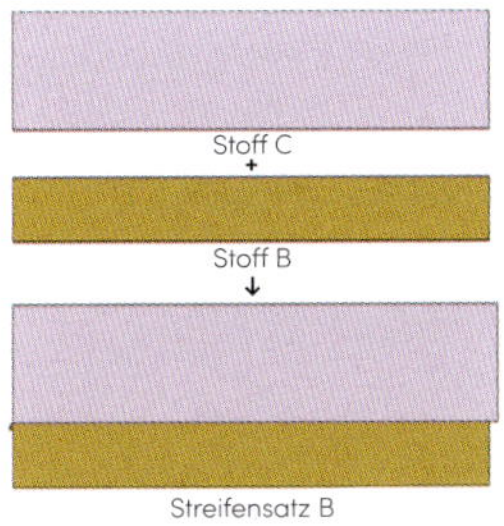

Babydecke	**1 Streifensatz B**
Sofadecke	**3 Streifensätze B**
Tagesdecke	**3 Streifensätze B**

2. Schritt

Begradige den rechten Rand aller Streifensätze B, damit sie gerade und rechtwinklig zur Länge des Streifensatzes sind.

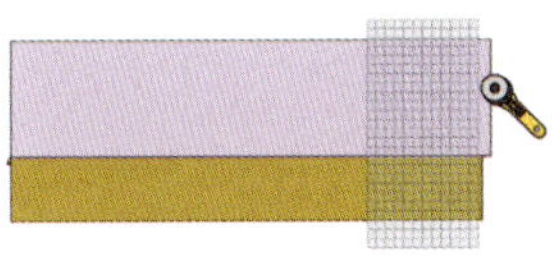

3. Schritt

Drehe die Streifensätze B um 180 Grad. Schneide entlang einem Lineal auf der linken Seite insgesamt:

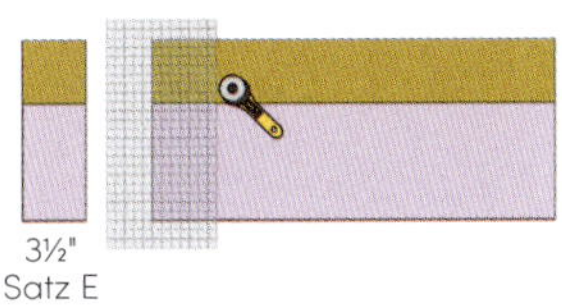

Babydecke	**12x 3½" Satz E**
Sofadecke	**27x 3½" Satz E**
Tagesdecke	**48x 3½" Satz E**

4. Schritt

Nähe ein 3½" x 3½" großes Quadrat aus Stoff B an ein 3½" x 3½" großes Quadrat aus Stoff C, um einen **Satz F** zu bilden. Bügele die Nahtzugaben auseinander. Nähe insgesamt:

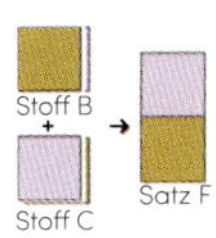

Babydecke	**4 Sätze F**
Sofadecke	**9 Sätze F**
Tagesdecke	**16 Sätze F**

Blöcke zusammennähen

1. Schritt

Nähe, wie im Diagramm gezeigt, einen Satz E und einen Schneeball A zusammen, um einen **Satz G** zu bilden. Bügele die Nahtzugaben auseinander. Nähe insgesamt:

Babydecke	**12 Sätze G**
Sofadecke	**27 Sätze G**
Tagesdecke	**48 Sätze G**

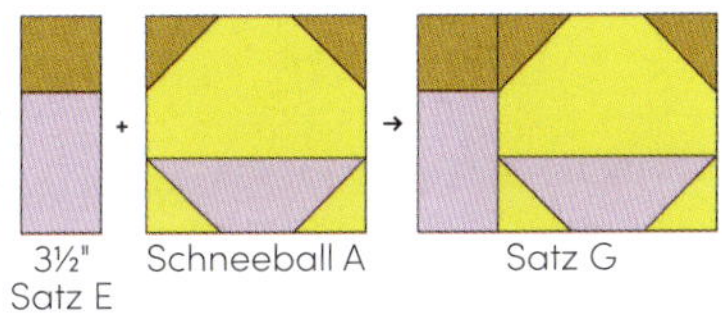

2. Schritt

Nähe einen Satz F links an einen Schneeball B, um einen **Satz H** zu bilden. Bügele die Nahtzugaben auseinander. Nähe insgesamt:

Babydecke	**4 Sätze H**
Sofadecke	**9 Sätze H**
Tagesdecke	**16 Sätze H**

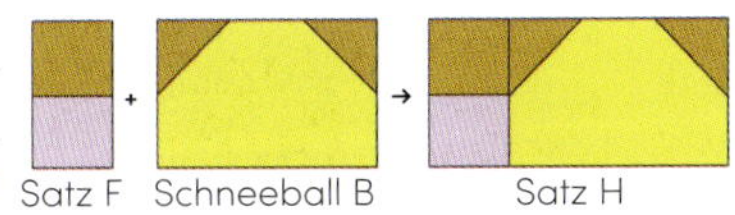

3. Schritt

Nähe ein 3½" x 3½" großes Quadrat aus Stoff C links an einen Schneeball C, um einen Satz I zu bilden. Bügele die Nahtzugaben auseinander. Nähe insgesamt:

Babydecke	**4 Sätze H**
Sofadecke	**9 Sätze H**
Tagesdecke	**16 Sätze H**

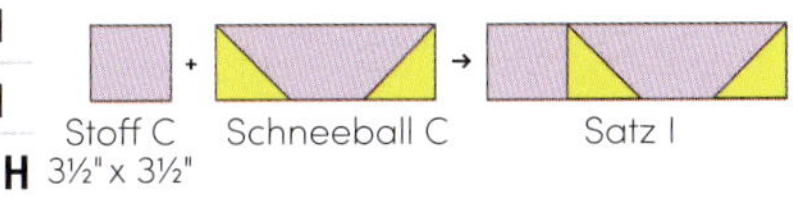

4. Schritt

Lege zwei 3½" x 12½" große Rechtecke aus Stoff B und zwei Sätze G wie im Diagramm gezeigt bereit und nähe sie zusammen, um einen **Block A** zu bilden. Bügele die Nahtzugaben auseinander. Nähe insgesamt:

Babydecke	**4 Blöcke A**
Sofadecke	**9 Blöcke A**
Tagesdecke	**16 Blöcke A**

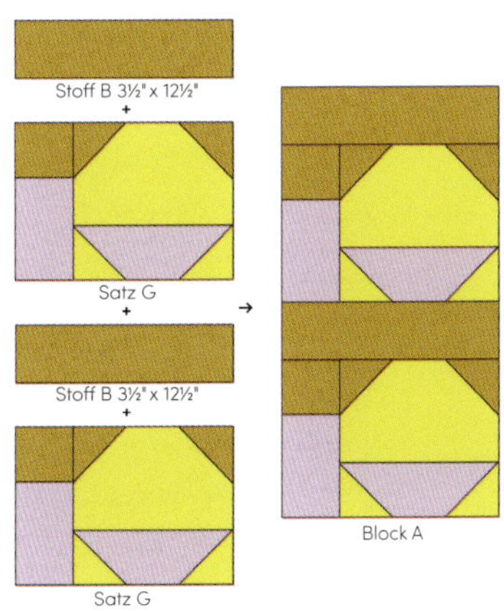

5. Schritt

Nähe einen Satz I, zwei 3½" x 12½" große Rechtecke aus Stoff B, einen Satz G und einen Satz H wie im Diagramm gezeigt zusammen, um einen **Block B** zu bilden. Bügele die Nahtzugaben auseinander. Nähe insgesamt:

Babydecke	**4 Blöcke B**
Sofadecke	**9 Blöcke B**
Tagesdecke	**16 Blöcke B**

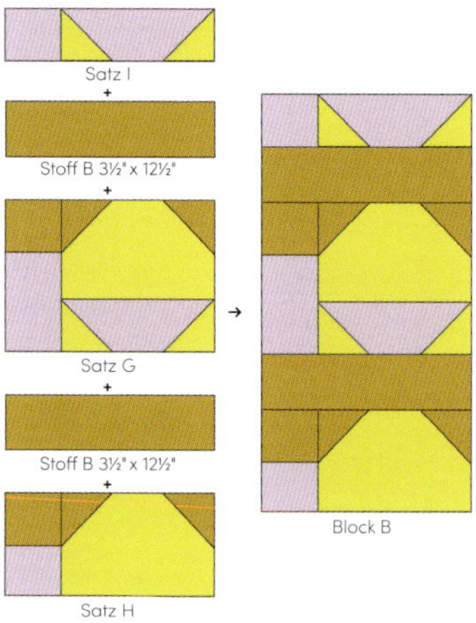

6. Schritt

Kombiniere einen Block A und einen Block B, um einen **Block C** zu bilden. Bügele die Nahtzugaben auseinander. Nähe insgesamt:

Babydecke	**4 Blöcke C**
Sofadecke	**9 Blöcke C**
Tagesdecke	**16 Blöcke C**

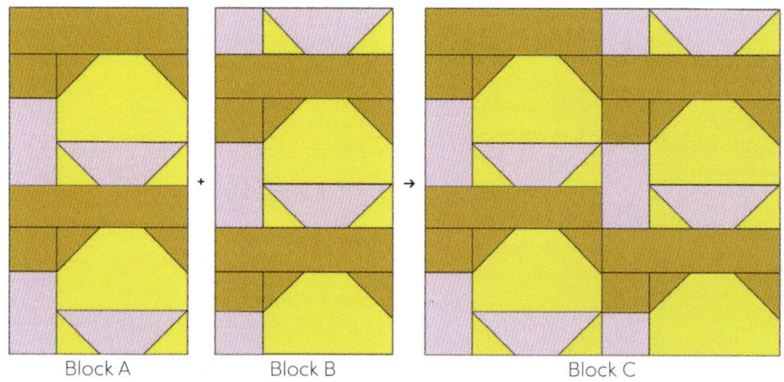

Den Quilt zusammennähen

1. Schritt

Nähe für das Quiltoberteil für eine **Babydecke zwei Reihen** aus je zwei Blöcken C. Bügele die Nahtzugaben auseinander.

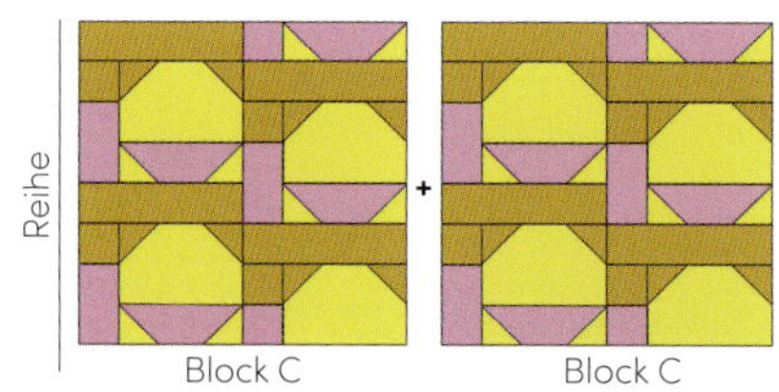

Nähe für das Quiltoberteil für eine **Sofadecke drei Reihen** aus je drei Blöcken C. Bügele die Nahtzugaben auseinander.

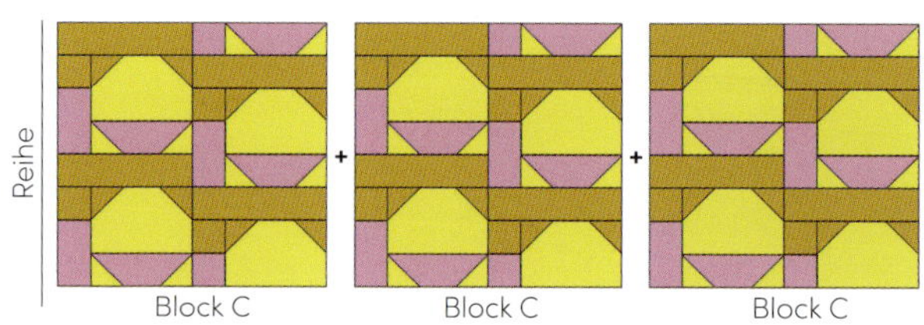

Nähe für das Quiltoberteil für eine **Tagesdecke vier Reihen** aus je vier Blöcken C. Bügele die Nahtzugaben auseinander.

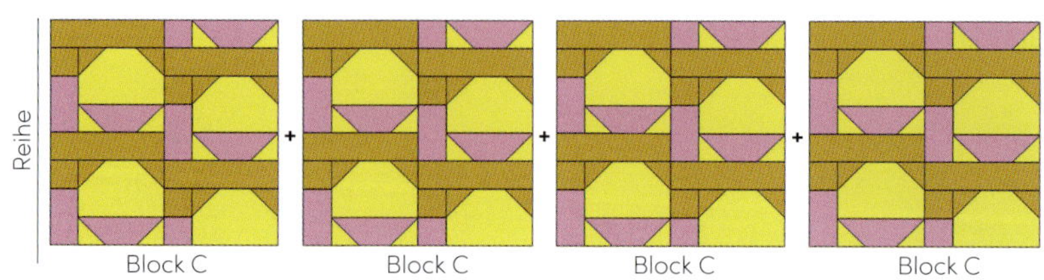

2. Schritt

Um das Quiltoberteil für eine Babydecke zu nähen, richte die zwei Reihen aufeinander aus und nähe sie zusammen. Bügele die Nahtzugaben auseinander.

** Hinweis: Drehe die zweite Reihe vor dem Zusammennähen um 180 Grad.*

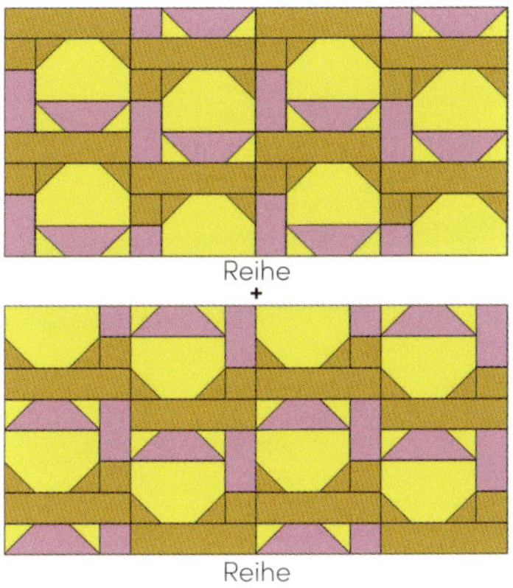

Um das Quiltoberteil für die Sofadecke zu nähen, richte die drei Reihen aufeinander aus und nähe sie zusammen. Bügele die Nahtzugaben auseinander.

** Hinweis: Drehe die zweite Reihe vor dem Zusammennähen um 180 Grad.*

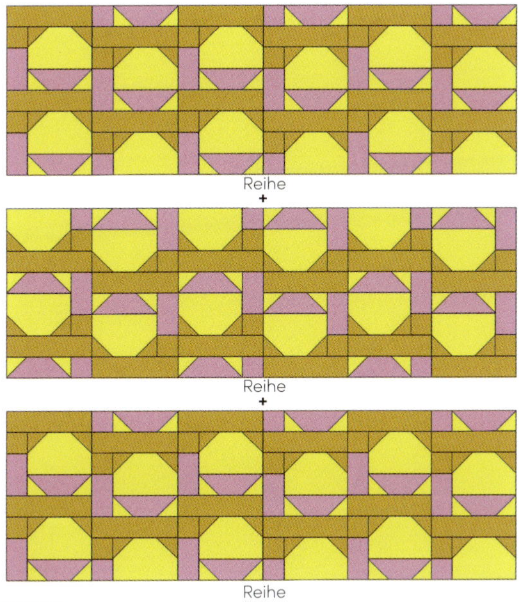

Um das Quiltoberteil für die Tagesdecke zu nähen, richte die vier Reihen aufeinander aus und nähe sie zusammen. Bügele die Nahtzugaben auseinander.

** Hinweis: Drehe die zweite und vierte Reihe vor dem Zusammennähen um 180 Grad.*

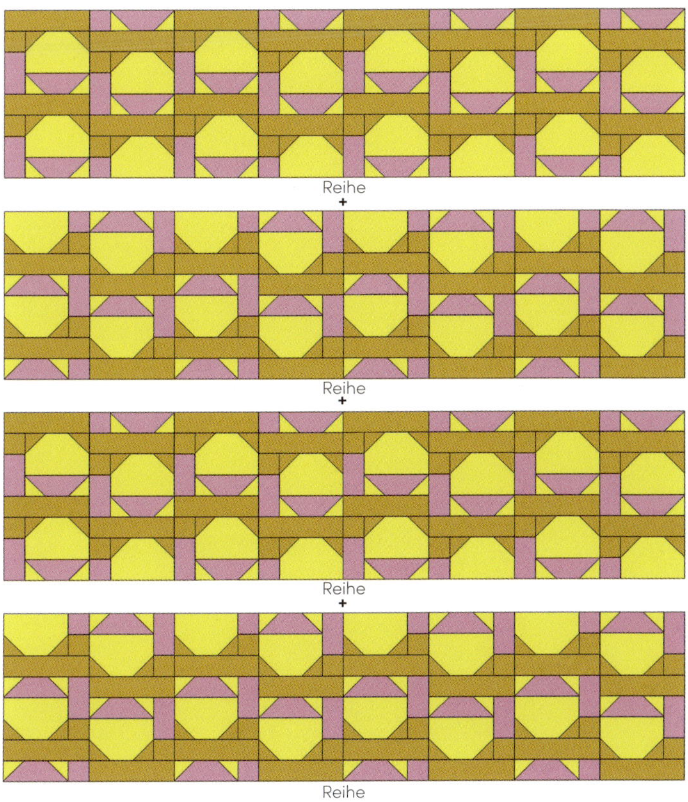

3. Schritt

Bügele das Quiltoberteil und den Stoff für die Rückseite. Lege die Rückseite, das Vlies und das Quiltoberteil aufeinander. Hefte die Lagen aneinander, quilte sie und fasse den Quilt ein.

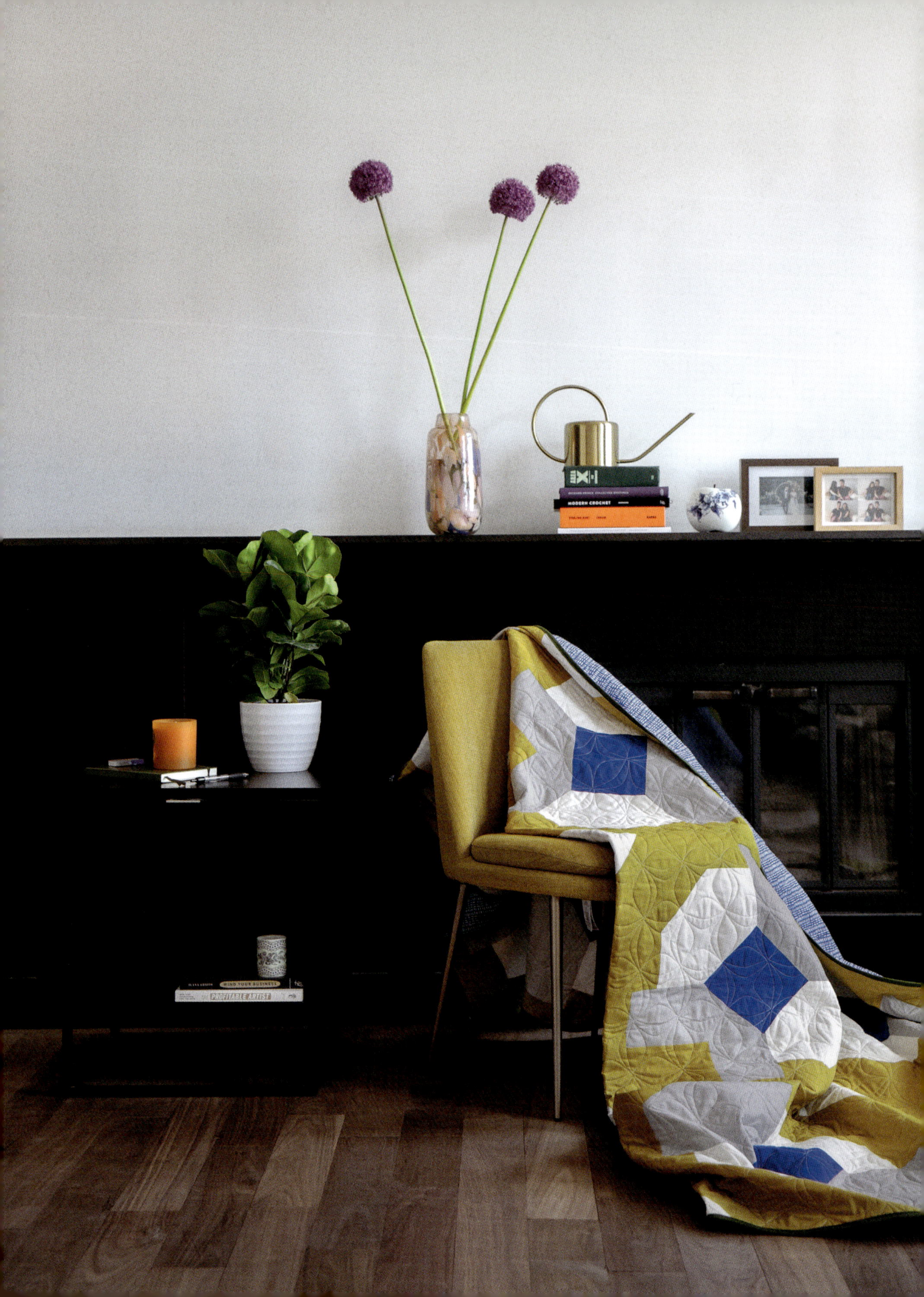
MODERN CROCHET
MIND YOUR BUSINESS
PROFITABLE ARTIST

CHINATOWN

(Fortgeschrittene Anfänger)

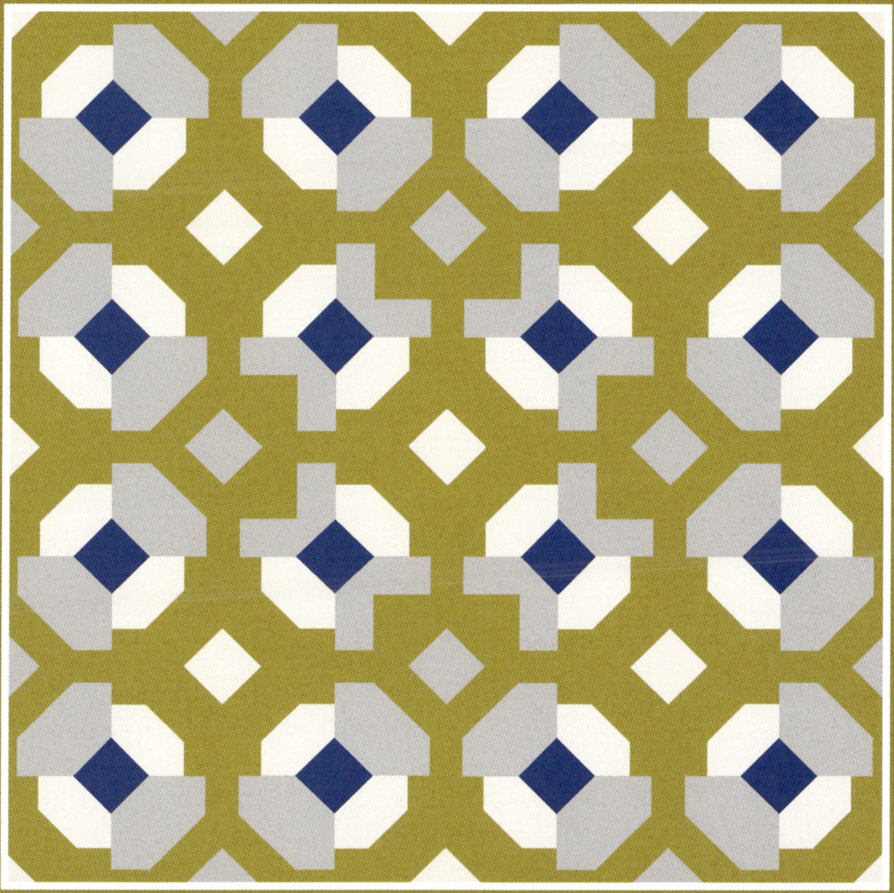

Babydecke: 122 cm x 122 cm

Sofadecke: 183 cm x 183 cm

Tagesdecke: 244 cm x 244 cm

Konstruktionsmethoden und -techniken

Streifentechnik/halbe Schneebälle/Schnelle Ecken

Meine Familie emigrierte in den frühen 1990er-Jahren nach Australien, um von einem besseren Lebensstil zu profitieren und uns eine bessere Kindheit zu bieten. Während ich aufwuchs, versuchten meine Eltern so gut wie möglich, meinen Schwestern und mir unsere asiatischen Wurzeln nahezubringen in der Hoffnung, dass wir es eines Tages bei unseren Kindern ebenso machen würden. Mindestens einmal im Jahr reisten sie mit uns in den Schulferien nach Hongkong, um unsere Verwandten zu besuchen und die chinesischen Städte in der Nähe zu sehen. An den meisten Wochentagen kochte meine Mutter chinesisches Essen und an den Wochenenden, nach dem Chinesischunterricht bzw. nach der Kirche, gingen meine Eltern mit uns nach Chinatown, um Dim Sum zu essen und in den asiatischen Geschäften Gewürze, Snacks und Zutaten für die Woche zu kaufen.

Schneeball-Blöcke gehören zu den bekanntesten Blöcken bei amischen Quilts und finden in vielen amischen Quiltdesigns Verwendung. Die achteckige Form im Schneeball-Block erzeugt aus der Entfernung eine optische Täuschung – sie wirkt rund wie ein Schneeball, daher auch der Name. Traditionell werden Schneeball-Blöcke gebildet, indem vier einzelne rechtwinklige Dreiecke zugeschnitten und an die Ecken eines größeren Achtecks genäht werden, um ein großes Quadrat zu erhalten. Über die Jahre haben Quilter*innen dieses Konstruktionsverfahren geändert und eine schnellere, genauere Methode übernommen: die Schnelle Ecke. Dabei werden kleine Quadrate, auf die eine diagonale Orientierungslinie aufgezeichnet ist, auf jede Ecke eines größeren Quadrats gelegt und aufgenäht, zugeschnitten und gebügelt, um ein Quadrat zu bilden (siehe beispielsweise den Rush-hour-Quilt auf Seite 104).

In der ganzen westlichen Welt, in Ländern wie den USA, Kanada, Australien, Spanien, Frankreich, Deutschland und vielen mehr, findet man chinesische Stadtteile: Chinatown. Was diese Stadtteile so einzigartig macht, sind in der Regel der große rote Torbogen und die Löwenstatuen, die die Besucher bei ihrer Ankunft begrüßen. Durchschreitet man das Tor, findet man vielfältige Geschäfte, Restaurants, Gemeindezentren und Gruppen, die Besuchern eine Verbindung mit der asiatischen Kultur ermöglichen. Man kann traditionelles authentisches Essen kosten, an gesellschaftlichen, kulturellen und religiösen Aktivitäten und Feierlichkeiten teilnehmen und ausländische Bücher und Filme genießen. Ladenzeilen sind rot eingefasst und mit Laternen und Wandbehängen geschmückt, die Symbole von Glück und Wohlstand sind. Für viele Migranten über die Jahrzehnte war Chinatown ein Ort, der sich wie ein Zuhause anfühlte.

Der Chinatown-Quilt ist von der Architektur und dem Dekor der Läden und Restaurants in Chinatown inspiriert. Sieht man sich das Design von Weitem als Ganzes an, so wirken die achteckigen Formen zusammen wie ein Raumteiler in einem Restaurant. Von Nahem ist jedes Achteck wie eine Laterne geformt. Diese Achtecke sind nicht ganz wie ein normaler Schneeball-Block konstruiert. Um die unregelmäßige Form zu erreichen, ist jedes Achteck in vier Blöcke geteilt. Jeder Block wird in der Streifentechnik gearbeitet und zwei oder drei der Ecken verwenden das Schnelle-Ecken-Verfahren.

FARBINSPIRATION

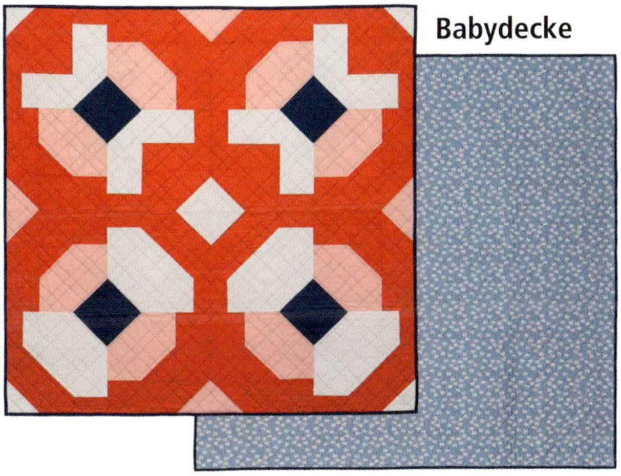

Babydecke

Stoff A	Robert Kaufman, Kona Cotton in Pimento
Stoff B	Robert Kaufman, Kona Cotton in Natural
Stoff C	Robert Kaufman, Kona Cotton in Primrose
Stoff D	Robert Kaufman, Kona Cotton in Celestial
Stoff für Rückseite	Hawthorne Supply Co, Mable Tan, Modern Farmhouse, Eggshells in Clear Blue Sky
Stoff für Binding	Robert Kaufman, Kona Cotton in Prussian

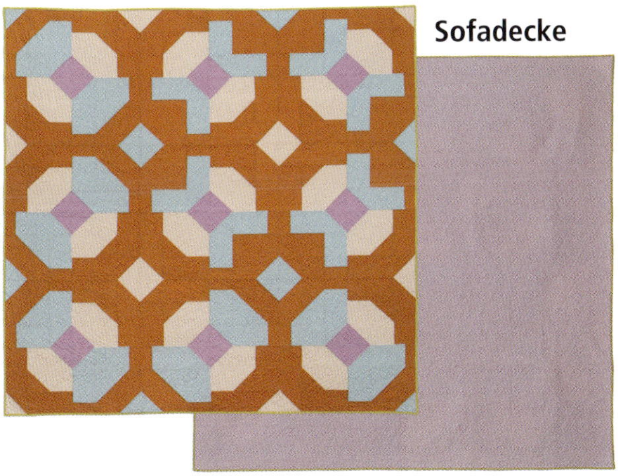

Sofadecke

Stoff A	Robert Kaufman, Kona Cotton in Cedar
Stoff B	Robert Kaufman, Kona Cotton in Dusty Blue
Stoff C	Robert Kaufman, Kona Cotton in Light Parfait
Stoff D	Robert Kaufman, Kona Cotton in Lupine
Stoff für Rückseite	Hawthorne Supply Co, Kasey Free, Desert Magic, Half Moon in Lavender
Stoff für Binding	Robert Kaufman, Kona Cotton in Wasabi

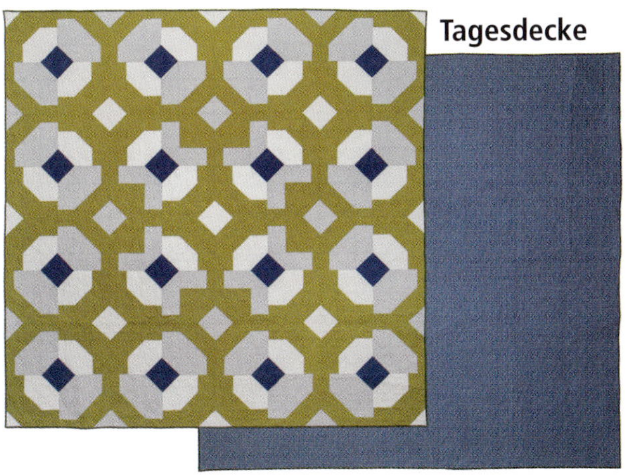

Tagesdecke

Stoff A	Robert Kaufman, Kona Cotton in Pickle
Stoff B	Robert Kaufman, Kona Cotton in Shadow
Stoff C	Robert Kaufman, Kona Cotton in Natural
Stoff D	Robert Kaufman, Kona Cotton in Royal
Stoff für Rückseite	Hawthorne Supply Co, Hawthorne Essentials, Stitched in Blue Jay
Stoff für Binding	Robert Kaufman, Kona Cotton in Avocado

Stoffbedarf

	Babydecke	Sofadecke	Tagesdecke
Stoff A	122 cm	240 cm	435 cm
Stoff B	80 cm	149 cm	298 cm
Stoff C	58 cm	138 cm	229 cm
Stoff D	35 cm	58 cm	103 cm
Stoff für Rückseite	286 cm	412 cm	801 cm
Stoff für Binding	35 cm	58 cm	69 cm

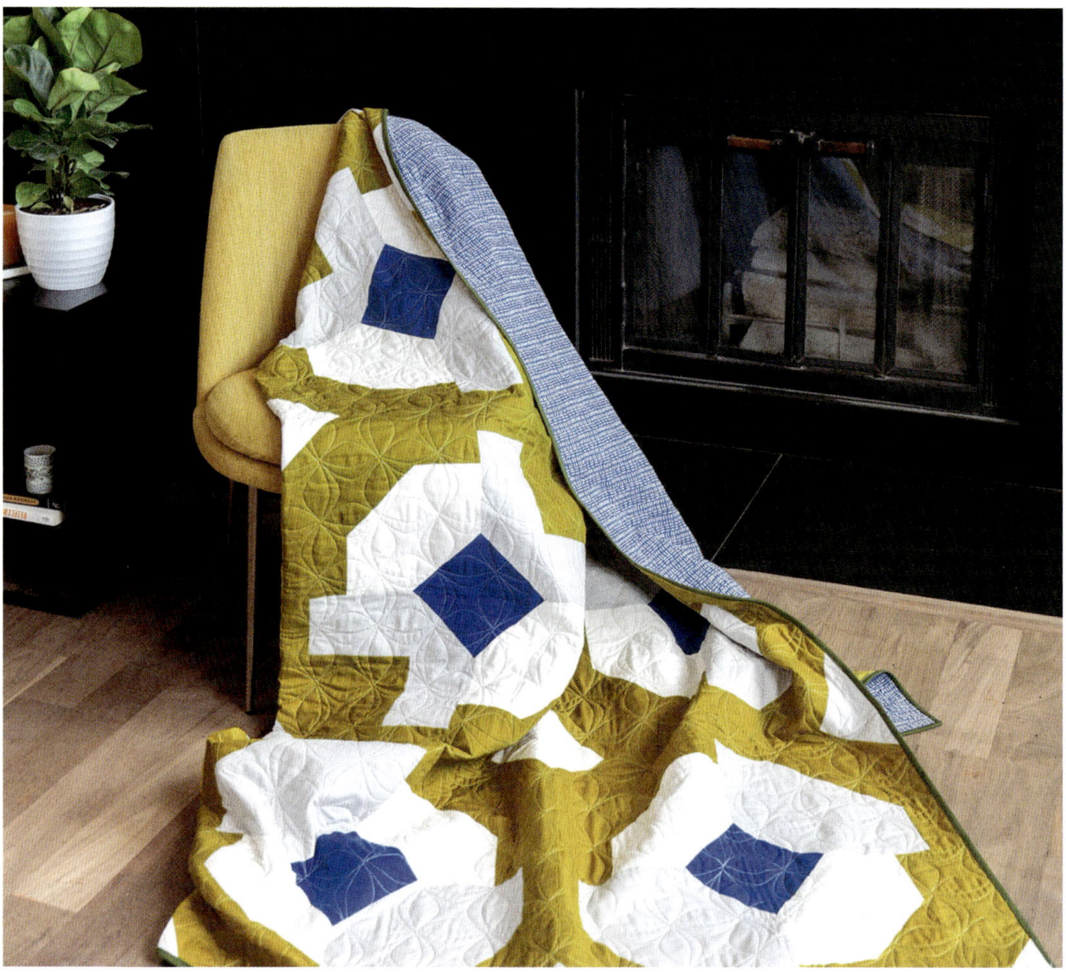

Zuschnitt

	Babydecke	Sofadecke	Tagesdecke
Stoff A	2 Streifen, 8½" x SB, zugeschnitten auf: • 8 Quadrate, 8½" x 8½" 5 Streifen, 4½" x SB, zugeschnitten auf: • 8 Rechtecke, 4½" x 12½" • 8 Rechtecke, 4½" x 8½" • 8 Quadrate, 4½" x 4½" 2 Streifen, 8½" x SB (für Streifentechnik)	4 Streifen, 8½" x SB, zugeschnitten auf: • 18 Quadrate, 8½" x 8½" 11 Streifen, 4½" x SB, zugeschnitten auf: • 18 Rechtecke, 4½" x 12½" • 18 Rechtecke, 4½" x 8½" • 18 Quadrate, 4½" x 4½" 4 Streifen, 2½" x SB (für Streifentechnik)	7 Streifen, 8½" x SB, zugeschnitten auf: • 32 Quadrate, 8½" x 8½" 20 Streifen, 4½" x SB, zugeschnitten auf: • 32 Rechtecke, 4½" x 12½" • 32 Rechtecke, 4½" x 8½" • 32 Quadrate, 4½" x 4½" 8 Streifen, 2½" x SB (für Streifentechnik)
Stoff B	1 Streifen, 10½" x SB (für Streifentechnik) 1 Streifen, 6½" x SB, zugeschnitten auf: • 4 Quadrate, 6½" x 6½" 1 Streifen, 6½" x SB (für Streifentechnik) 1 Streifen, 4½" x SB zugeschnitten auf: • 4 Quadrate, 4½" x 4½"	2 Streifen, 10½" x SB (für Streifentechnik) 2 Streifen, 6½" x SB, zugeschnitten auf: • 10 Quadrate, 6½" x 6½" 2 Streifen, 6½" x SB (für Streifentechnik) 2 Streifen, 4½" x SB, zugeschnitten auf: • 18 Quadrate, 4½" x 4½"	4 Streifen, 10½" x SB (für Streifentechnik) 4 Streifen, 6½" x SB, zugeschnitten auf: • 24 Quadrate, 6½" x 6½" 4 Streifen, 4½" x SB (für Streifentechnik) 4 Streifen, 4½" x SB, zugeschnitten auf: • 32 Quadrate, 4½" x 4½"
Stoff C	2 Streifen, 8½" x SB, zugeschnitten auf: • 8 Quadrate, 8½" x 8½" 1 Streifen, 4½" x SB, zugeschnitten auf: • 8 Quadrate, 4½" x 4½"	4 Streifen, 8½" x SB, zugeschnitten auf: • 18 Quadrate, 8½" x 8½" 2 Streifen, 4½" x SB, zugeschnitten auf: • 18 Quadrate, 4½" x 4½"	7 Streifen, 8½" x SB, zugeschnitten auf: • 32 Quadrate, 8½" x 8½" 4 Streifen, 4½" x SB, zugeschnitten auf: • 32 Quadrate, 4½" x 4½"
Stoff D	2 Streifen, 4½" x SB, zugeschnitten auf: • 16 Quadrate, 4½" x 4½"	4 Streifen, 4½" x SB, zugeschnitten auf: • 32 Quadrate, 4½" x 4½"	7 Streifen, 4½" x SB, zugeschnitten auf: • 64 Quadrate, 4½" x 4½"
Stoff für Binding	5 Streifen, 2½" x SB	8 Streifen, 2½" x SB	10 Streifen, 2½" x SB

Streifensätze

1. Schritt

Nähe einen 2½" x SB großen Streifen aus Stoff A längs rechts auf rechts an einen 6½" x SB großen Streifen aus Stoff B und bügele die Nahtzugaben auseinander. Dies ist ein **Streifensatz A/B(i)**. Nähe insgesamt:

Babydecke	**1 Streifensatz A/B(i)**
Sofadecke	**2 Streifensätze A/B(i)**
Tagesdecke	**4 Streifensätze A/B(i)**

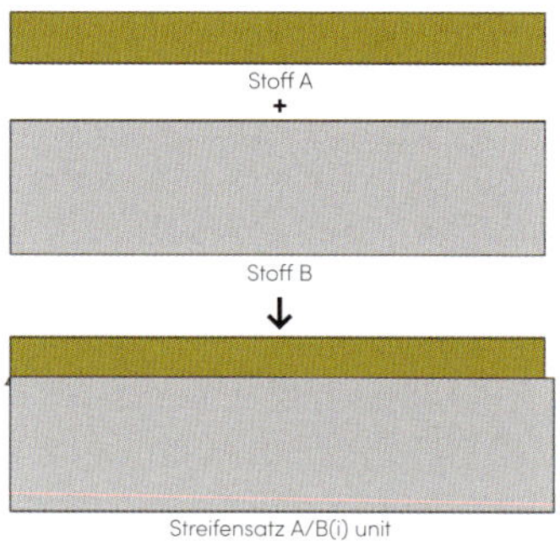

2. Schritt

Begradige den rechten Rand aller Streifensätze A/B(i), damit sie gerade und rechtwinklig zur Länge des Streifensatzes sind.

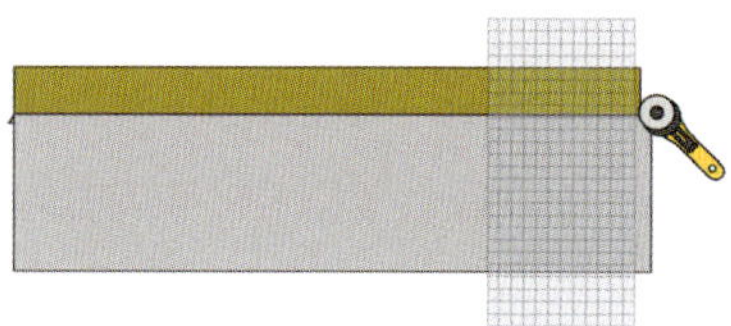

3. Schritt

Drehe die Streifensätze A/B(i) um 180 Grad. Schneide entlang einem Lineal auf der linken Seite insgesamt:

Babydecke	**8x 4½" Streifeneinheit A/B(i)**
Sofadecke	**18x 4½" Streifeneinheit A/B(i)**
Tagesdecke	**32x 4½" Streifeneinheit A/B(i)**

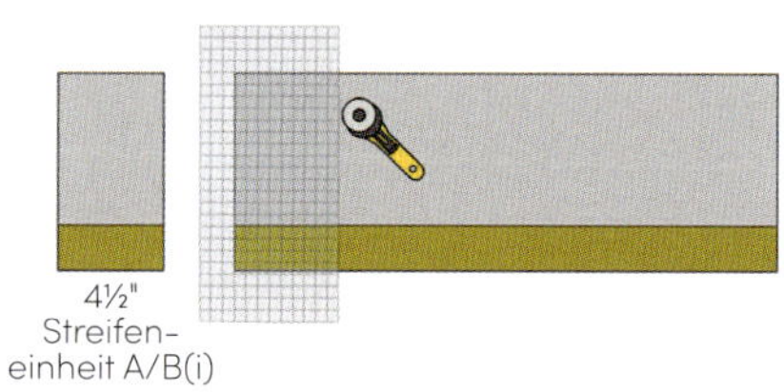

4. Schritt

Nähe Streifensätze A/B(ii), indem du den **1. bis 3. Schritt** wiederholst. Verwende dafür:

Babydecke	1 Streifen 2½" x SB, Stoff A und 1 Streifen 10½" x SB, Stoff B
Sofadecke	2 Streifen 2½" x SB, Stoff A und 2 Streifen 10½" x SB, Stoff B
Tagesdecke	4 Streifen 2½" x SB, Stoff A und 4 Streifen 10½" x SB, Stoff B

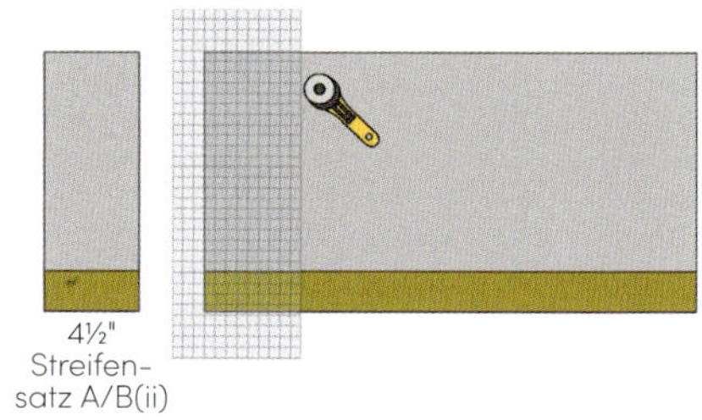

Du solltest die gleiche Anzahl von Streifeneinheiten A/B(i) und A/B(ii) haben.

Block A

1. Schritt

Zeichne eine diagonale Orientierungslinie auf die Rückseite von:

Babydecke	8 Quadraten 4½" x 4½", Stoff B; 4 Quadraten 6½" x 6½", Stoff B und 16 Quadraten 4½" x 4½", Stoff
Sofadecke	18 Quadraten 4½" x 4½", Stoff B; 10 Quadraten 6½ x 6½", Stoff B und 36 Quadraten 4½" x 4½", Stoff
Tagesdecke	32 Quadraten 4½" x 4½", Stoff B; 24 Quadraten 6½ x 6½", Stoff B und 64 Quadraten 4½" x 4½", Stoff

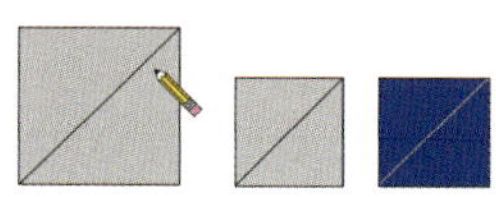

2. Schritt

Lege, wie im Diagramm gezeigt, ein 4½" x 4½" großes Quadrat aus Stoff D rechts auf rechts auf eine Streifeneinheit A/B(ii) und nähe auf der Orientierungslinie entlang.

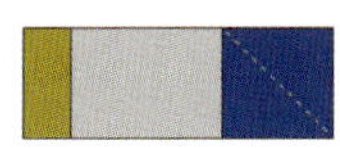

Tipp: Bevor du die Ecken abschneidest, nähe eine weitere diagonale Linie in ½" Abstand von der aufgezeichneten Orientierungslinie. Schneide zwischen den beiden Nähten, um HST für ein anderes Projekt statt lauter dreieckige Reste zu erhalten.

3. Schritt

Schneide mit ¼" Nahtzugabe außen entlang der Naht der Orientierungslinie. Bügele die Nahtzugaben auseinander, um eine **Schnelle-Ecken-Einheit A/B/D** zu bilden. Wiederhole den **2. und 3. Schritt** und nähe insgesamt:

Babydecke	**8 Schnelle-Ecken-Einheiten A/B/D**. Lege 4 Einheiten für *Block B, Schritt 4 (Seite 122)* beiseite.
Sofadecke	**18 Schnelle-Ecken-Einheiten A/B/D**. Lege 8 Einheiten für *Block B, Schritt 4 (Seite 122)* beiseite.
Tagesdecke	**32 Schnelle-Ecken-Einheiten A/B/D**. Lege 8 Einheiten für *Block B, Schritt 4 (Seite 122)* beiseite.

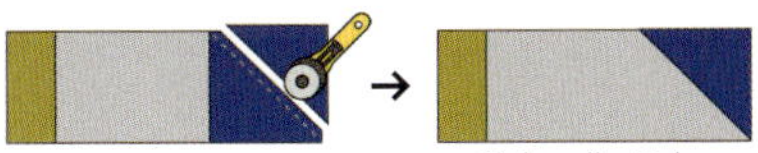

Schnelle Ecke
Stoff A/B/D

4. Schritt

Lege ein 4½" x 4½" großes Quadrat aus Stoff B rechts auf rechts auf die untere linke Ecke eines 8½" x 8½" großen Quadrats aus Stoff A und nähe auf der Orientierungslinie.

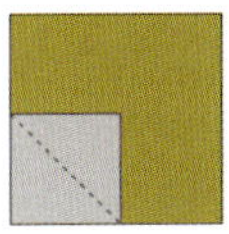

5. Schritt

Wiederhole den 4. Schritt mit einem 6½" x 6½" großen Quadrat aus Stoff B auf der gegenüberliegenden Ecke des gleichen 8½" x 8½" großen Quadrats aus Stoff A, wie im Diagramm gezeigt.

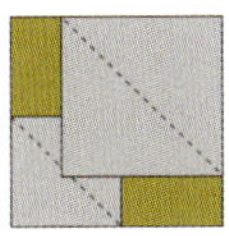

6. Schritt

Schneide mit ¼" Nahtzugabe außen entlang der Nähte. Bügele die Nahtzugaben auseinander, um einen **halben Schneeball A** zu bilden. Wiederhole den **4. bis 6. Schritt** und nähe insgesamt:

Babydecke	**4 halbe Schneebälle A**
Sofadecke	**10 halbe Schneebälle A**
Tagesdecke	**24 halbe Schneebälle A**

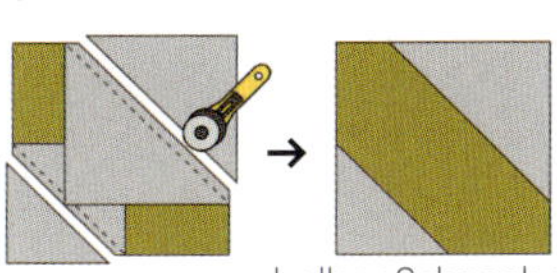

halber Schneeball A

7. Schritt

Nähe einen halben Schneeball A links an einen Satz A/B(i), um einen **Satz A** zu bilden. Nähe insgesamt:

Babydecke	**4 Sätze A**
Sofadecke	**10 Sätze A**
Tagesdecke	**24 Sätze A**

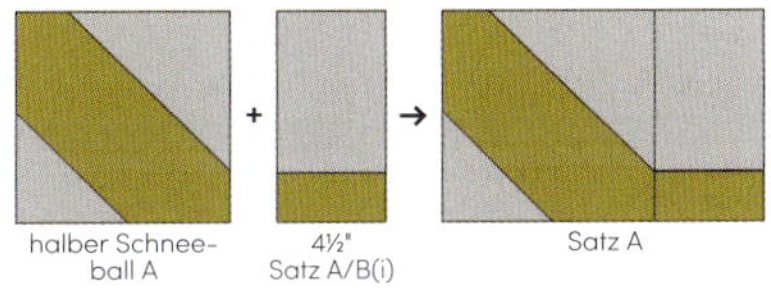

Bügele die Nahtzugaben auseinander.

Hinweis: Mache dir keine Sorgen, wenn deine Nähte beim Aufeinanderlegen vom halben Schneeball A und vom Satz A/B(i) nicht aufeinander ausgerichtet sind. Das geschieht, aufgrund der Nahtzugaben, automatisch, wenn du die beiden Teile zusammengenäht hast.

8. Schritt

Nähe entsprechend dem Diagramm eine Schnelle-Ecken-Einheit aus Stoff A/B/D und einen Satz A zusammen, um einen **Block A** zu bilden. Nähe insgesamt:

Babydecke	**4 Blöcke A**
Sofadecke	**10 Blöcke A**
Tagesdecke	**24 Blöcke A**

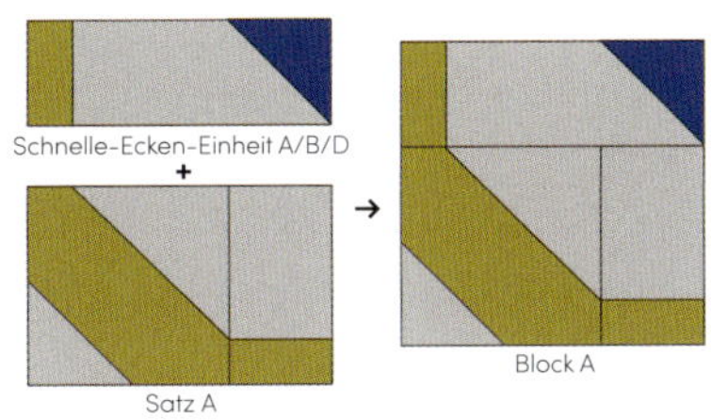

Bügele die Nahtzugaben auseinander.

Hinweis: Mache dir keine Sorgen, wenn deine Nähte beim Aufeinanderlegen vom Satz A und von der Schnellen-Ecken-Einheit aus Stoff A/B/D nicht aufeinander ausgerichtet sind. Das geschieht, aufgrund der Nahtzugaben, automatisch, wenn du die beiden Teile zusammengenäht hast.

Block B

1. Schritt

Lege ein 4½" x 4½" großes Quadrat aus Stoff B rechts auf rechts auf eine Ecke eines 8½" x 8½" großen Quadrats aus Stoff A. Nähe auf der Orientierungslinie.

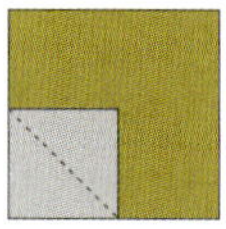

2. Schritt

Schneide mit ¼" Nahtzugabe außen entlang der Naht. Bügele die Nahtzugaben auseinander, um einen **halben Schneeball B** zu bilden. Wiederhole den **1. und 2. Schritt** und nähe insgesamt:

Babydecke	**4 halbe Schneebälle B**
Sofadecke	**8 halbe Schneebälle B**
Tagesdecke	**8 halbe Schneebälle B**

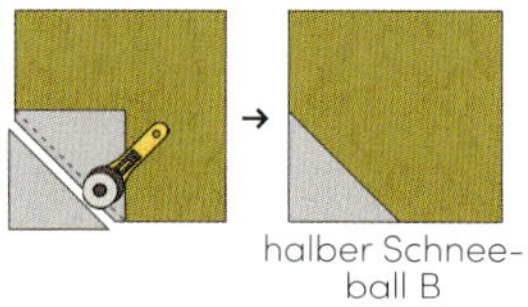

3. Schritt

Nähe einen halben Schneeball B links an einen Streifensatz A/B(i), um einen **Satz B** zu bilden. Nähe insgesamt:

Babydecke	**4 Sätze B**
Sofadecke	**8 Sätze B**
Tagesdecke	**8 Sätze B**

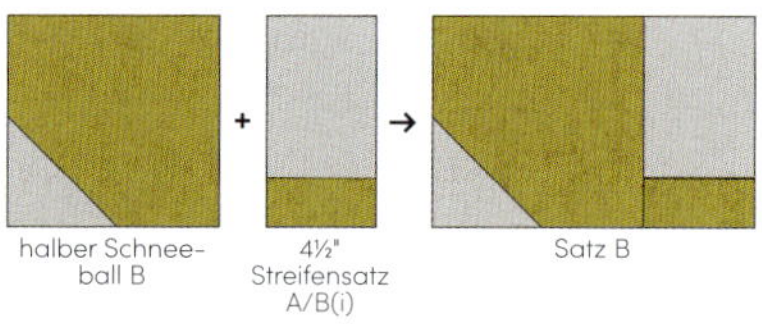

Bügele die Nahtzugaben auseinander.

4. Schritt

Um einen Block B fertigzustellen, nähe eine Schnelle-Ecken-Einheit aus Stoff A/B/D und einen Satz B zusammen, wie im Diagramm gezeigt. Nähe insgesamt:

Babydecke	**4 Blöcke B**
Sofadecke	**8 Blöcke B**
Tagesdecke	**8 Blöcke B**

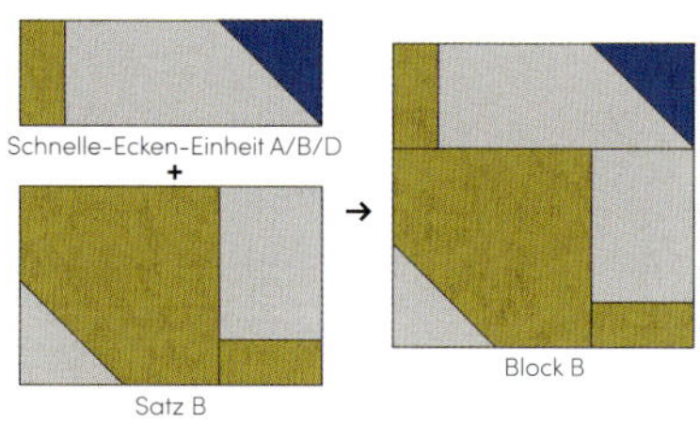

Bügele die Nahtzugaben auseinander.

Block C

1. Schritt

Zeichne eine diagonale Orientierungslinie auf die Rückseite von:

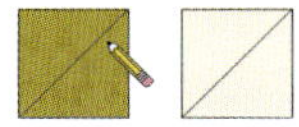

Babydecke	8 Quadraten 4½" x 4½", Stoff A und 8 Quadraten 4½" x 4½", Stoff C
Sofadecke	18 Quadraten 4½" x 4½", Stoff A und 18 Quadraten 4½" x 4½", Stoff C
Tagesdecke	32 Quadraten 4½" x 4½", Stoff A und 32 Quadraten 4½" x 4½", Stoff C

2. Schritt

Lege, wie im Diagramm gezeigt, ein 4½" x 4½" großes Quadrat aus Stoff C auf ein 4½" x 12½" großes Rechteck aus Stoff A und nähe auf der Orientierungslinie entlang.

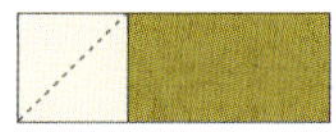

3. Schritt

Schneide mit ¼" Nahtzugabe außen entlang der Naht. Bügele die Nahtzugaben auseinander, um eine **Schnelle-Ecken-Einheit A/C** zu bilden. Wiederhole den **2. und 3. Schritt** und nähe insgesamt:

Babydecke	**8 Schnelle-Ecken-Einheiten A/C**
Sofadecke	**18 Schnelle-Ecken-Einheiten A/C**
Tagesdecke	**32 Schnelle-Ecken-Einheiten A/C**

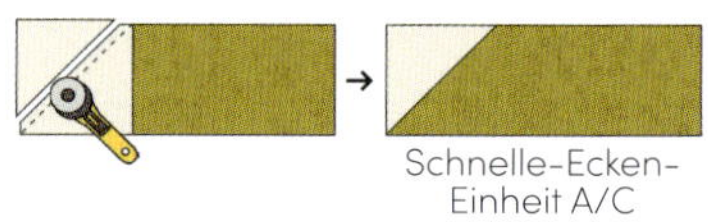

4. Schritt

Lege, wie im Diagramm gezeigt, ein 4½" x 4½" großes Quadrat aus Stoff A und ein 4½" x 4½" großes Quadrat aus Stoff D (von *Blöcke A, 1. Schritt, Seite 120*) rechts auf rechts auf sich gegenüberliegende Ecken eines 8½" x 8½" großen Quadrats aus Stoff C. Nähe auf den Orientierungslinien.

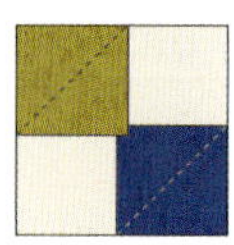

5. Schritt

Schneide mit ¼" Nahtzugabe außen entlang der Nähte. Bügele die Nahtzugaben auseinander, um einen **halben Schneeball C** zu bilden. Wiederhole den **4. und 5. Schritt** und nähe insgesamt:

Babydecke	8 halbe Schneebälle C
Sofadecke	18 halbe Schneebälle C
Tagesdecke	32 halbe Schneebälle C

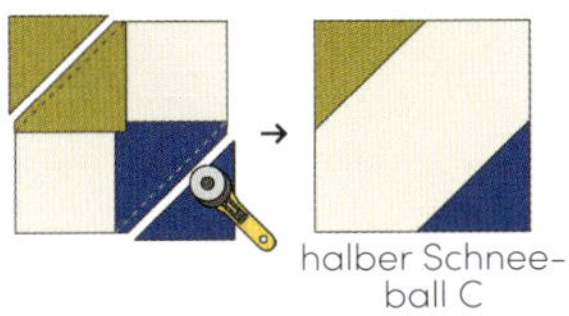

6. Schritt

Nähe ein 4½" x 8½" großes Rechteck aus Stoff C links an einen halben Schneeball C, um einen **Satz C** zu bilden. Nähe insgesamt:

Babydecke	8 Sätze C
Sofadecke	18 Sätze C
Tagesdecke	32 Sätze C

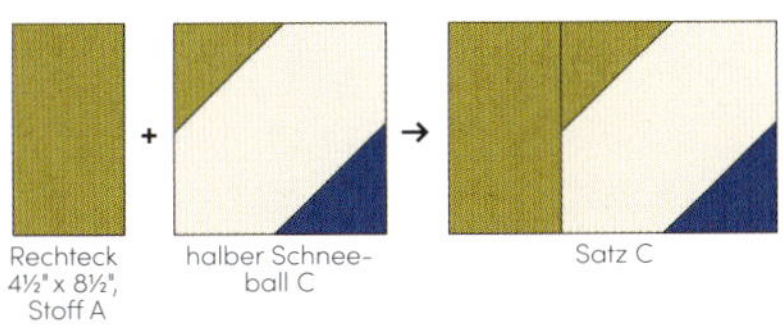

Bügele die Nahtzugaben auseinander.

7. Schritt

Nähe eine Schnelle-Ecken-Einheit aus Stoff A/C an einen Satz A, um einen **Block C** zu bilden. Nähe insgesamt:

Babydecke	8 Blöcke C
Sofadecke	18 Blöcke C
Tagesdecke	32 Blöcke C

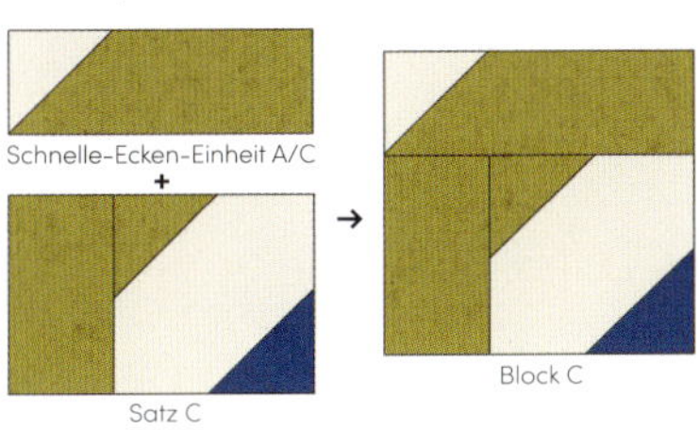

Bügele die Nahtzugaben auseinander.

Block D

1. Schritt

Nähe, wie im Diagramm gezeigt, einen Block C links an einen Block A und bügele die Nahtzugaben auseinander. Du erhältst einen **Satz D**. Nähe insgesamt:

Babydecke	4 Sätze D
Sofadecke	10 Sätze D
Tagesdecke	24 Sätze D

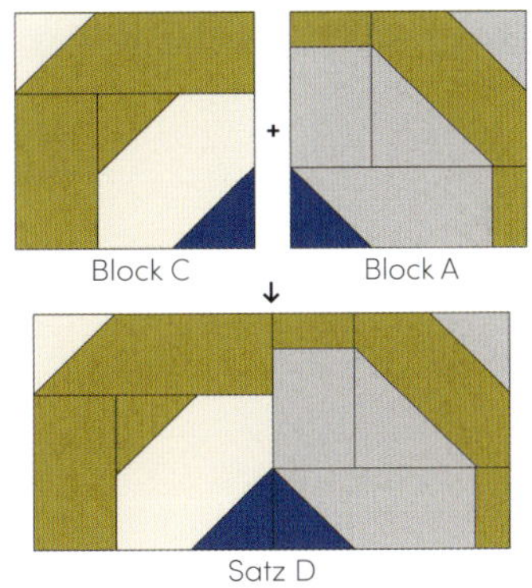

2. Schritt

Kombiniere zwei Sätze D, wie im Diagramm gezeigt, und richte die Nähte aufeinander aus. Du erhältst einen **Block D**. Nähe insgesamt:

Babydecke	2 Blöcke D
Sofadecke	5 Blöcke D
Tagesdecke	12 Blöcke D

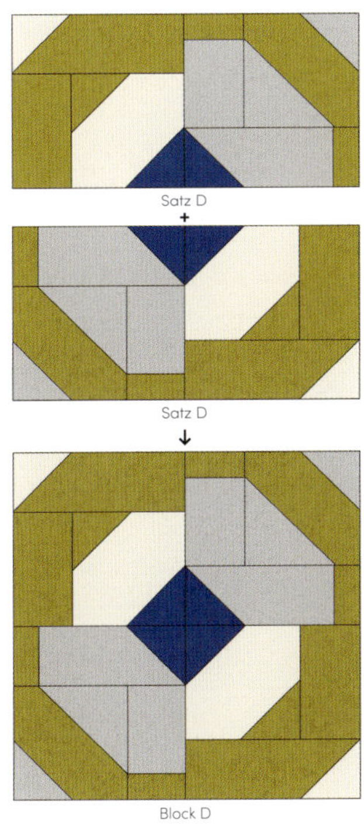

Block E

1. Schritt

Nähe entsprechend dem Diagramm einen Block C links an einen Block B, um einen **Satz E** zu bilden. Nähe insgesamt:

Babydecke	**4 Sätze E**
Sofadecke	**8 Sätze E**
Tagesdecke	**8 Sätze E**

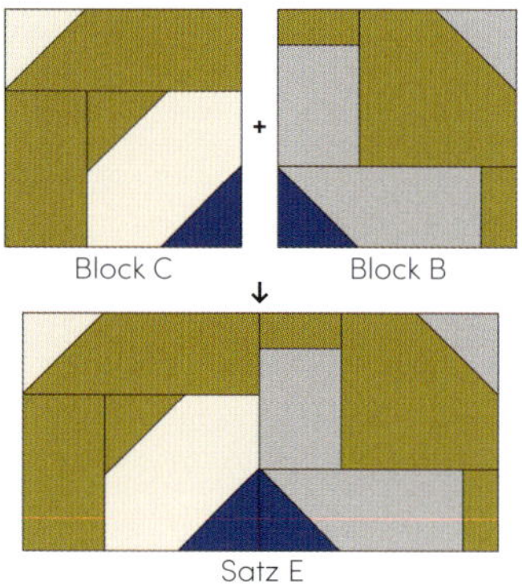

Bügele die Nahtzugaben auseinander.

2. Schritt

Nähe zwei Sätze E, wie im Diagramm gezeigt, um einen **Block E** zu bilden. Nähe insgesamt:

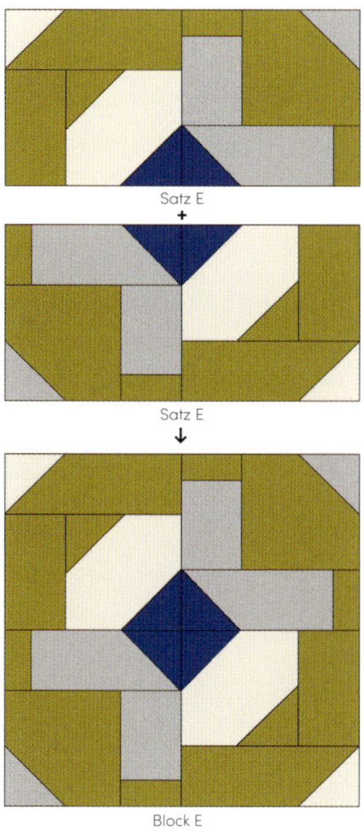

Babydecke	**2 Blöcke E**
Sofadecke	**4 Blöcke E**
Tagesdecke	**4 Blöcke E**

Bügele die Nahtzugaben auseinander.

Den Quilt zusammennähen

1. Schritt

Das **Quiltoberteil für die Babydecke** besteht aus zwei Reihen. Nähe zwei Blöcke E in der ersten Reihe und zwei Blöcke D in der zweiten Reihe zusammen, wie im Diagramm gezeigt. Richte die Nähte aufeinander aus und nähe die beiden Reihen zusammen, um das Quiltoberteil für die Babydecke fertigzustellen. Bügele die Nahtzugaben auseinander.

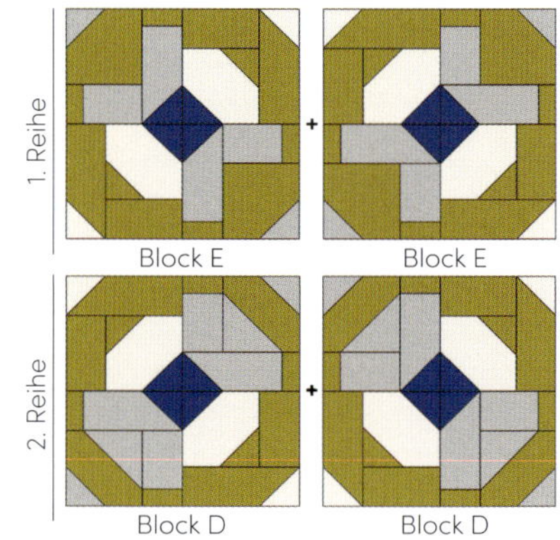

Das **Quiltoberteil für die Sofadecke** besteht aus drei Reihen. Nähe für die erste und zweite Reihe einen Block D und zwei Blöcke E zusammen. Für die dritte Reihe nähst du drei Blöcke D zusammen. Richte die Nähte aufeinander aus und nähe die drei Reihen zusammen, um das Quiltoberteil für die Sofadecke fertigzustellen, wie im Diagramm gezeigt. Bügele die Nahtzugaben auseinander.

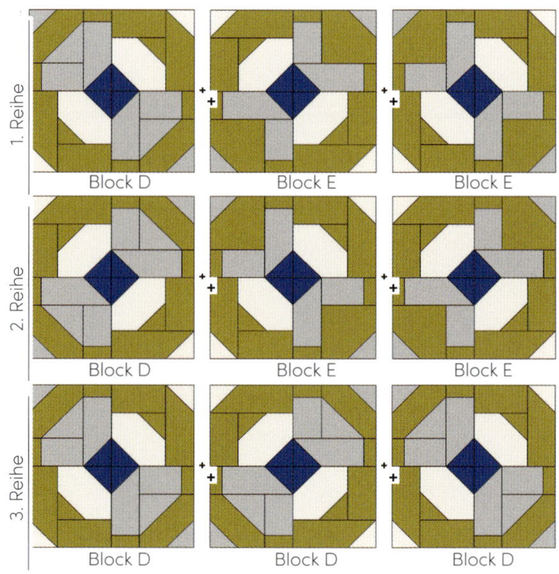

Das **Quiltoberteil für die Tagesdecke** besteht aus vier Reihen. Nähe vier Blöcke D zusammen, um die erste und vierte Reihe zu bilden. Nähe zwei Blöcke D und zwei Blöcke E zusammen, um die zweite und dritte Reihe zu erhalten. Richte die Nähte aufeinander aus und nähe die vier Reihen zusammen, um das Quiltoberteil für die Tagesdecke fertigzustellen, wie im Diagramm gezeigt. Bügele die Nahtzugaben auseinander.

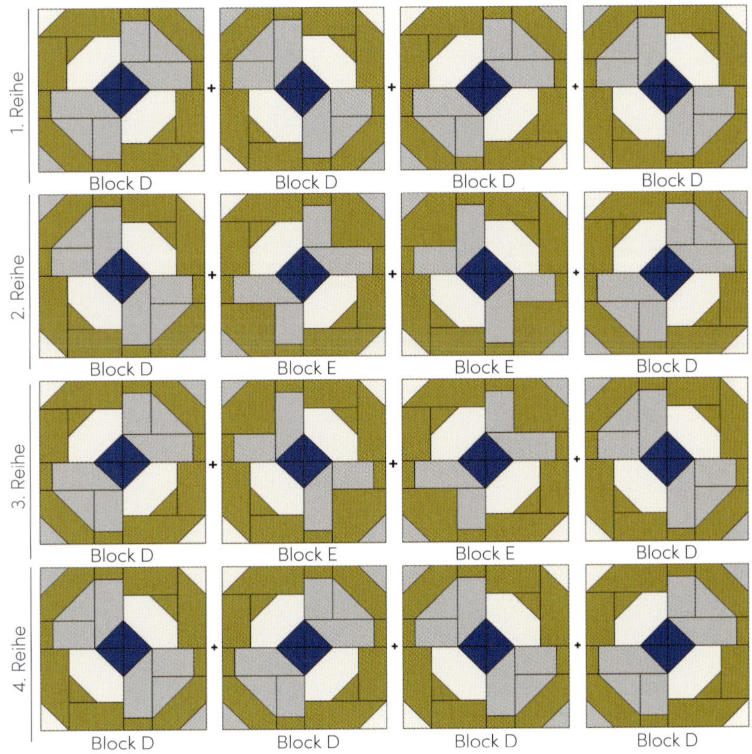

2. Schritt

Bügele das Quiltoberteil und den Stoff für die Rückseite. Lege die Rückseite, das Vlies und das Quiltoberteil aufeinander. Hefte die Lagen aneinander, quilte sie und fasse den Quilt ein.

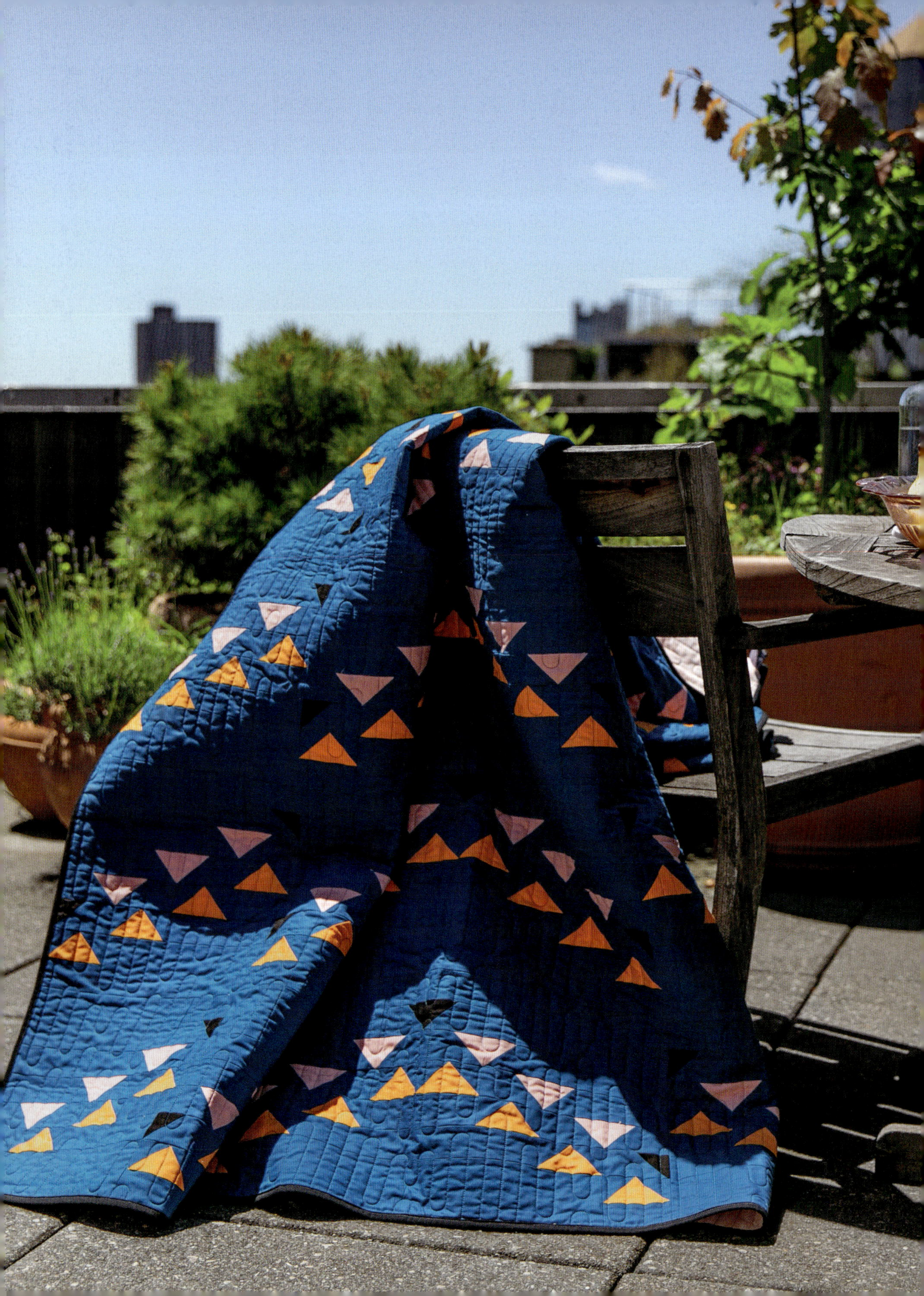

NEW YORK

(Fortgeschrittene Anfänger)

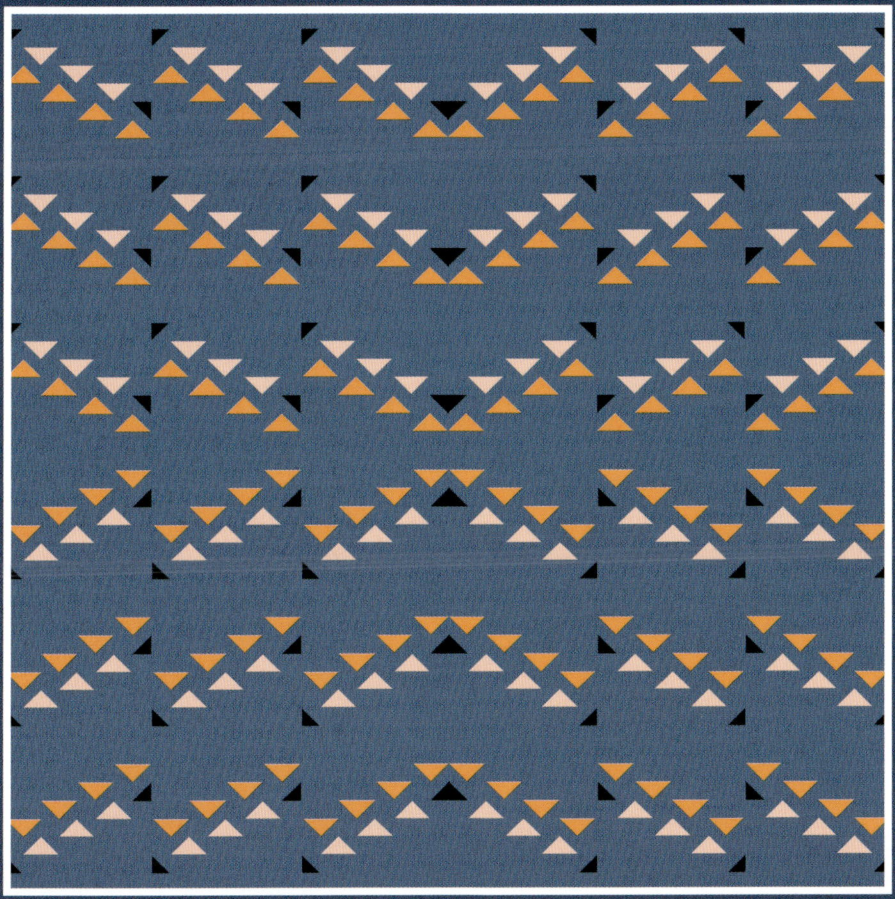

Babydecke: 122 cm x 122 cm

Sofadecke: 183 cm x 183 cm

Tagesdecke: 244 cm x 244 cm

Konstruktionsmethoden und -techniken

Flying Geese ohne Reste/Schnelle Ecken

Die Leute in New York sind immer unterwegs – von Uptown nach Downtown, von der East Side zur West Side. Die Flying Geese im New-York-Quilt stehen dafür, wie die Menschen in der Stadt sich in allen Richtungen hin- und herbewegen. Dieser Trubel macht irgendwie süchtig: Man geht schnell und passt sich dem Rhythmus der Stadt an. An manchen Tagen werden einem die ganzen hohen Gebäude, der Verkehr, die Lichter und die Menschenmengen zu viel und sie wirken klaustrophobisch. Dann muss man raus, um ein entspannteres Tempo und ein bisschen Natur zu genießen. Aber wenn man eine Weile weg ist, zieht einen der Trubel wieder an. Für mich hat dieses Gefühl bestätigt, dass New York jetzt mein Zuhause ist.

Flying Geese bestehen aus drei rechtwinkligen Dreiecken: einem größeren Dreieck (die Gänse und ihre Flugrichtung), umgeben von zwei kleineren Dreiecken (der Himmel). Dieses klassische, vielseitige Design gibt es schon seit Hunderten von Jahren und es wird auch heute noch in vielen modernen Quiltdesigns verwendet.

Es gibt zwei verschiedene Konstruktionsmethoden für Flying Geese. Bei der traditionellen Methode erhält man jeweils eine Flying-Geese-Einheit und man näht dafür jeweils ein Quadrat an die Enden eines Rechtecks. Da es mindestens 64 Flying Geese im New-York-Quilt gibt (je nach der gewählten Quiltgröße), verwendet die Anleitung die zweite Konstruktionsmethode. Mit dieser Technik ohne Reste wächst dein Vogelschwarm am schnellsten: Fünf Quadrate und sechs Nähte ergeben vier Flying Geese. Für die gleiche Anzahl bräuchtest du mit der traditionellen Methode acht Quadrate, vier Rechtecke und acht Nähte – als Wochenendquilter*in hat man dafür keine Zeit! Der New-York-Quilt verwendet auch Schnelle Ecken, die ähnlich wie die traditionellen Flying Geese sind, allerdings mit nur einem Himmelteil statt zwei.

In den späten 1700ern bis Mitte der 1800er (etwa 1780–1862) wurde ein geheimes Netz sicherer Häuser und Stationen von mitfühlenden Weißen in den Vereinigten Staaten gebildet, um Sklaven in den Südstaaten zu helfen, ihren Eigentümern zu entkommen. Diese geheime Route nannte man die »Underground Railroad«, die Eisenbahn des Untergrunds. Sklavenhalter hatten ihre Sklaven fest unter Kontrolle. Sie durften nicht lesen und schreiben lernen und es war ihnen verboten, ohne Überwachung durch Weiße miteinander zu kommunizieren. Fluchtversuche oder die Unterstützung von Sklaven auf ihrem Weg in die Freiheit wurde als ein derart schweres Verbrechen angesehen, dass dies mit der Todesstrafe geahndet wurde. Dies hielt Menschen jedoch nicht davon ab, zu helfen oder zu fliehen.
Es heißt, dass Formen und Symbole in Quilts eine wichtige Rolle dabei spielten, Sklaven auf der Flucht in die Freiheit in den Nordstaaten und Kanada die Orientierung zu ermöglichen. Sichere Häuser und Stationen hängten diese Quilts über Fensterbänke und an Wäscheleinen. Dies zeigte an, wann und in welche Richtung man reisen sollte, was an dem Halt für Flüchtlinge verfügbar war und welche eventuellen Gefahren lauerten. Flying Geese gehörten zu diesen Symbolen. Sie sollten Menschen auf der Flucht mitteilen, dass sie in den Frühlings- und Sommermonaten den Gänsen auf ihrer Wanderung nach Norden folgen sollten.

FARBINSPIRATION

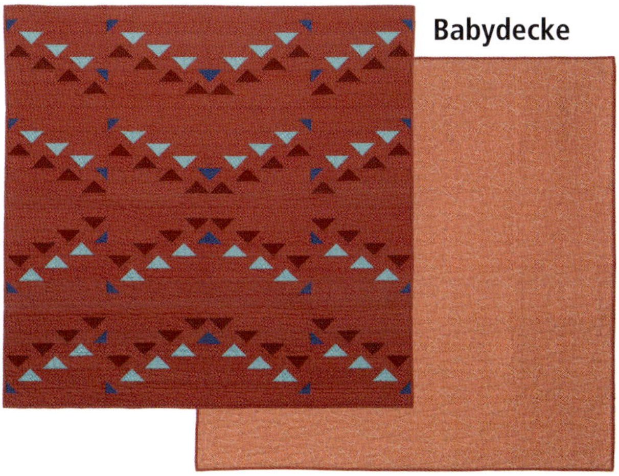

Babydecke

Stoff A	Robert Kaufman, Kona Cotton in Deep Rose
Stoff B	Robert Kaufman, Kona Cotton in Brick
Stoff C	Robert Kaufman, Kona Cotton in Waterfall
Stoff D	Robert Kaufman, Kona Cotton in Blueprint
Stoff für Rückseite	Hawthorne Supply Co, Hawthorne Essentials, Star Charts in Berry
Stoff für Binding	Robert Kaufman, Kona Cotton in Deep Rose

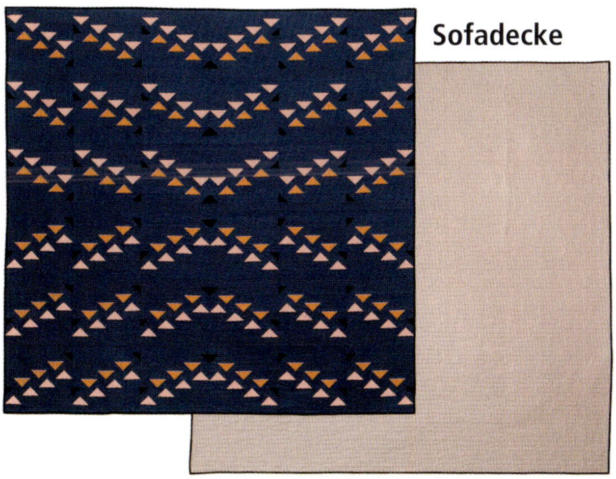

Sofadecke

Stoff A	Robert Kaufman, Kona Cotton in Celestial
Stoff B	Robert Kaufman, Kona Cotton in School Bus
Stoff C	Robert Kaufman, Kona Cotton in Primrose
Stoff D	Robert Kaufman, Kona Cotton in Black
Stoff für Rückseite	Hawthorne Supply Co, Indy Bloom, Smitten, Small Wrapped in Sugar Pink
Stoff für Binding	Robert Kaufman, Kona Cotton in Black

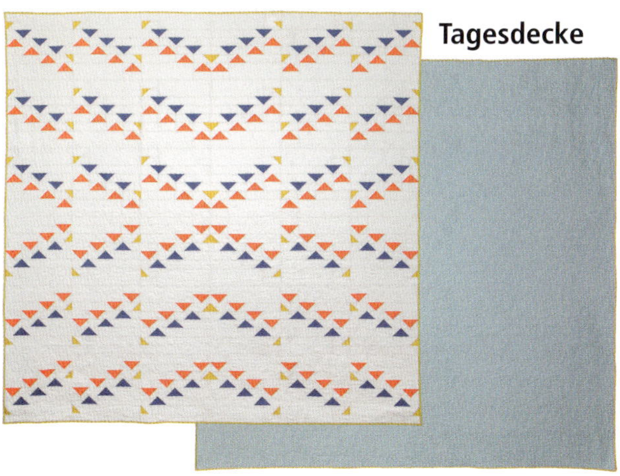

Tagesdecke

Stoff A	Robert Kaufman, Kona Cotton in Bone
Stoff B	Hawthorne Supply Co, Mable Tan, Modern Farmhouse, Hash in Coral
Stoff C	Robert Kaufman, Kona Cotton in Hyacinth
Stoff D	Hawthorne Supply Co, Mable Tan, Modern Farmhouse, Hash in Golden Honey
Stoff für Rückseite	Hawthorne Supply Co, Hawthorne Essentials, Astral Nights in Powder Blue
Stoff für Binding	Robert Kaufman, Kona Cotton in Banana Pepper

Stoffbedarf

	Babydecke	Sofadecke	Tagesdecke
Stoff A ●	218 cm	469 cm	762 cm
Stoff B ●	23 cm	58 cm	80 cm
Stoff C ●	31 cm	58 cm	92 cm
Stoff D ●	23 cm	23 cm	35 cm
Stoff für Binding	286 cm	412 cm	793 cm
Stoff für Rückseite	35 cm	58 cm	69 cm

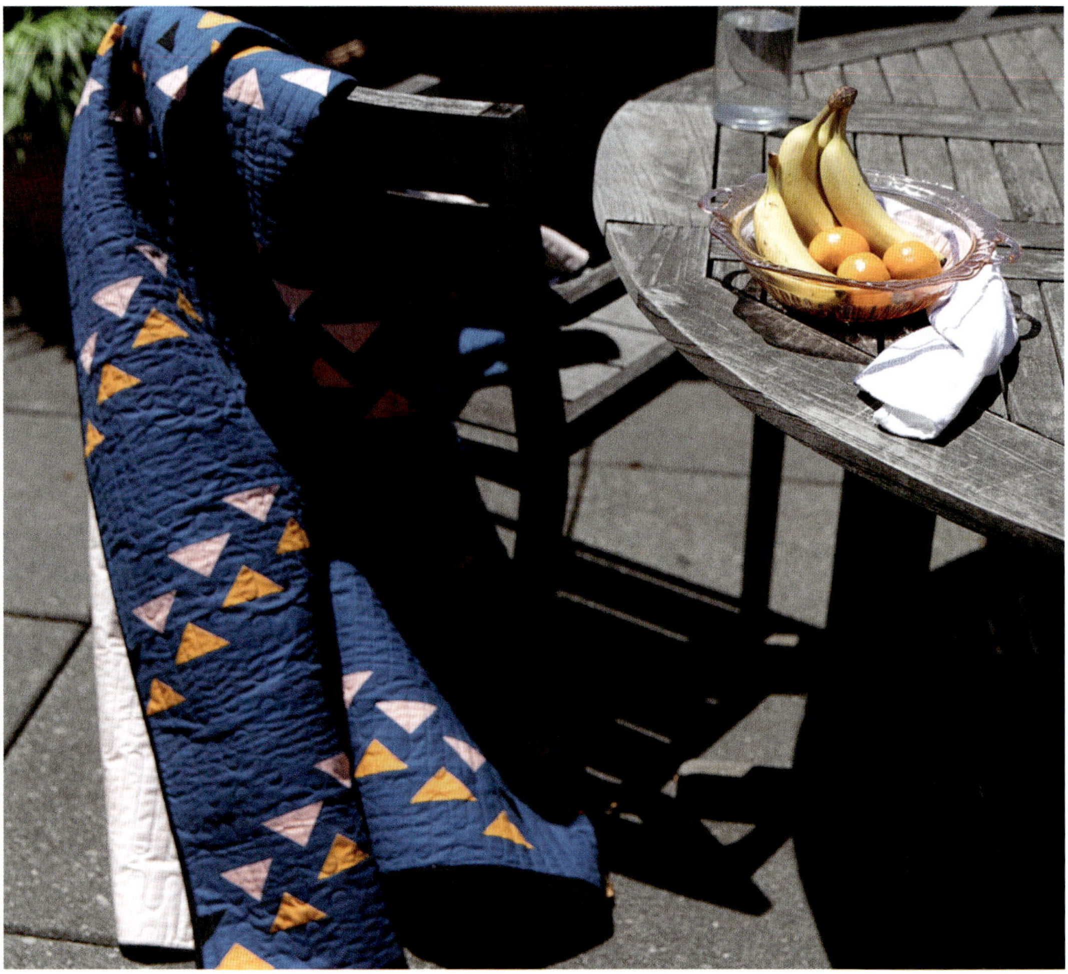

Zuschnitt

	Babydecke	Sofadecke	Tagesdecke
Stoff A ●	8 Streifen, 3½" x SB zugeschnitten auf: • 32 Rechtecke, 3½" x 9½" 4 Streifen, 2⅜" x SB zugeschnitten auf: • 64 Quadrate, 2⅜" x 2⅜" 22 Streifen, 2" x SB zugeschnitten auf: • 16 Rechtecke, 2" x 9½" • 32 Rechtecke, 2" x 6½" • 144 Rechtecke, 2" x 3½"	18 Streifen, 3½" x SB zugeschnitten auf: • 72 Rechtecke, 3½" x 9½" 9 Streifen, 2⅜" x SB zugeschnitten auf: • 144 Quadrate, 2⅜" x 2⅜" 48 Streifen, 2" x SB zugeschnitten auf: • 36 Rechtecke, 2" x 9½" • 72 Rechtecke, 2" x 6½" • 324 Rechtecke, 2" x 3½"	24 Streifen, 4½" x SB zugeschnitten auf: • 72 Rechtecke, 4½" x 12½" 11 Streifen, 2⅞" x SB zugeschnitten auf: • 144 Rechtecke, 2⅞" x 2⅞" 63 Streifen, 2½" x SB zugeschnitten auf: • 36 Rechtecke, 2½" x 12½" • 72 Rechtecke, 2½" x 8½" • 324 Rechtecke, 2½" x 4½"
Stoff B ●	2 Streifen, 4¼" x SB zugeschnitten auf: • 16 Quadrate, 4¼" x 4¼"	4 Streifen, 4¼" x SB zugeschnitten auf: • 36 Quadrate, 4¼" x 4¼"	5 Streifen, 5¼" x SB zugeschnitten auf: • 36 Quadrate, 5¼" x 5¼"
Stoff C ●	5 Streifen, 2" x SB zugeschnitten auf: • 96 Quadrate, 2" x 2"	11 Streifen, 2" x SB zugeschnitten auf: • 216 Quadrate, 2" x 2"	14 Streifen, 2½" x SB zugeschnitten auf: • 216 Quadrate, 2½" x 2½"
Stoff D ●	2 Streifen, 2" x SB zugeschnitten auf: • 32 Quadrate, 2" x 2"	4 Streifen, 2" x SB zugeschnitten auf: • 72 Quadrate, 2" x 2"	5 Streifen, 2½" x SB zugeschnitten auf: • 72 Quadrate, 2½" x 2½"
Stoff für Binding	5 Streifen, 2½" x SB	8 Streifen, 2½" x SB	10 Streifen, 2½" x SB

Flying Geese

1. Schritt

Zeichne eine Orientierungslinie von einer Ecke zur gegenüberliegenden Ecke auf:

Babydecke	64 Quadrate 2⅜" x 2⅜" aus Stoff A
Sofadecke	144 Quadrate 2⅜" x 2⅜" aus Stoff A
Tagesdecke	144 Quadrate 2⅞" x 2⅞" aus Stoff A

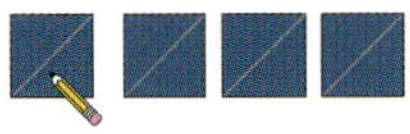

Tipp: Bei helleren (z. B. weißen) oder dunkleren (z. B. schwarzen) Stoffen kannst du die Orientierungslinie auch bügeln.

2. Schritt

Lege zwei markierte Quadrate aus Stoff vom 1. Schritt wie im Diagramm rechts auf rechts und mit aufeinander ausgerichteten diagonalen Linien auf:

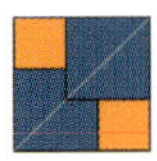

Babydecke	1 Quadrat 4¼" x 4¼" aus Stoff B
Sofadecke	1 Quadrat 4¼" x 4¼" aus Stoff B
Tagesdecke	1 Quadrat 5¼" x 5¼" aus Stoff B

Tipp: Verwende Malerkrepp statt Stecknadeln, um die Quadrate aus Stoff A und Stoff B aneinander zu befestigen. Dadurch ist eine glatte, flache Oberfläche gewährleistet, wenn du die Teile durch die Nähmaschine führst. Du kannst außerdem über das Klebeband nähen, ohne Sorge zu haben, dass die Nähnadel bricht.

Wenn dein Klebebandstück nach dem Abziehen immer noch klebt, hebe es auf, um Elemente für andere Flying Geese oder Schnelle Ecken im nächsten Abschnitt (Seite 133) zu fixieren.

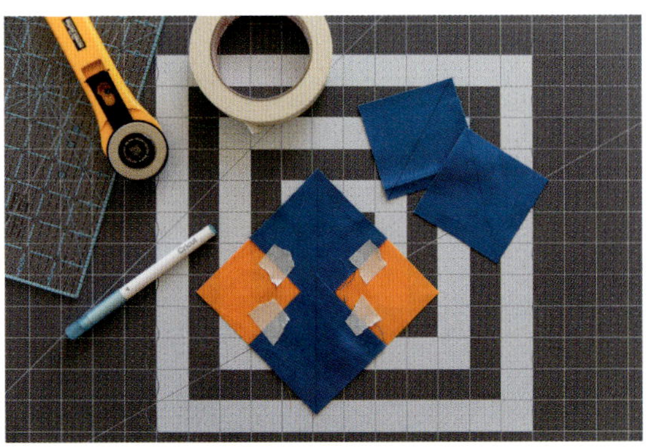

3. Schritt

Nähe mit ¼" Abstand durchgehend auf beiden Seiten der markierten Linien und schneide auf den markierten Linien, um zwei Einheiten zu erhalten.

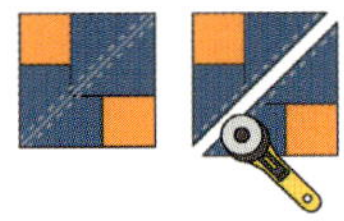

4. Schritt

Bügele die Nahtzugaben zu einer Seite, wie im Diagramm gezeigt.

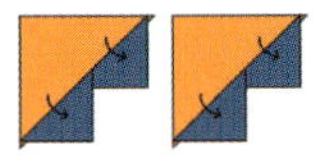

5. Schritt

Lege ein markiertes Quadrat aus Stoff A vom 1. Schritt rechts auf rechts auf die freie Ecke, sodass die diagonale Linie rechtwinklig zur Naht liegt. Nähe bei beiden Einheiten mit ¼" Abstand auf beiden Seiten der markierten Linie.

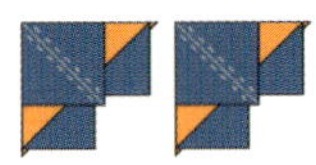

6. Schritt

Schneide auf der markierten Linie und bügele die Nahtzugaben auseinander, um vier Flying Geese zu erhalten.

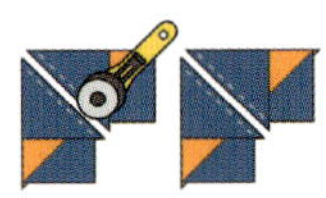

Babydecke	2" x 3½" Flying Geese A/B
Sofadecke	2" x 3½" Flying Geese A/B
Tagesdecke	2½" x 4½" Flying Geese A/B

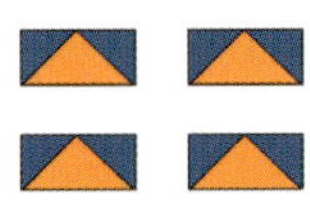

7. Schritt

Wiederhole den **2. bis 6. Schritt** und nähe insgesamt:

Babydecke	**64 Flying Geese, 2" x 3½" A/B** (also 15x wiederholen)
Sofadecke	**144 Flying Geese, 2" x 3½" A/B** (also 35x wiederholen)
Tagesdecke	**144 Flying Geese, 2½" x 4½" A/B** (also 35x wiederholen)

Schnelle Ecken

1. Schritt

Markiere auf der Stoffrückseite eine Orientierungslinie von einer Ecke zur gegenüberliegenden Ecke auf:

Babydecke	32 Quadraten 2" x 2" aus Stoff D
Sofadecke	72 Quadraten 2" x 2" aus Stoff D
Tagesdecke	72 Quadraten 2½" x 2½" aus Stoff D

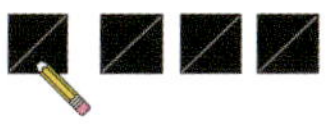

2. Schritt

Unter Beachtung der Richtung der Orientierungslinie nähe eine Schnelle-Ecken-Einheit aus Stoff A/D, indem du ein markiertes Quadrat aus Stoff D vom 1. Schritt rechts auf rechts auf die linke Seite der folgenden Rechtecke legst:

Babydecke	1 Rechteck, 2" x 3½" aus Stoff A
Sofadecke	1 Rechteck, 2" x 3½" aus Stoff A
Tagesdecke	1 Rechteck, 2½" x 4½" aus Stoff A

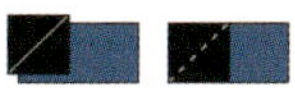

Tipp: Fixiere die Quadrate aus Stoff D und die Rechtecke aus Stoff A mit Malerkrepp, indem du ein Stück Klebeband in der Mitte des Rechtecks aus Stoff A anbringst, um das Quadrat aus Stoff D zu befestigen. Dann verbinde zwei Klebebandenden, sodass die nicht klebende Seite im Ring innen liegt, um ein doppelseitiges Klebeband zu bilden. Lege das Klebeband zwischen die beiden Stofflagen an der Ecke, an der die Orientierungslinie nicht markiert ist.

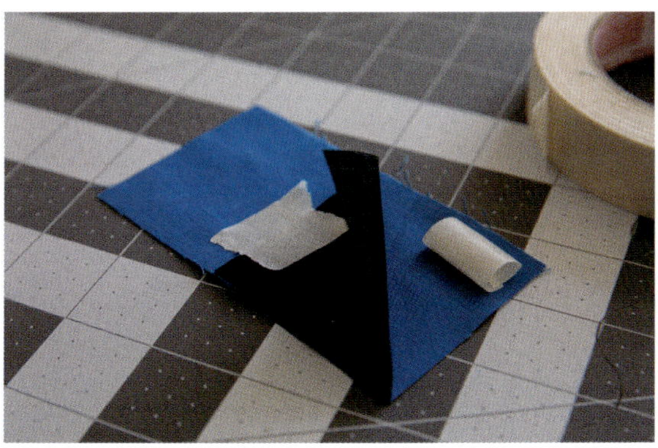

Nähe nun auf der markierten Linie. Nähe insgesamt:

Babydecke	**16 Schnelle-Ecken-Einheiten A, Stoff A/D**
Sofadecke	**36 Schnelle-Ecken-Einheiten A, Stoff A/D**
Tagesdecke	**36 Schnelle-Ecken-Einheiten A, Stoff A/D**

Lege die Einheiten für den *11. Schritt (Seite 135)* beiseite.

3. Schritt

Lege ein markiertes Quadrat aus Stoff D vom 1. Schritt rechts auf rechts und unter Beachtung der Richtung der diagonalen Linie auf die folgenden Rechtecke:

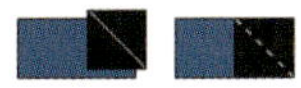

Babydecke	1 Rechteck, 2" x 3½" aus Stoff A
Sofadecke	1 Rechteck, 2" x 3½" aus Stoff A
Tagesdecke	1 Rechteck, 2½" x 4½" aus Stoff A

Nähe nun auf der markierten Linie. Nähe insgesamt:

Babydecke	**16 Schnelle-Ecken-Einheiten B, Stoff A/D**
Sofadecke	**36 Schnelle-Ecken-Einheiten B, Stoff A/D**
Tagesdecke	**36 Schnelle-Ecken-Einheiten B, Stoff A/D**

Lege die Einheiten für den *11. Schritt (Seite 135)* beiseite.

4. Schritt

Markiere auf der Stoffrückseite eine Orientierungslinie von einer Ecke zur gegenüberliegenden Ecke auf:

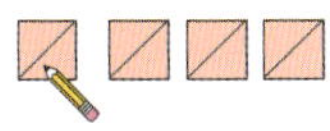

Babydecke	96 Quadraten 2" x 2" aus Stoff C
Sofadecke	216 Quadraten 2" x 2" aus Stoff C
Tagesdecke	216 Quadraten 2½" x 2½" aus Stoff C

5. Schritt

Nähe eine **Schnelle-Ecken-Einheit A aus Stoff A/C**, indem du ein markiertes Quadrat aus Stoff C (vom 4. Schritt) rechts auf rechts, sodass die Orientierungslinie von unten links nach oben rechts verläuft, am linken Rand auf folgende Rechtecke legst:

Babydecke	1 Rechteck, 2" x 3½" aus Stoff A
Sofadecke	1 Rechteck, 2" x 3½" aus Stoff A
Tagesdecke	1 Rechteck, 2½" x 4½" aus Stoff A

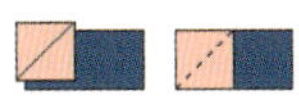

Nähe dann auf der markierten Linie. Nähe insgesamt:

Babydecke	**32 Schnelle-Ecken-Einheiten A, Stoff A/C**
Sofadecke	**72 Schnelle-Ecken-Einheiten A, Stoff A/C**
Tagesdecke	**72 Schnelle-Ecken-Einheiten A, Stoff A/C**

Lege die Einheiten für den *11. Schritt (Seite 135)* beiseite.

6. Schritt

Wiederhole den **5. Schritt** unter Bezugnahme auf das Diagramm, um eine **Schnelle-Ecken-Einheit B aus Stoff A/C** zu bilden, indem du ein markiertes Quadrat aus Stoff C (vom 4. Schritt) rechts auf rechts auf die folgenden Rechtecke legst:

Babydecke	1 Rechteck, 2" x 3½" aus Stoff A
Sofadecke	1 Rechteck, 2" x 3½" aus Stoff A
Tagesdecke	1 Rechteck, 2½" x 4½" aus Stoff A

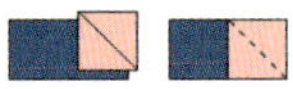

Nähe dann auf der markierten Linie. Nähe insgesamt:

Babydecke	**32 Schnelle-Ecken-Einheiten B, Stoff A/C**
Sofadecke	**72 Schnelle-Ecken-Einheiten B, Stoff A/C**
Tagesdecke	**72 Schnelle-Ecken-Einheiten B, Stoff A/C**

Lege die Einheiten für den *11. Schritt (Seite 135)* beiseite.

7. Schritt

Bilde eine **Schnelle-Ecken-Einheit C aus Stoff A/C**, indem du ein Quadrat aus Stoff C (vom 4. Schritt) auf die linke Seite der folgenden Rechtecke legst:

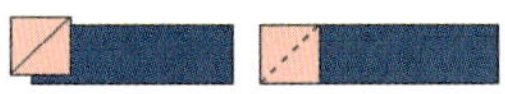

Babydecke	1 Rechteck, 2" x 6½" aus Stoff A
Sofadecke	1 Rechteck, 2" x 6½" aus Stoff A
Tagesdecke	1 Rechteck, 2½" x 8½" aus Stoff A

Nähe dann auf der markierten Linie. Nähe insgesamt:

Babydecke	**8 Schnelle-Ecken-Einheiten C, Stoff A/C**
Sofadecke	**18 Schnelle-Ecken-Einheiten C, Stoff A/C**
Tagesdecke	**18 Schnelle-Ecken-Einheiten C, Stoff A/C**

Lege die Einheiten für den *11. Schritt (Seite 135)* beiseite.

8. Schritt

Nähe eine **Schnelle-Ecken-Einheit D aus Stoff A/C** entsprechend dem Diagramm, indem du ein Quadrat aus Stoff C (vom 4. Schritt) entlang der markierten Linie nähst auf:

Babydecke	1 Rechteck, 2" x 6½" aus Stoff A
Sofadecke	1 Rechteck, 2" x 6½" aus Stoff A
Tagesdecke	1 Rechteck, 2½" x 8½" aus Stoff A

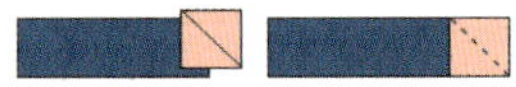

Nähe insgesamt:

Babydecke	**8 Schnelle-Ecken-Einheiten D, Stoff A/C**
Sofadecke	**18 Schnelle-Ecken-Einheiten D, Stoff A/C**
Tagesdecke	**18 Schnelle-Ecken-Einheiten D, Stoff A/C**

Lege die Einheiten für den *11. Schritt (Seite 135)* beiseite.

9. Schritt

Bilde, wie im Diagramm gezeigt, eine **Schnelle-Ecken-Einheit E aus Stoff A/C**, indem du ein markiertes Quadrat aus Stoff C (vom 4. Schritt) auf die linke Seite der folgenden Rechtecke legst:

Babydecke	1 Rechteck, 2" x 9½" aus Stoff A
Sofadecke	1 Rechteck, 2" x 9½" aus Stoff A
Tagesdecke	1 Rechteck, 2½" x 12½" aus Stoff A

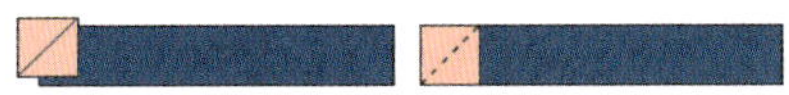

Nähe dann auf der markierten Linie. Nähe insgesamt:

Babydecke	**8 Schnelle-Ecken-Einheiten E, Stoff A/C**
Sofadecke	**18 Schnelle-Ecken-Einheiten E, Stoff A/C**
Tagesdecke	**18 Schnelle-Ecken-Einheiten E, Stoff A/C**

Lege die Einheiten für den *11. Schritt (Seite 135)* beiseite.

10. Schritt

Bilde entsprechend dem gezeigten Diagramm eine **Schnelle-Ecken-Einheit F aus Stoff A/C**, indem du ein Quadrat aus Stoff C (vom 4. Schritt) an der markierten Linie auf die folgenden Rechtecke nähst:

Babydecke	1 Rechteck, 2" x 9½" aus Stoff A
Sofadecke	1 Rechteck, 2" x 9½" aus Stoff A
Tagesdecke	1 Rechteck, 2½" x 12½" aus Stoff A

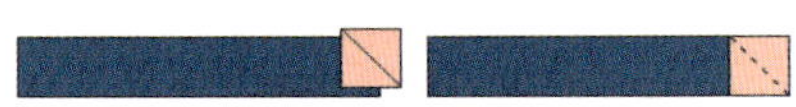

Nähe dann auf der markierten Linie. Nähe insgesamt:

Babydecke	**8 Schnelle-Ecken-Einheiten F, Stoff A/C**
Sofadecke	**18 Schnelle-Ecken-Einheiten F, Stoff A/C**
Tagesdecke	**18 Schnelle-Ecken-Einheiten F, Stoff A/C**

11. Schritt

Schneide den Überstand an allen Schnelle-Ecken-Einheiten mit ¼" Nahtzugabe ab. Verwende die Tabelle, um sicherzugehen, dass du die richtige Anzahl der verschiedenen Arten von Schnelle-Ecken-Einheiten für deine Quiltgröße genäht hast.

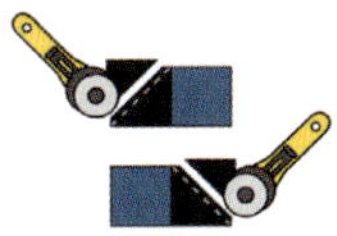

Gesamtanzahl der Schnellen Ecken nach Quiltgröße

Art der Schnellen Ecke	Babydecke	Sofadecke	Tagesdecke
Schnelle-Ecken-Einheit A, Stoff A/D	16 Stück	36 Stück	36 Stück
Schnelle-Ecken-Einheit B, Stoff A/D	16 Stück	36 Stück	36 Stück
Schnelle-Ecken-Einheit A, Stoff A/C	32 Stück	72 Stück	72 Stück
Schnelle-Ecken-Einheit B, Stoff A/C	32 Stück	72 Stück	72 Stück
Schnelle-Ecken-Einheit C, Stoff A/C	8 Stück	18 Stück	18 Stück
Schnelle-Ecken-Einheit D, Stoff A/C	8 Stück	18 Stück	18 Stück
Schnelle-Ecken-Einheit E, Stoff A/C	8 Stück	18 Stück	18 Stück
Schnelle-Ecken-Einheit F, Stoff A/C	8 Stück	18 Stück	18 Stück

Bügele die Nahtzugaben auseinander.

Blöcke zusammennähen

Das Quiltoberteil besteht aus zwei Arten von Blöcken, die Spiegelbilder voneinander sind. Alle Blöcke bestehen aus sechs Reihen. Reihenbezeichnungen mit dem Buchstaben A beziehen sich auf Block A (z. B. Reihe A1) und Reihen, die mit dem Buchstaben B bezeichnet sind, beziehen sich auf Block B (z. B. Reihe B1).

1. Schritt

Erstelle die erste Hälfte einer Reihe A1, indem du eine Schnelle-Ecken-Einheit A aus Stoff A/D an Folgendes nähst:

Babydecke	1 Rechteck, 2" x 3½" aus Stoff A
Sofadecke	1 Rechteck, 2" x 3½" aus Stoff A
Tagesdecke	1 Rechteck, 2½" x 4½" aus Stoff A

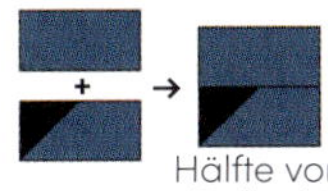

Hälfte von Reihe A1

Bügele die Nahtzugaben auseinander. Nähe insgesamt:

Babydecke	**8 Hälften von Reihe A1**
Sofadecke	**18 Hälften von Reihe A1**
Tagesdecke	**18 Hälften von Reihe A1**

2. Schritt

Um den Rest von Reihe A1 zu bilden, nähe die erste Hälfte von **Reihe A1** vom **1. und 2. Schritt** an:

Babydecke	1 Rechteck, 3½" x 9½" aus Stoff A
Sofadecke	1 Rechteck, 3½" x 9½" aus Stoff A
Tagesdecke	1 Rechteck, 4½" x 12½" aus Stoff A

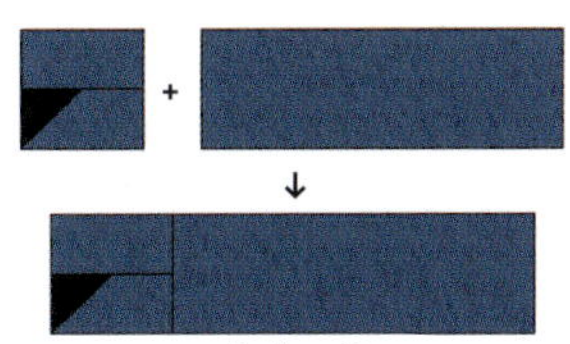

Reihe A1

Bügele die Nahtzugaben auseinander. Nähe insgesamt:

Babydecke	**8 Reihen A1**
Sofadecke	**18 Reihen A1**
Tagesdecke	**18 Reihen A1**

Lege die Reihen für den *9. Schritt (Seite 137)* beiseite.

3. Schritt

Nähe entsprechend dem Diagramm eine Schnelle-Ecken-Einheit B aus Stoff A/C und eine Schnelle-Ecken-Einheit E aus Stoff A/C zusammen, um eine **Reihe A2** zu bilden. Bügele die Nahtzugaben auseinander. Nähe insgesamt:

Babydecke	**8 Reihen A2**
Sofadecke	**18 Reihen A2**
Tagesdecke	**18 Reihen A2**

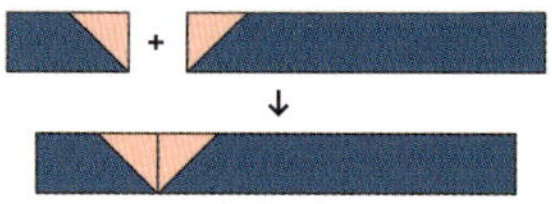
Reihe A2

Lege die Reihen für den *9. Schritt (Seite 137)* beiseite.

4. Schritt

Nähe ein Flying Geese aus Stoff A/B, eine Schnelle-Ecken-Einheit B aus Stoff A/C und eine Schnelle-Ecken-Einheit E aus Stoff A/C zusammen, um eine **Reihe A3** zu bilden. Bügele die Nahtzugaben auseinander. Nähe insgesamt:

Babydecke	**8 Reihen A3**
Sofadecke	**18 Reihen A3**
Tagesdecke	**18 Reihen A3**

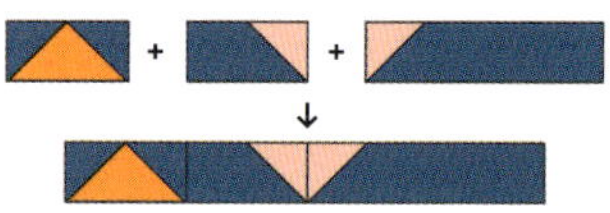
Reihe A3

Lege die Reihen für den *9. Schritt (Seite 137)* beiseite.

5. Schritt

Bilde, wie im Diagramm gezeigt, eine **Reihe A4** und nähe dafür Folgendes zusammen:

Babydecke	1 Rechteck 2" x 3½", Stoff A; 1 Flying Geese, Stoff A/B; 1 Schnelle-Ecken-Einheit B, Stoff A/C und 1 Schnelle-Ecken-Einheit A, Stoff A/C
Sofadecke	1 Rechteck 2" x 3½", Stoff A; 1 Flying Geese, Stoff A/B; 1 Schnelle-Ecken-Einheit B, Stoff A/C und 1 Schnelle-Ecken-Einheit A, Stoff A/C
Tagesdecke	1 Rechteck 2½" x 4½", Stoff A; 1 Flying Geese, Stoff A/B; 1 Schnelle-Ecken-Einheit B, Stoff A/C und 1 Schnelle-Ecken-Einheit A, Stoff A/C

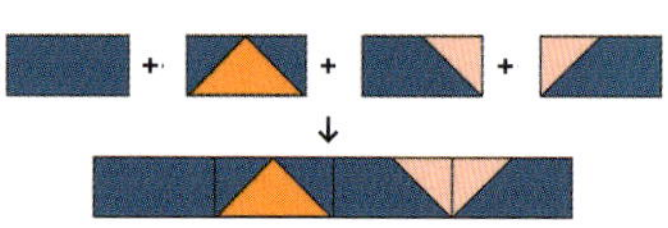
Reihe A4

Bügele die Nahtzugaben auseinander. Nähe insgesamt:

Babydecke	**8 Reihen A4**
Sofadecke	**18 Reihen A4**
Tagesdecke	**18 Reihen A4**

Lege die Reihen für den *9. Schritt (Seite 137)* beiseite.

6. Schritt

Bilde eine **Reihe A5** entsprechend dem Diagramm. Nähe dazu Folgendes zusammen:

Babydecke	1 Rechteck 2" x 6½", Stoff A; 1 Flying Geese, Stoff A/B und 1 Schnelle-Ecken-Einheit B, Stoff A/D
Sofadecke	1 Rechteck 2" x 6½", Stoff A; 1 Flying Geese, Stoff A/B und 1 Schnelle-Ecken-Einheit B, Stoff A/D
Tagesdecke	1 Rechteck 2½" x 8½", Stoff A; 1 Flying Geese, Stoff A/B und 1 Schnelle-Ecken-Einheit B, Stoff A/D

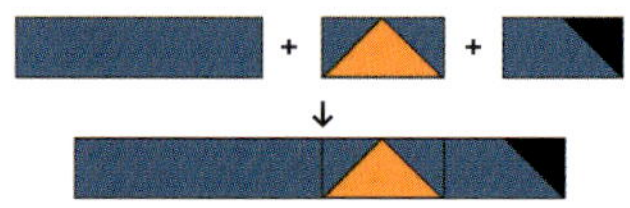
Reihe A5

Bügele die Nahtzugaben auseinander. Nähe insgesamt:

Babydecke	**8 Reihen A5**
Sofadecke	**18 Reihen A5**
Tagesdecke	**18 Reihen A5**

Lege die Reihen für den *9. Schritt (Seite 137)* beiseite.

7. Schritt

Bilde die erste Hälfte von **Reihe A6**, indem du ein Flying Geese aus Stoff A/B zusammennähst mit:

Babydecke	1 Rechteck 2" x 3½", Stoff A
Sofadecke	1 Rechteck 2" x 3½", Stoff A
Tagesdecke	1 Rechteck 2½" x 4½", Stoff A

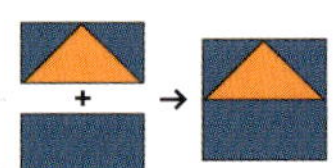
Hälfte von Reihe A6

Bügele die Nahtzugaben auseinander. Nähe insgesamt:

Babydecke	**8 Hälften von Reihe A6**
Sofadecke	**18 Hälften von Reihe A6**
Tagesdecke	**18 Hälften von Reihe A6**

8. Schritt

Um den Rest von **Reihe A6** zu bilden, nähe die erste Hälfte von Reihe A6 vom 7. Schritt an:

Babydecke	1 Rechteck, 3½" x 9½" aus Stoff A
Sofadecke	1 Rechteck, 3½" x 9½" aus Stoff A
Tagesdecke	1 Rechteck, 4½" x 12½" aus Stoff A

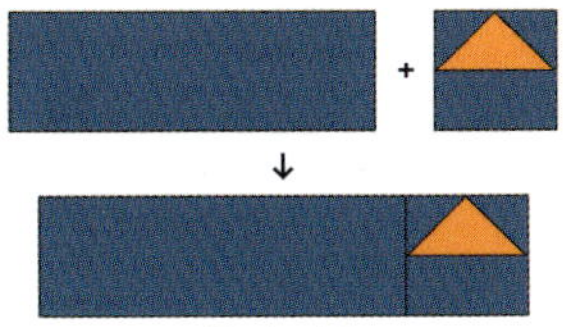

Reihe A6

Bügele die Nahtzugaben auseinander. Nähe insgesamt:

Babydecke	**8 Reihen A6**
Sofadecke	**18 Reihen A6**
Tagesdecke	**18 Reihen A6**

9. Schritt

Ordne die Reihen A1 bis A6 wie im Diagramm gezeigt an, um einen **Block A** zu bilden. Bügele die Nahtzugaben auseinander. Nähe insgesamt:

Babydecke	**8 Blöcke A**
Sofadecke	**18 Blöcke A**
Tagesdecke	**18 Blöcke A**

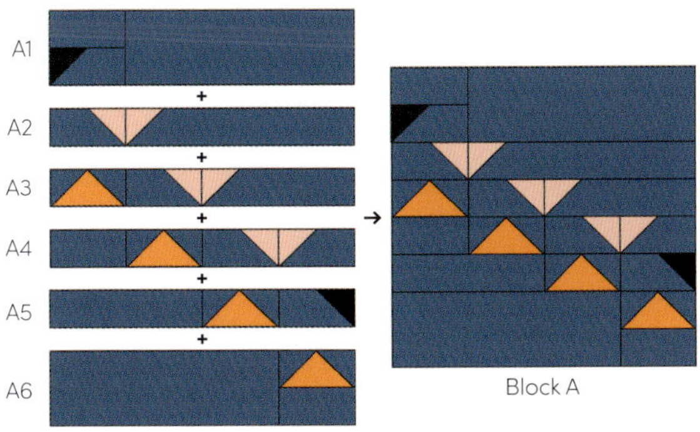

Block A

Lege die Blöcke A für *Quilt zusammennähen, 1. Schritt (Seite 139)* beiseite.

10. Schritt

Erstelle die erste Hälfte einer **Reihe B1**, indem du eine Schnelle-Ecken-Einheit B aus Stoff A/D an Folgendes nähst:

Babydecke	1 Rechteck, 2" x 3½" aus Stoff A
Sofadecke	1 Rechteck, 2" x 3½" aus Stoff A
Tagesdecke	1 Rechteck, 2½" x 4½" aus Stoff A

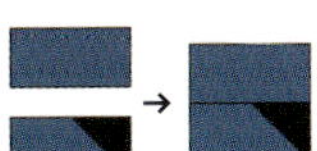

Hälfte von Reihe B1

Bügele die Nahtzugaben auseinander. Nähe insgesamt:

Babydecke	**8 Hälften von Reihe B1**
Sofadecke	**18 Hälften von Reihe B1**
Tagesdecke	**18 Hälften von Reihe B1**

11. Schritt

Um **Reihe B1** zu vervollständigen, nähe die erste Hälfte von Reihe B1 vom 10. Schritt an:

Babydecke	1 Rechteck, 3½" x 9½" aus Stoff A
Sofadecke	1 Rechteck, 3½" x 9½" aus Stoff A
Tagesdecke	1 Rechteck, 4½" x 12½" aus Stoff A

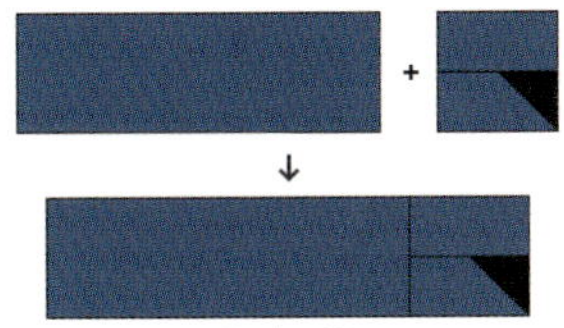

Reihe B1

Bügele die Nahtzugaben auseinander. Nähe insgesamt:

Babydecke	**8 Reihen B1**
Sofadecke	**18 Reihen B1**
Tagesdecke	**18 Reihen B1**

Lege die Reihen für den *18. Schritt (Seite 138)* beiseite.

12. Schritt

Nähe für alle Quiltgrößen eine Schnelle-Ecken-Einheit F aus Stoff A/C und eine Schnelle-Ecke Einheit A aus Stoff A/C zusammen, um eine **Reihe B2** zu bilden. Bügele die Nahtzugaben auseinander. Nähe insgesamt:

Babydecke	**8 Reihen B2**
Sofadecke	**18 Reihen B2**
Tagesdecke	**18 Reihen B2**

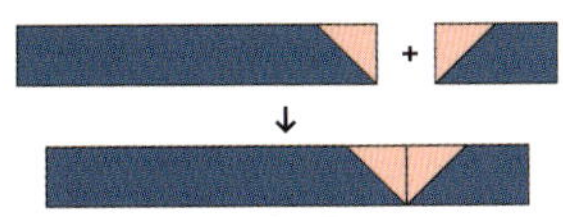

Reihe B2

Lege die Reihen für den *18. Schritt (Seite 138)* beiseite.

13. Schritt

Nähe eine Schnelle-Ecken-Einheit D aus Stoff A/C, eine Schnelle-Ecken-Einheit A aus Stoff A/C und ein Flying Geese aus Stoff A/B zusammen, um eine **Reihe B3** zu bilden. Bügele die Nahtzugaben auseinander. Nähe insgesamt:

Babydecke	**8 Reihen B3**
Sofadecke	**18 Reihen B3**
Tagesdecke	**18 Reihen B3**

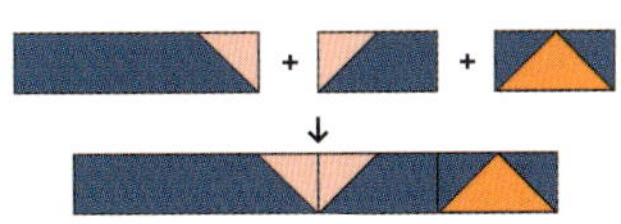

Reihe B3

Lege die Reihen für den *18. Schritt (Seite 138)* beiseite.

14. Schritt

Unter Beachtung der Anordnung und Richtung der einzelnen Elemente bilde eine **Reihe B4**. Nähe dafür eine Schnelle-Ecke-Einheit B aus Stoff A/C, eine Schnelle-Ecken-Einheit A aus Stoff A/C und ein Flying Geese aus Stoff A/B zusammen mit:

Babydecke	1 Rechteck 2" x 3½", Stoff A
Sofadecke	1 Rechteck 2" x 3½", Stoff A
Tagesdecke	1 Rechteck 2½" x 4½", Stoff A

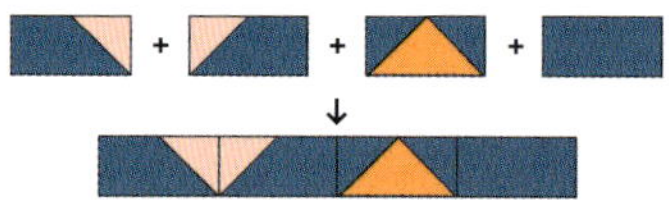
Reihe B4

Bügele die Nahtzugaben auseinander. Nähe insgesamt:

Babydecke	**8 Reihen B4**
Sofadecke	**18 Reihen B4**
Tagesdecke	**18 Reihen B4**

Lege die Reihen für den *18. Schritt (Seite 138)* beiseite.

15. Schritt

Bilde eine **Reihe B5** entsprechend dem Diagramm. Nähe dazu eine Schnelle-Ecken-Einheit A aus Stoff A/D und ein Flying Geese aus Stoff A/B zusammen mit:

Babydecke	1 Rechteck 2" x 6½", Stoff A
Sofadecke	1 Rechteck 2" x 6½", Stoff A
Tagesdecke	1 Rechteck 2½" x 8½", Stoff A

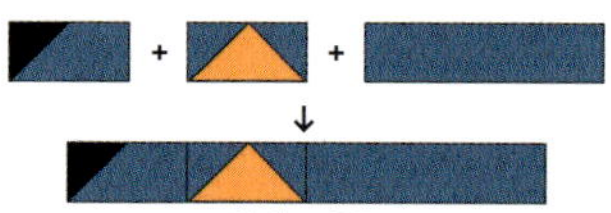
Reihe B5

Bügele die Nahtzugaben auseinander. Nähe insgesamt:

Babydecke	**8 Reihen B5**
Sofadecke	**18 Reihen B5**
Tagesdecke	**18 Reihen B5**

Lege die Einheiten für den *18. Schritt (Seite 138)* beiseite.

16. Schritt

Bilde die erste Hälfte von **Reihe B6**, indem du ein Flying Geese aus Stoff A/B zusammennähst mit:

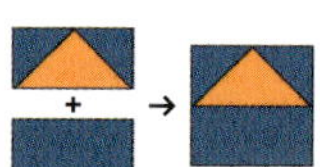
Hälfte von Reihe A6

Babydecke	1 Rechteck 2" x 3½", Stoff A
Sofadecke	1 Rechteck 2" x 3½", Stoff A
Tagesdecke	1 Rechteck 2½" x 4½", Stoff A

Bügele die Nahtzugaben auseinander. Nähe insgesamt:

Babydecke	**8 Hälften von Reihe B6**
Sofadecke	**18 Hälften von Reihe B6**
Tagesdecke	**18 Hälften von Reihe B6**

17. Schritt

Um die **Reihe A6** zu vervollständigen, nähe die rechte Seite der Hälfte von Reihe A6 vom 16. Schritt an:

Babydecke	1 Rechteck, 3½" x 9½" aus Stoff A
Sofadecke	1 Rechteck, 3½" x 9½" aus Stoff A
Tagesdecke	1 Rechteck, 4½" x 12½" aus Stoff A

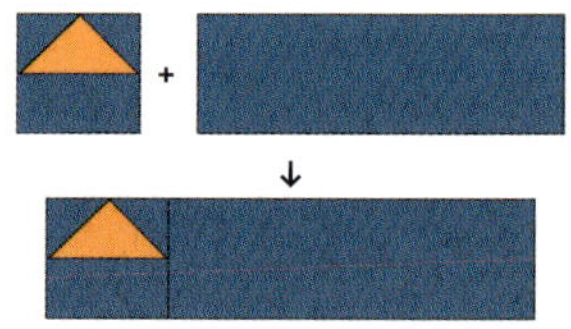
Reihe B6

Bügele die Nahtzugaben auseinander. Nähe insgesamt:

Babydecke	**8 Reihen B6**
Sofadecke	**18 Reihen B6**
Tagesdecke	**18 Reihen B6**

18. Schritt

Richte die Nähte aus und verbinde die Reihen B1 bis B6, um einen **Block B** zu bilden. Bügele die Nahtzugaben auseinander. Nähe insgesamt:

Babydecke	**8 Blöcke B**
Sofadecke	**18 Blöcke B**
Tagesdecke	**18 Blöcke B**

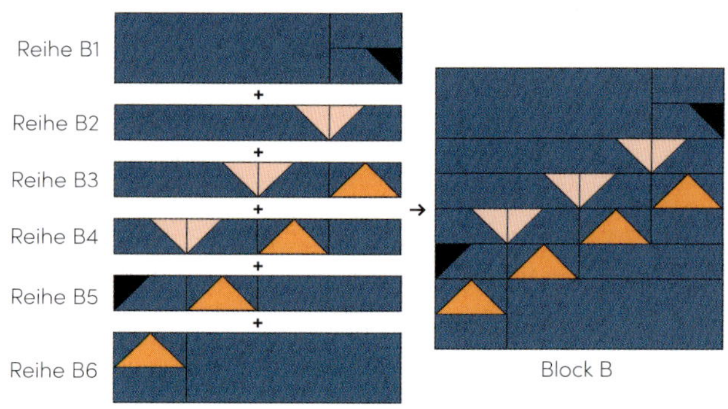

Block B

Den Quilt zusammennähen

1. Schritt

Bilde eine **Reihe**, wie im Diagramm gezeigt, indem du Folgendes zusammennähst:

Babydecke	2 Blöcke A gefolgt von 2 Blöcken B
Sofadecke	3 Blöcke A gefolgt von 3 Blöcken B
Tagesdecke	3 Blöcke A gefolgt von 3 Blöcken B

Für **Babydecke**

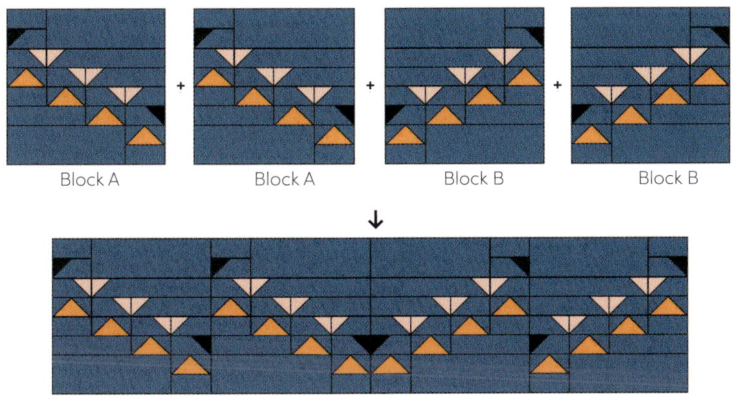

Reihe

Für **Sofa-** und **Tagesdecke**

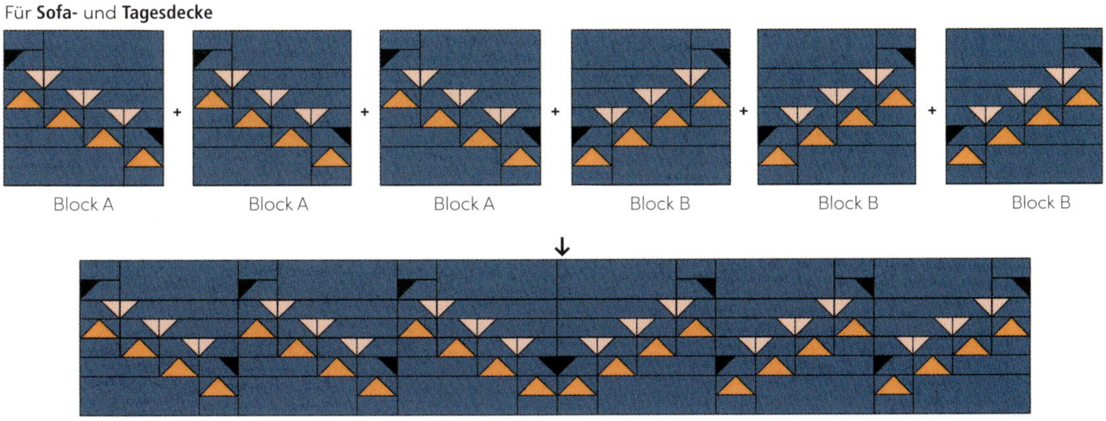

Reihe

Bügele die Nahtzugaben auseinander. Nähe insgesamt:

Babydecke	4 Reihen
Sofadecke	6 Reihen
Tagesdecke	6 Reihen

Tipp: Pass besonders auf, wenn du die Reihen zusammennähst. Die Blöcke in den Reihen sind Spiegelbilder voneinander. Lege die Blöcke flach in der Reihenfolge des Zusammennähens hin und prüfe sicherheitshalber zweimal, bevor du dich an die Nähmaschine setzt.

2. Schritt

Lege für die **Babydecke** vier Reihen bereit, drehe die unteren zwei Reihen um 180 Grad und nähe die Reihen zusammen.

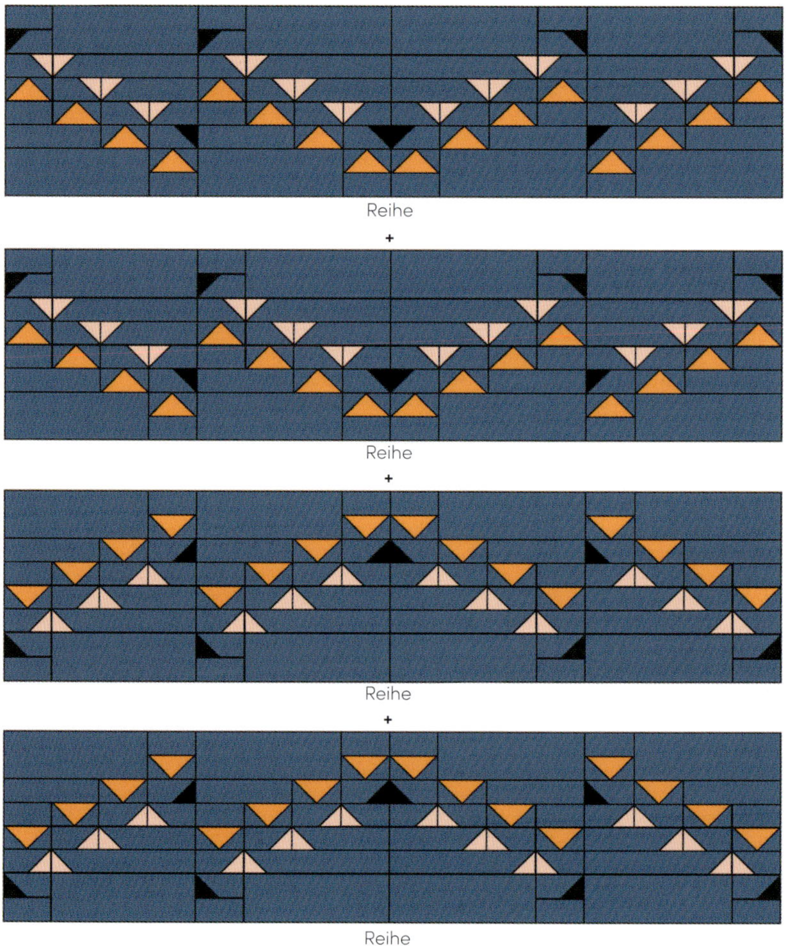

Lege für die **Sofadecke** oder die **Tagesdecke** sechs Reihen bereit, drehe die unteren drei Reihen um 180 Grad, sodass sie die oberen drei Reihen spiegeln, und nähe die Reihen zusammen.

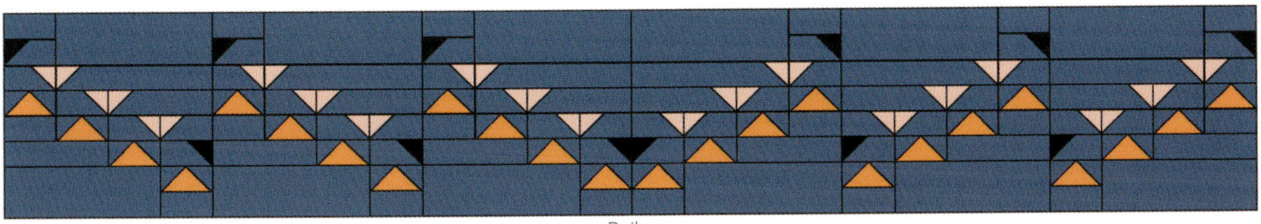

Reihe

+

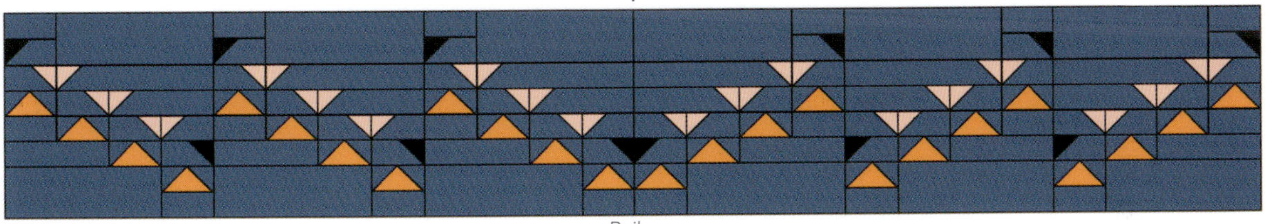

Reihe

+

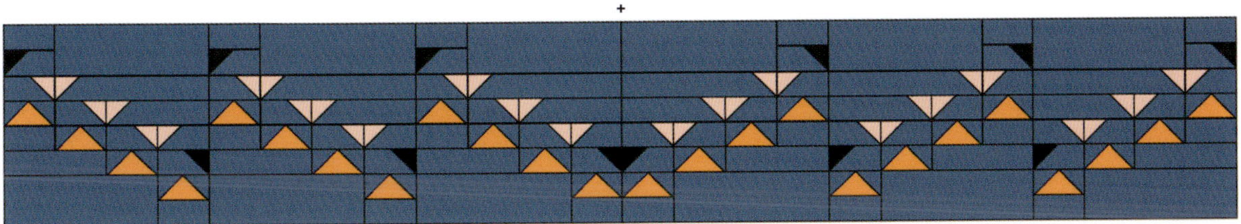

Reihe

+

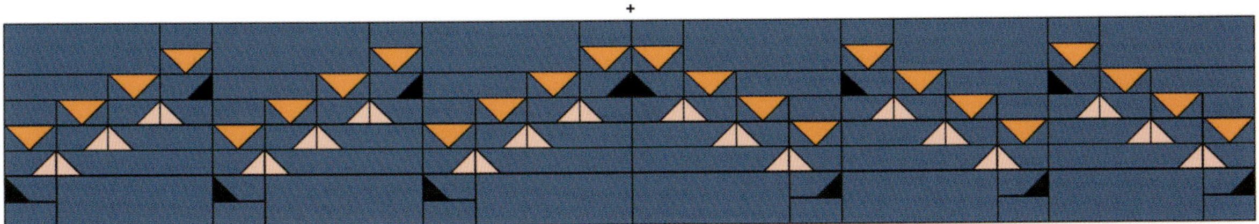

Reihe

+

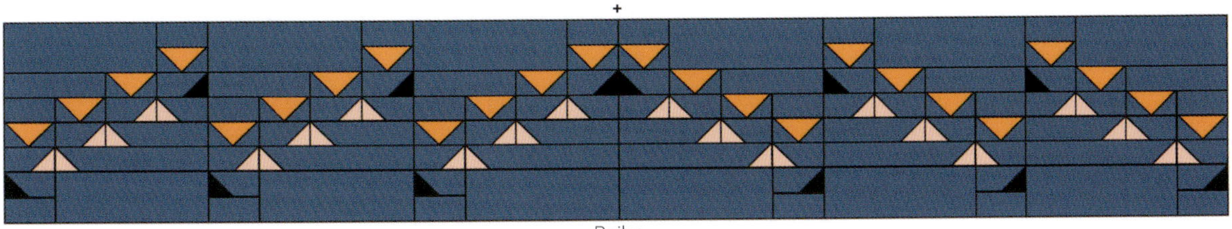

Reihe

+

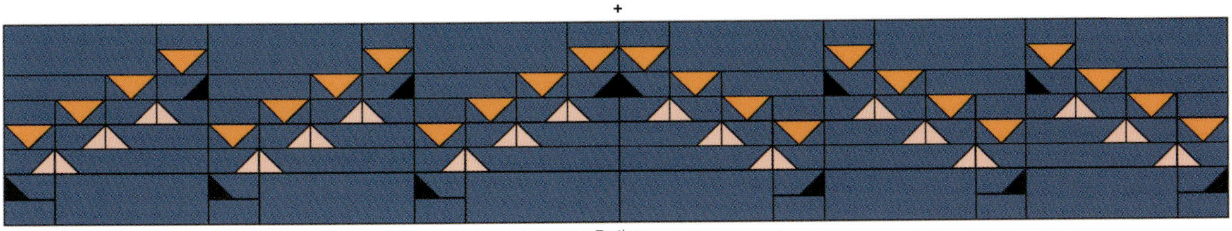

Reihe

3. Schritt

Bügele das Quiltoberteil und den Stoff für die Rückseite. Lege die Rückseite, das Vlies und das Quiltoberteil aufeinander. Hefte die Lagen aneinander, quilte sie und fasse den Quilt ein.

Teile deine Fortschritte und den fertigen Quilt in den sozialen Medien:
#crosstownbuzzquilt #theweekendquilter #quiltenmitdernähmaschine

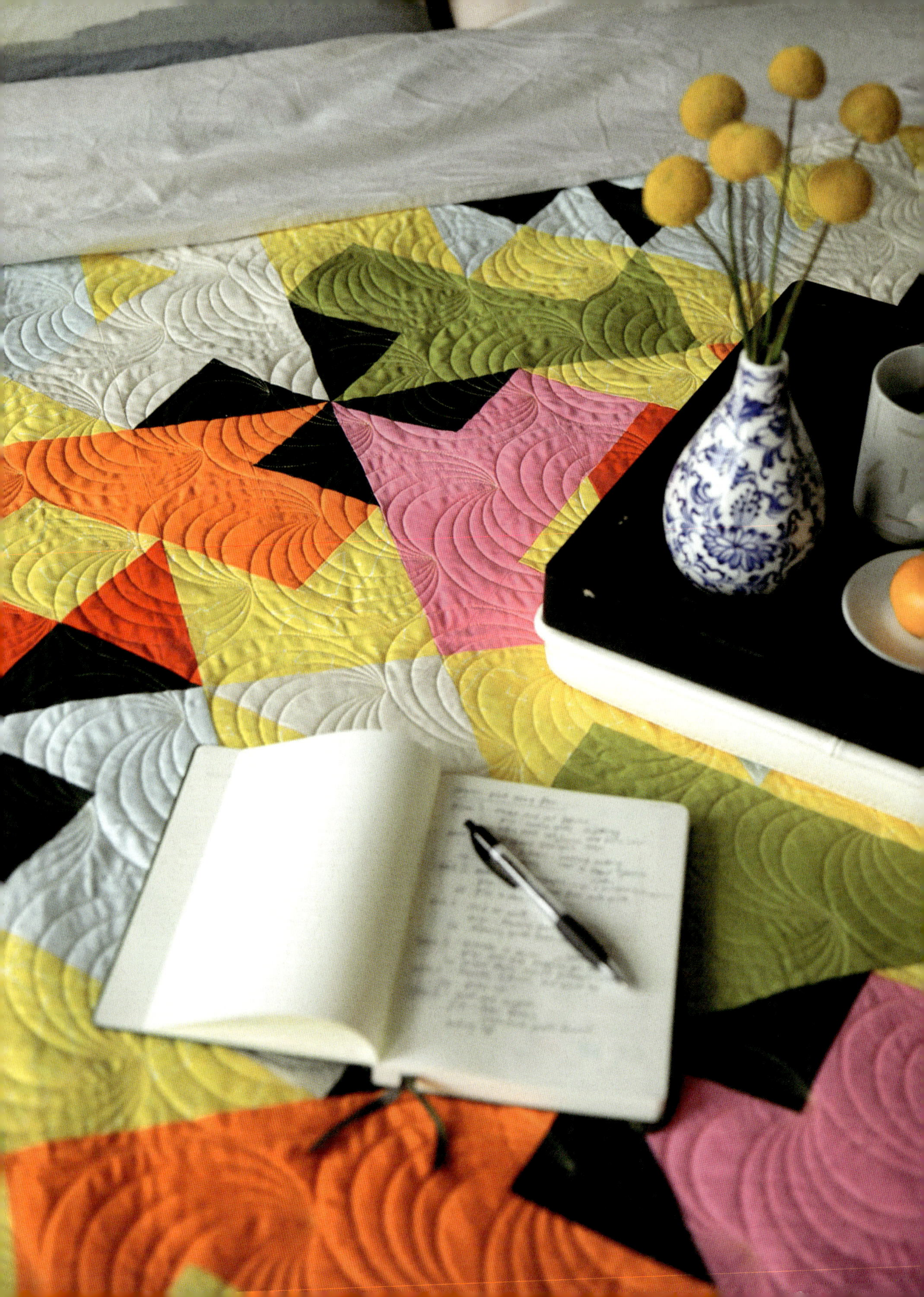

WINDTUNNEL

(Fortgeschrittene Anfänger)

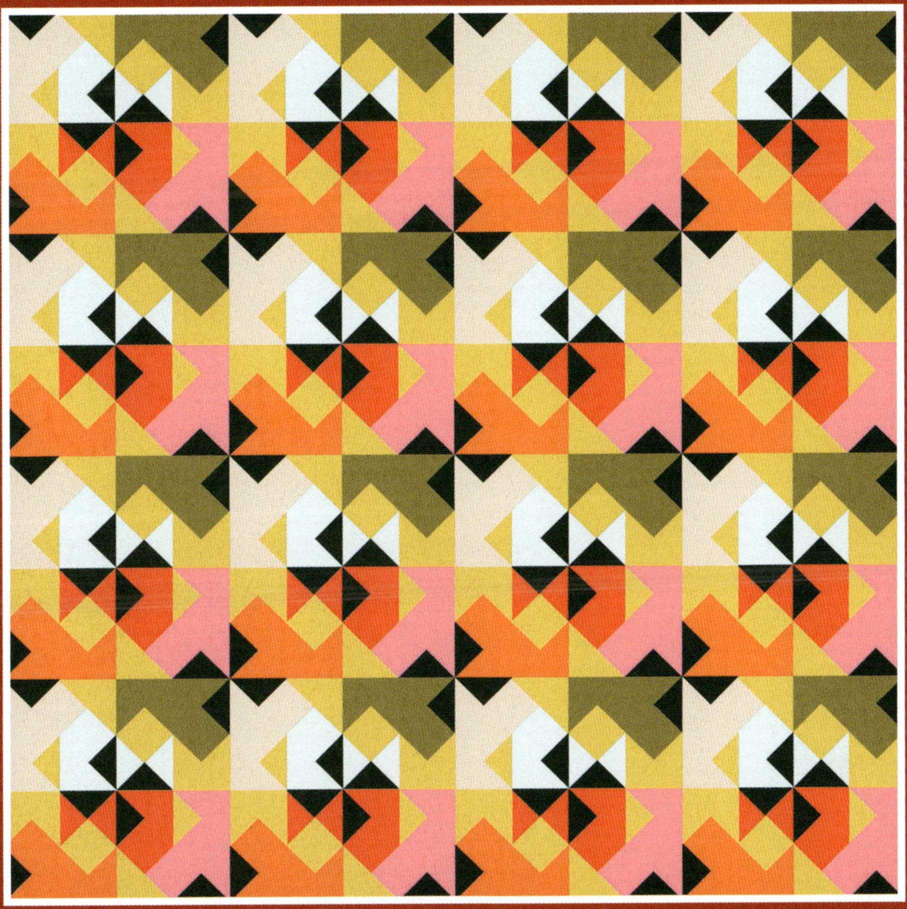

Babydecke: 122 cm x 122 cm

Sofadecke: 183 cm x 183 cm

Tagesdecke: 244 cm x 244 cm

Konstruktionsmethoden und -techniken

Half-Square Triangles 2 auf einmal/Flying Geese/
Sanduhr/Split-Quarter Square Triangles

In der Stadt entsteht durch die Kombination aus hohen Wolkenkratzern und starkem Wind oft das Phänomen eines Windtunnels. Manche Straßen sind windiger als andere, je nachdem, in welche Richtung du und der Wind unterwegs seid. Einmal falsch abgebogen und die Windböen können so stark sein, dass du deine Siebensachen gut festhalten musst! An solchen Tagen möchte man sich in einen warmen Quilt einwickeln und eine Tasse heißen Tee trinken.

Das Design des Windtunnel-Quilts, inspiriert von kalten, windigen Tagen in Manhattan, ist eine moderne Version des traditionellen Pinwheel-Blocks (auf Deutsch: Windrädchen). Die dunkleren grünen und blauen Dreiecke in den Beispielen heben die Windrädchen hervor. Die bunten Dreiecke in der Mitte und an den Ecken der Blöcke, die fast wie Häuser in verschiedenen Winkeln aussehen, erinnern an den starken Wind, der zwischen den Gebäuden bläst. Die Pinwheel-Muster im Design bestehen aus Sanduhren, Flying Geese und geviertelten Half-Square Triangles. Du wirst nicht nur diese Konstruktionstechniken lernen und üben, sondern auch sehen, wie du diese Einheiten vor dem Zusammennähen der Quiltblöcke Korrektur schneidest. Dies kann ein etwas eintöniger Prozess sein, der ein bisschen Zeit braucht, doch für das Ergebnis lohnt es sich auf jeden Fall.

Ein Pinwheel-Block kann auf verschiedene Arten konstruiert werden. Ein einfacher Pinwheel-Block besteht aus zwei Farben und vier HST, die zu einem Vierer-Block zusammengenäht werden. Die dunkleren Farben bilden die Silhouette des Windrädchens oder die Flügel einer Windmühle.

Pinwheel-Blöcke fanden Anfang der 1800er Eingang in Quilts und gehörten zu den ersten dekorativen Blöcken in Quiltdesigns. Oft waren Quiltblöcke von dem inspiriert, was die Quilter*innen umgab, und die Namen der Blöcke waren sehr wörtlich zu sehen. Pinwheel-Blöcke, die man auch als Turnstile- (dt. Drehkreuz) oder Windmill-Blöcke (dt. Windmühle) bezeichnet, waren Darstellungen eines vertrauten Bilds im Amerika der 1800er und frühen 1900er. In dieser Zeit pumpten Windmühlen Wasser für das Vieh und das tägliche Leben.

FARBINSPIRATION

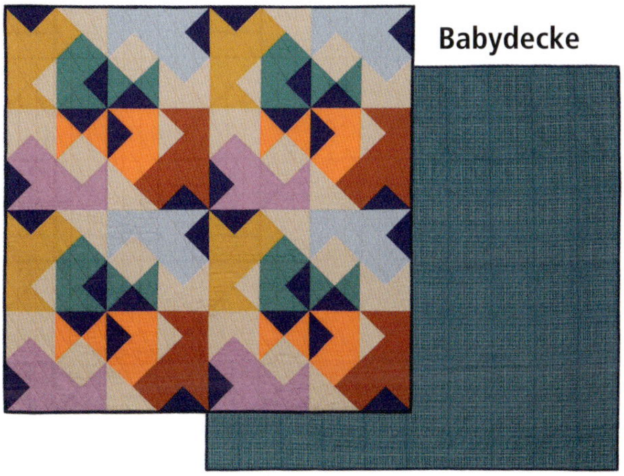

Babydecke

Stoff A Robert Kaufman, Kona Cotton in Light Parfait

Stoff B Robert Kaufman, Kona Cotton in Grellow

Stoff C Robert Kaufman, Kona Cotton in Breeze

Stoff D Robert Kaufman, Kona Cotton in Sienna

Stoff E Robert Kaufman, Kona Cotton in Ballerina

Stoff F Robert Kaufman, Kona Cotton in Persimmon

Stoff G Robert Kaufman, Kona Cotton in Jade Green

Stoff H Robert Kaufman, Kona Cotton in Rivera

Stoff für Rückseite Hawthorne Supply Co, Andrea Elias, Terra, Weave in Topaz

Stoff für Binding Robert Kaufman, Kona Cotton in Prussian

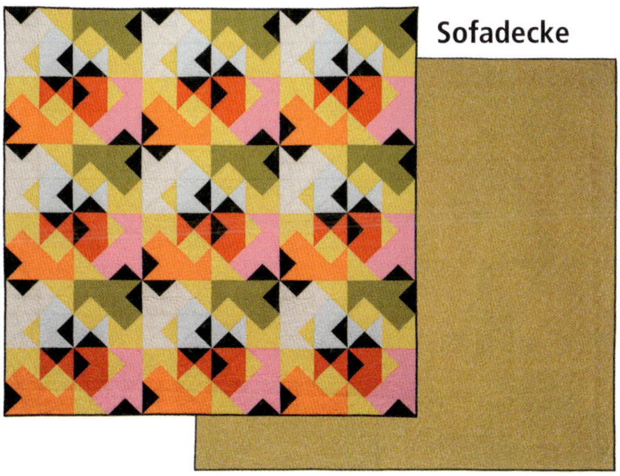

Sofadecke

Stoff A Hawthorne Supply Co, Hawthorne Essentials, Star Charts in Sunshine

Stoff B Robert Kaufman, Kona Cotton in Oyster

Stoff C Robert Kaufman, Kona Cotton in Olive

Stoff D Robert Kaufman, Kona Cotton in Candy Pink

Stoff E Robert Kaufman, Kona Cotton in Orange

Stoff F Robert Kaufman, Kona Cotton in Flame

Stoff G Robert Kaufman, Kona Cotton in Sky

Stoff H Robert Kaufman, Kona Cotton in Evergreen

Stoff für Rückseite Hawthorne Supply Co, Hawthorne Essentials, Star Charts in Gold

Stoff für Binding Robert Kaufman, Kona Cotton in Hunter Green

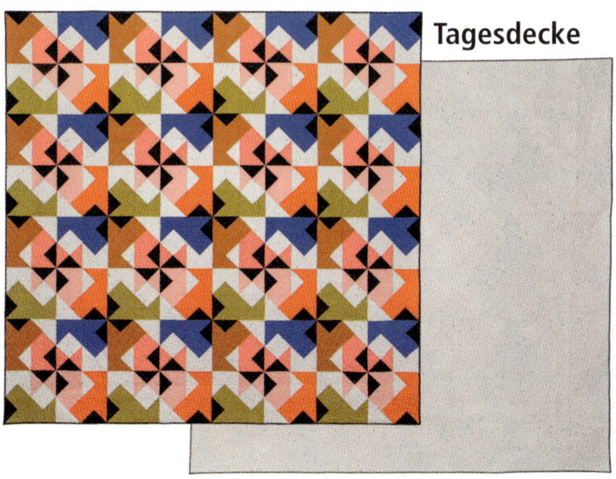

Tagesdecke

Stoff A Hawthorne Supply Co, Hey Miss Designs, Chi Town, Large Ninety-Fifth Floor in PM

Stoff B Robert Kaufman, Kona Cotton in Gold

Stoff C Robert Kaufman, Kona Cotton in Blueprint

Stoff D Robert Kaufman, Kona Cotton in Marmalade

Stoff E Robert Kaufman, Kona Cotton in Pickle

Stoff F Robert Kaufman, Kona Cotton in Primrose

Stoff G Robert Kaufman, Kona Cotton in Melon

Stoff H Robert Kaufman, Kona Cotton in Pepper

Stoff für Rückseite Hawthorne Supply Co, Hey Miss Designs, Chi Town, Large Ninety-Fifth Floor in PM

Stoff für Binding Robert Kaufman, Kona Cotton in Pepper

Stoffbedarf

	Babydecke	Sofadecke	Tagesdecke
Stoff A	92 cm	172 cm	286 cm
Stoff B bis E	35 cm	80 cm	138 cm
Stoff F bis G	46 cm	69 cm	103 cm
Stoff H	46 cm	103 cm	149 cm
Stoff für Rückseite	298 cm	412 cm	801 cm
Stoff für Binding	35 cm	58 cm	69 cm

Zuschnitt

	Babydecke	Sofadecke	Tagesdecke
Stoff A	4 Streifen, 7⅞" x SB zugeschnitten auf: • 12 Quadrate, 7⅞" x 7⅞" • 4 Quadrate, 7½" x 7½"	6 Streifen, 7⅞" x SB zugeschnitten auf: • 30 Quadrate, 7⅞" x 7⅞" 2 Streifen, 7½" x SB zugeschnitten auf: • 9 Quadrate, 7½" x 7½"	10 Streifen, 7⅞" x SB zugeschnitten auf: • 48 Quadrate, 7⅞" x 7⅞" 4 Streifen, 7½" x SB zugeschnitten auf: • 16 Quadrate, 7½" x 7½"
Stoff B bis E	1 Streifen, 7⅞" x SB zugeschnitten auf: • 2 Quadrate, 7⅞" x 7⅞" • 2 Quadrate, 7½" x 7½" 1 Streifen, 3⅞" x SB zugeschnitten auf: • 4 Quadrate, 3⅞" x 3⅞" • 4 Rechtecke, 3½" x 6½"	1 Streifen, 7⅞" x SB zugeschnitten auf: • 5 Quadrate, 7⅞" x 7⅞" 1 Streifen, 7½" x SB zugeschnitten auf: • 5 Quadrate, 7½" x 7½" 2 Streifen, 3⅞" x SB zugeschnitten auf: • 12 Quadrate, 3⅞" x 3⅞" • 5 Rechtecke, 3½" x 6½" 1 Streifen, 3½" x SB zugeschnitten auf: • 4 Rechtecke, 3½" x 6½"	2 Streifen, 7⅞" x SB zugeschnitten auf: • 8 Quadrate, 7⅞" x 7⅞" • 2 Quadrate, 7½" x 7½" 2 Streifen, 7½" x SB zugeschnitten auf: • 6 Quadrate, 7½" x 7½" 2 Streifen, 3⅞" x SB zugeschnitten auf: • 16 Quadrate, 3⅞" x 3⅞" • 3 Rechtecke, 3½" x 6½" 3 Streifen, 3½" x SB zugeschnitten auf: • 13 Rechtecke, 3½" x 6½"

Zuschnitt

Fortsetzung ...

	Babydecke	Sofadecke	Tagesdecke
Stoff F bis G	1 Streifen, 7⅞" x SB zugeschnitten auf: • 4 Quadrate, 7⅞" x 7⅞" 1 Streifen, 7½" x SB zugeschnitten auf: • 2 Quadrate, 7½" x 7½	2 Streifen, ⅞" x SB zugeschnitten auf: • 10 Quadrate, 7⅞" x 7⅞" 1 Streifen, 7½" x SB zugeschnitten auf: • 5 Quadrate, 7½" x 7½	4 Streifen, 7⅞" x SB zugeschnitten auf: • 16 Quadrate, 7⅞" x 7⅞" • 4 Quadrate, 7½" x 7½" 1 Streifen, 7½" x SB zugeschnitten auf: • 4 Quadrate, 7½" x 7½
Stoff H	1 Streifen, 7⅞" x SB zugeschnitten auf: • 4 Quadrate, 7⅞" x 7⅞" 1 Streifen, 7¼" x SB zugeschnitten auf: • 4 Quadrate, 7¼" x 7¼	2 Streifen, 7⅞" x SB zugeschnitten auf: • 10 Quadrate, 7⅞" x 7⅞" 3 Streifen, 7¼" x SB zugeschnitten auf: • 12 Quadrate, 7¼" x 7¼	4 Streifen, 7⅞" x SB zugeschnitten auf: • 16 Quadrate, 7⅞" x 7⅞" • 4 Quadrate, 7¼" x 7¼" 3 Streifen, 7¼" x SB zugeschnitten auf: • 12 Quadrate, 7¼" x 7¼
Stoff für Binding	5 Streifen, 2½" x SB	8 Streifen, 2½" x SB	10 Streifen, 2½" x SB

Tipp: Bei diesem Quilt werden mehr Stoffe als bei anderen Modellen im Buch verwendet und sie sind im Laufe des Projekts eventuell schwer zu unterscheiden. Wenn du mit mehreren farbigen Stoffen arbeitest, schneide kleine Musterstücke (etwa 2,5 cm x 2,5 cm groß), bevor du die einzelnen Teile zuschneidest. Klebe oder nähe die Muster auf ein Stück Papier und beschrifte die Stoffe. Das ist praktisch, falls du einmal unsicher bist, welchen Stoff du in der Hand hast, und kann vermeiden helfen, dass der Nahttrenner zum Einsatz kommen muss.

Flying-Geese-Quadrate

1. Schritt

Zeichne eine diagonale Orientierungslinie von einer Ecke zur gegenüberliegenden Ecke auf die Rückseiten aller 3⅞" x 3⅞" großen Quadrate aus Stoff B.

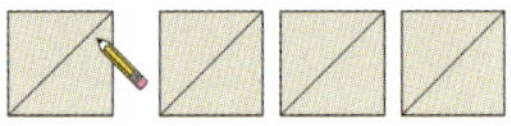

* Das Beispiel zeigt 4 Quadrate, 3⅞" x 3⅞", aus Stoff B.

2. Schritt

Lege für alle Quiltgrößen zwei 3⅞" x 3⅞" große Quadrate aus Stoff B, rechts auf rechts und mit ausgerichteten diagonalen Linien, wie im Diagramm gezeigt, auf ein 7¼" x 7¼" großes Quadrat aus Stoff H.

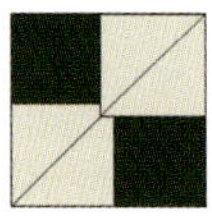

3. Schritt

Nähe in ¼" Abstand auf beiden Seiten der markierten Linien und schneide auf den Linien, um zwei Teile zu erhalten.

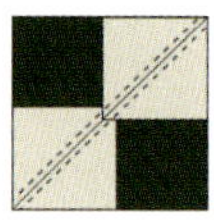

4. Schritt

Bügele die Nahtzugaben zu einer Seite, wie im Diagramm gezeigt.

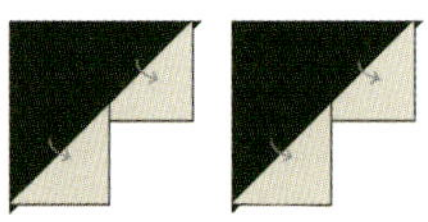

5. Schritt

Lege ein markiertes Quadrat aus Stoff B vom 1. Schritt rechts auf rechts auf eine freie Ecke, sodass die diagonale Linie rechtwinklig zur Naht liegt. Nähe bei beiden Einheiten in ¼" Abstand auf beiden Seiten der markierten Linie.

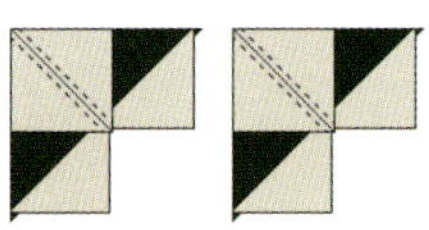

6. Schritt

Schneide auf der markierten Linie, bügele die Nahtzugaben auseinander und begradige die Einheiten, um **vier 3½" x 6½" große Flying Geese aus Stoff B/H** zu erhalten.

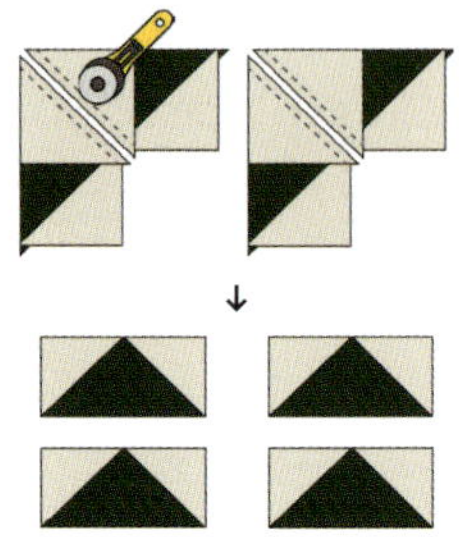

3½" x 6½" große Flying Geese aus Stoff B/H

7. Schritt

Wiederhole den 2. bis 6 Schritt mit den 3⅞" x 3⅞" großen Quadraten aus Stoff B und den 7¼" x 7¼" großen Quadraten aus Stoff H. Nähe insgesamt:

	Babydecke	**Sofadecke**	**Tagesdecke**
Flying Geese, 3½" x 6½", Stoff B/H 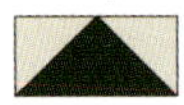	4	9*	16
Flying Geese, 3½" x 6½", Stoff C/H 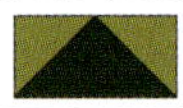	4	9*	16
Flying Geese, 3½" x 6½", Stoff D/H 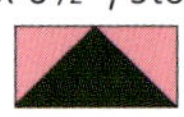	4	9*	16
Flying Geese, 3½" x 6½", Stoff E/H 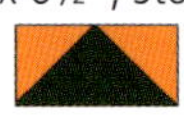	4	9*	16

** Hinweis: Bei der Sofadecke gibt es drei zusätzliche Flying Geese aus jedem der Stoffe (B–E/H).*

8. Schritt

Bilde, wie im Diagramm gezeigt, ein Flying-Geese-Quadrat aus Stoff B/H, indem du ein 3½" x 6½" großes Rechteck aus Stoff B rechts an eine Flying Geese, 3½" x 6½", aus Stoff B/H nähst. Bügele die Nahtzugaben auseinander.

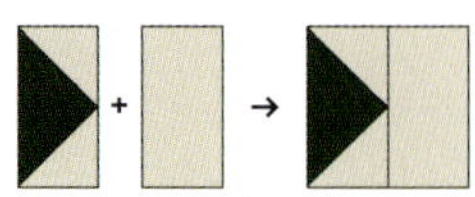

Flying-Geese-Quadrat aus Stoff B/H

9. Schritt

Wiederhole den 8. Schritt mit den 3½" x 6½" großen Flying Geese aus den Stoffen B bis E und H und den 3½" x 6½" großen Rechtecken aus Stoff B bis E. Nähe insgesamt:

	Baby-decke	Sofa-decke	Tages-decke
Flying-Geese-Quadrat, 3½" x 6½", Stoff B/H 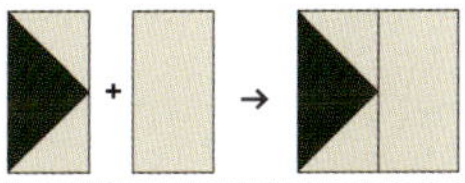	4	9*	16
Flying-Geese-Quadrat, 3½" x 6½", Stoff C/H 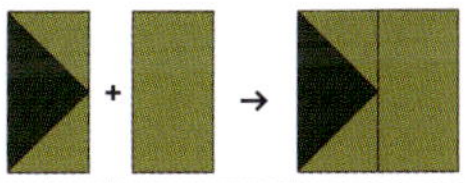	4	9*	16
Flying-Geese-Quadrat, 3½" x 6½", Stoff D/H 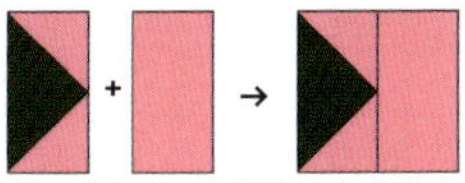	4	9*	16
Flying-Geese-Quadrat, 3½" x 6½", Stoff E/H 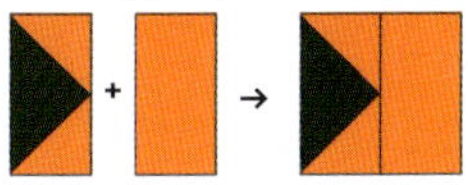	4	9*	16

Bügele die Nahtzugaben auseinander.

Half-Square Triangles

Im folgenden Abschnitt verwenden wir das 2-auf-einmal-Verfahren, um HST zu bilden. Dann halbieren wir diese Einheiten, um in späteren Arbeitsschritten Quarter-Square Triangles und Split-Quarter Square Triangles zu bilden.

1. Schritt

Zeichne eine diagonale Orientierungslinie auf die Rückseite aller 7⅞" x 7⅞" großen Quadrate aus den Stoffen B bis G.

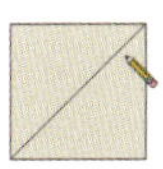

* Dieses Beispiel zeigt ein 7⅞" x 7⅞" großes Quadrat aus Stoff B

2. Schritt

Lege ein markiertes, 7⅞" x 7⅞" großes Quadrat aus Stoff B auf ein 7⅞" x 7⅞" großes Quadrat aus Stoff A und nähe in ¼" Abstand auf beiden Seiten der markierten Linie.

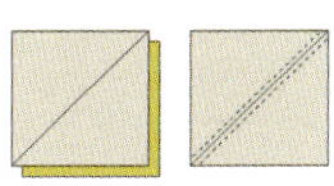

3. Schritt

Schneide auf der markierten Linie und bügele die Nahtzugaben auseinander. Du erhältst **zwei 7½" x 7½" große Half-Square Triangles aus Stoff A/B.**

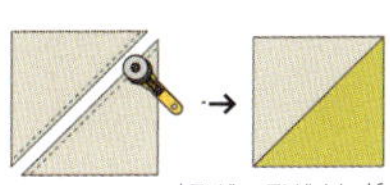

*7½" x 7½" Half-Square-Triangle, Stoff A/B

4. Schritt

Wiederhole den 2. und 3. Schritt mit den 7⅞" x 7⅞" großen Quadraten aus den Stoffen A bis H.
Nähe insgesamt:

	Baby-decke	Sofa-decke	Tages-decke
7½" x 7½" große Half-Square Triangles, A/B 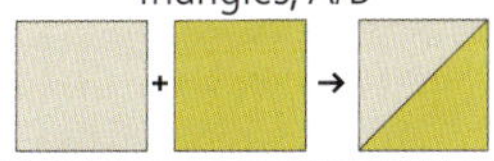	4	9*	16
7½" x 7½" große Half-Square Triangles, A/C 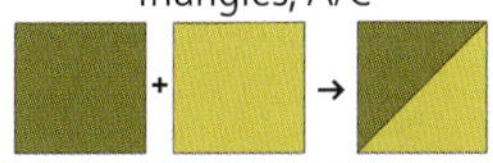	4	9*	16
7½" x 7½" große Half-Square Triangles, A/D 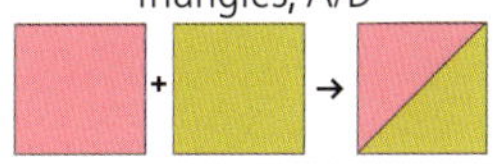	4	9*	16
7½" x 7½" große Half-Square Triangles, A/E 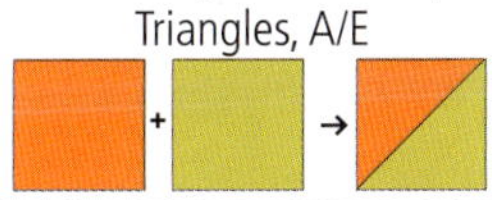	4	9*	16
7½" x 7½" große Half-Square Triangles, A/F 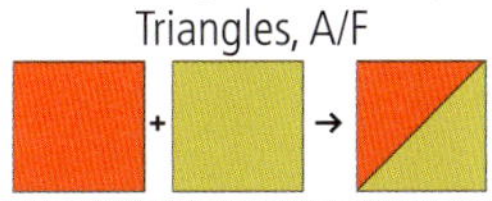	4	9*	16
7½" x 7½" große Half-Square Triangles, A/G 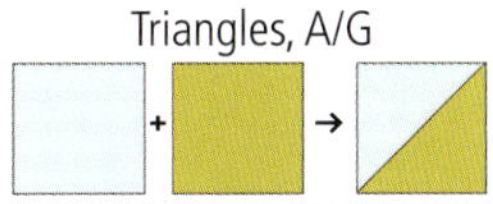	4	9*	16
7½" x 7½" große Half-Square Triangles, F/H 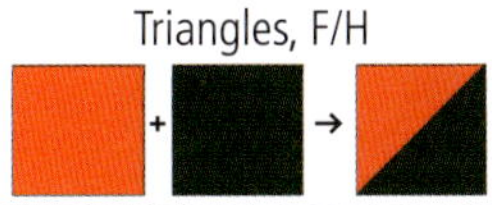	4	9*	16
7½" x 7½" große Half-Square Triangles, G/H 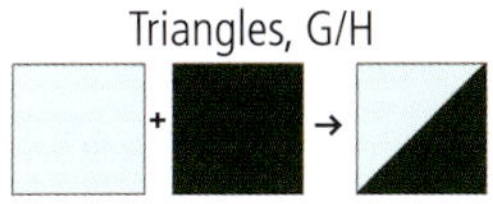	4	9*	16

** Hinweis: Bei der Sofadecke gibt es ein zusätzliches Half-Square Triangle von jeder Farbkombination.*

Bügele die Nahtzugaben auseinander.

5. Schritt

Markiere entsprechend dem Diagramm eine diagonale Orientierungslinie auf den Rückseiten der Half-Square Triangles. Schneide auf den Orientierungslinien. Du erhältst insgesamt:

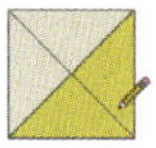

* Dieses Beispiel zeigt ein 7½" x 7½" Half-Square Triangle aus Stoff A/B

	Baby-decke	Sofa-decke	Tages-decke
Geteilte Half-Square Triangles aus Stoff A/B 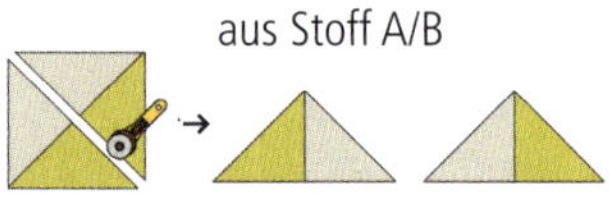	8	18	32
Geteilte Half-Square Triangles aus Stoff A/C 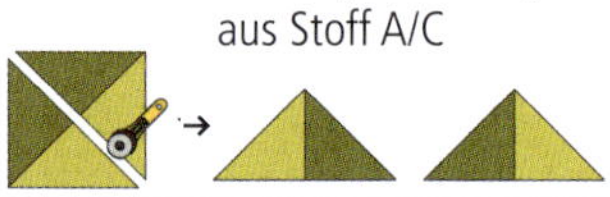	8	18	32
Geteilte Half-Square Triangles aus Stoff A/D 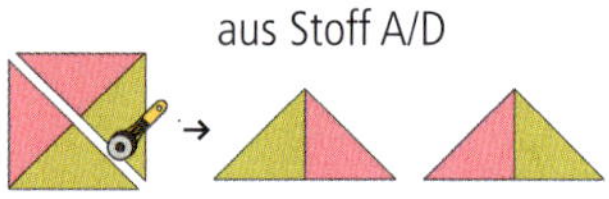	8	18	32
Geteilte Half-Square Triangles aus Stoff A/E 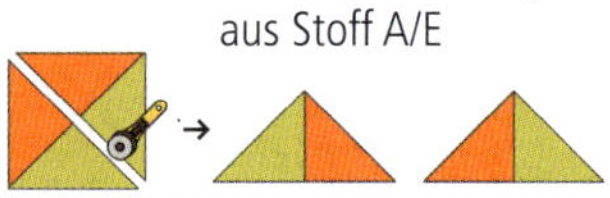	8	18	32
Geteilte Half-Square Triangles aus Stoff A/F 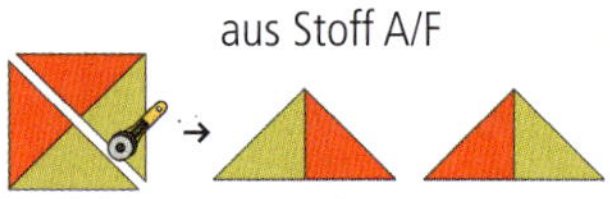	8	18	32
Geteilte Half-Square Triangles aus Stoff A/G 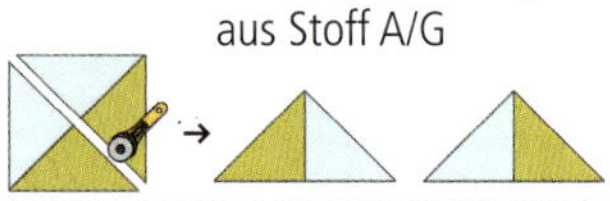	8	18	32
Geteilte Half-Square Triangles aus Stoff F/H 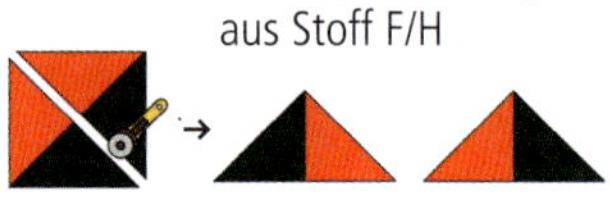	8	18	32
Geteilte Half-Square Triangles aus Stoff G/H 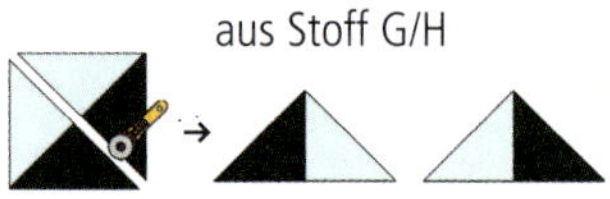	8	18	32

Sanduhren

Um Auftrennen zu vermeiden, ist es wichtig, vor dem Zusammennähen der Sanduhren die Ausrichtung jedes geteilten Half-Square Triangles aus dem vorherigen Schritt zu beachten.

Tipp: Um Verwirrung zu vermeiden, teile die geteilten Half-Square Triangles in 16 Stapel entsprechend der Farbe und Ausrichtung. Beschrifte die einzelnen Stapel mit Post-Its oder einem Stück Malerkrepp.

1. Schritt

Kombiniere:

- Geteilte HST aus Stoff A/B
- Geteilte HST aus Stoff A/D
- Geteilte HST aus Stoff A/F
- Geteilte HST aus Stoff A/G
- Geteilte HST aus Stoff F/H
- Geteilte HST aus Stoff G/H

Nähe insgesamt:

	Baby-decke	Sofa-decke	Tages-decke
Sanduhren aus Stoff A/B/G 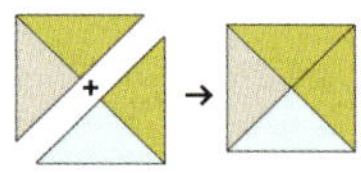	4	9	16
Sanduhren aus Stoff A/D/F 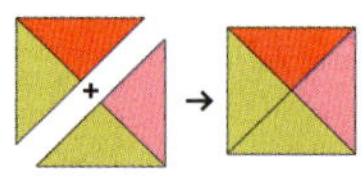	4	9	16
Sanduhren aus Stoff A/F/H 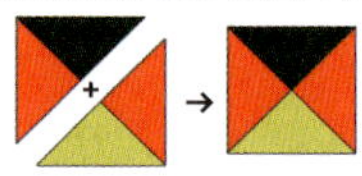	4	9	16
Sanduhren aus Stoff A/G/H 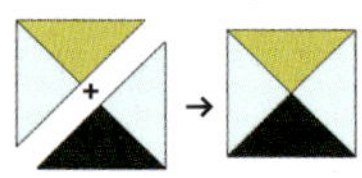	4	9	16

Bügele die Nahtzugaben auseinander.

2. Schritt

Begradige und schneide alle Sanduhren auf eine Größe von 6½" x 6½". Richte dazu den Schnittpunkt der 3¼"-Linie auf dem Lineal mit der mittleren Naht der Sanduhr und die 45-Grad-Markierung auf dem Lineal mit der diagonalen Nahtlinie aus (wie in Blau im Diagramm gezeigt) und schneide die obere und rechte Kante des Blocks.

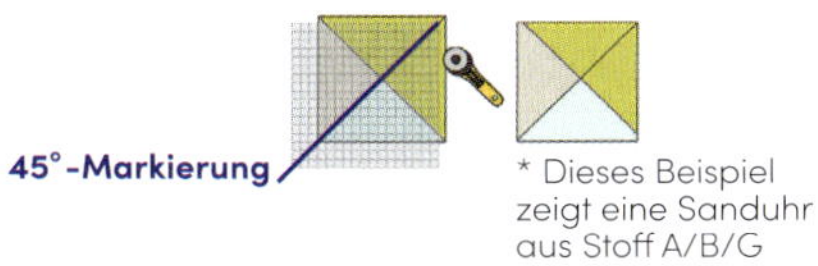

3. Schritt

Drehe jede Sanduhr um 180 Grad und wiederhole den 2. Schritt mit den übrigen beiden Kanten.

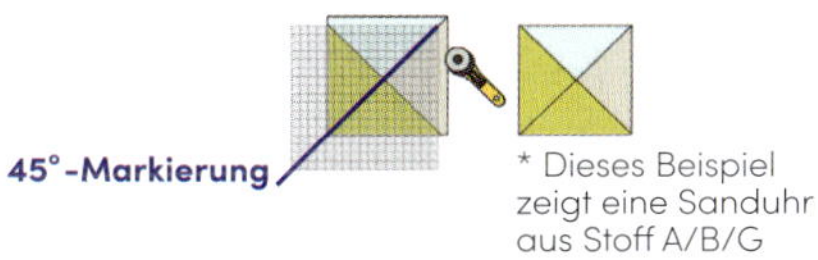

Split-Quarter Square Triangles

Verwende die übrigen geteilten Half-Square Triangles, um Split-Quarter Square Triangles zu bilden.

1. Schritt

Zeichne, wie im Beispiel gezeigt, eine diagonale Orientierungslinie auf die Rückseite von:

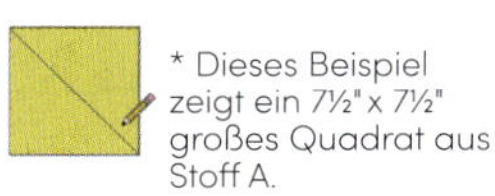

Babydecke	4 7½"-Quadraten aus Stoff A und je 2 7½"-Quadraten aus den Stoffen B-G
Sofadecke	9 7½"-Quadraten aus Stoff A und je 5 7½"-Quadraten aus den Stoffen B-G
Tagesdecke	16 7½"-Quadraten aus Stoff A und je 8 7½"-Quadraten aus den Stoffen B-G

Schneide auf den markierten Linien. Du erhältst:

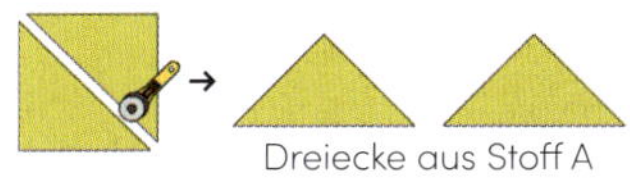

Babydecke	**8 Dreiecke aus Stoff A** und **je 4 Dreiecke aus den Stoffen B–G**
Sofadecke	**18 Dreiecke aus Stoff A** und **je 9 Dreiecke aus den Stoffen B–G**
Tagesdecke	**32 Dreiecke aus Stoff A** und **je 16 Dreiecke aus den Stoffen B–G**

** Hinweis: Bei der Sofadecke gibt es je ein zusätzliches Dreieck aus den Stoffen B–G.*

2. Schritt

Kombiniere die Dreiecke aus den Stoffen A–G mit:

- geteilten HST aus den Stoffen A/B
- geteilten HST aus den Stoffen A/C
- geteilten HST aus den Stoffen A/D
- geteilten HST aus den Stoffen A/E
- geteilten HST aus den Stoffen F/H
- geteilten HST aus den Stoffen G/H

Du erhältst insgesamt:

	Babydecke	Sofadecke	Tagesdecke
Split-Quarter Square Triangles aus Stoff A/B 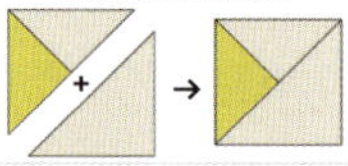	4	9	16
Split-Quarter Square Triangles aus Stoff A/C(i) 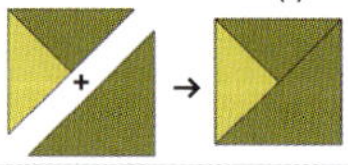	4	9	16
Split-Quarter Square Triangles aus Stoff A/C(ii) 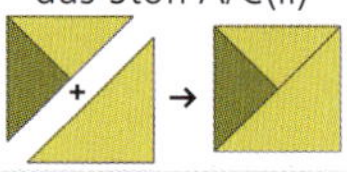	4	9	16
Split-Quarter Square Triangles aus Stoff A/D 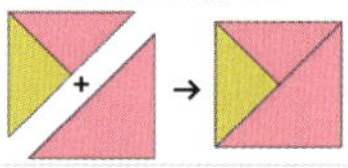	4	9	16
Split-Quarter Square Triangles aus Stoff A/E(i) 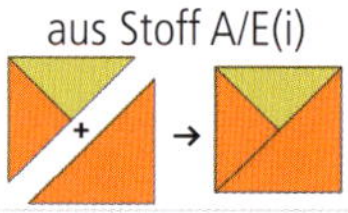	4	9	16
Split-Quarter Square Triangles aus Stoff A/E(ii) 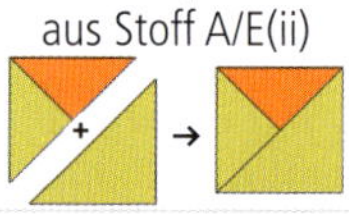	4	9	16
Split-Quarter Square Triangles aus Stoff F/H 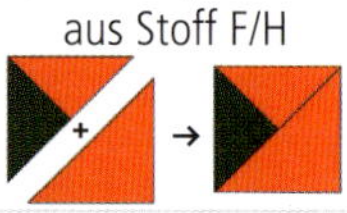	4	9	16
Split-Quarter Square Triangles aus Stoff G/H 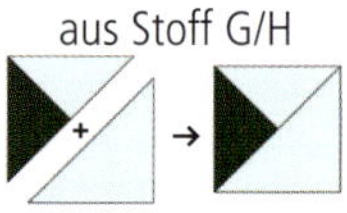	4	9	16

3. Schritt

Begradige und schneide alle Split-Quarter Square Triangles auf eine Größe von 6½" x 6½". Richte dazu den Schnittpunkt der 3¼"-Linie auf dem Lineal mit der mittleren Naht des Split-Quarter Square Triangles **und** die 45-Grad-Markierung auf dem Lineal mit der diagonalen Nahtlinie aus (wie in Blau im Diagramm gezeigt) und schneide die obere und rechte Kante des Blocks.

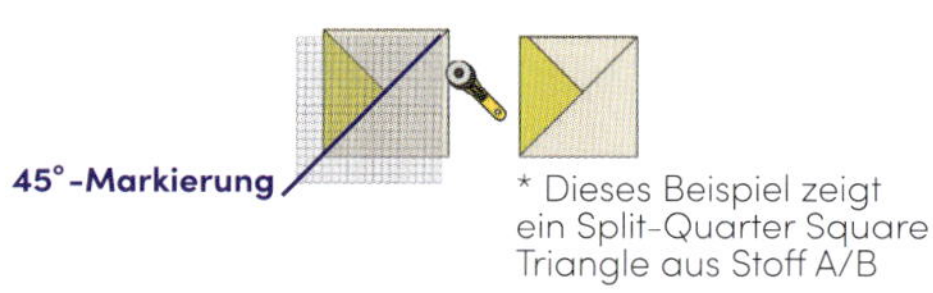

4. Schritt

Drehe jede Einheit um 180 Grad und wiederhole den 3. Schritt mit den übrigen beiden Seiten.

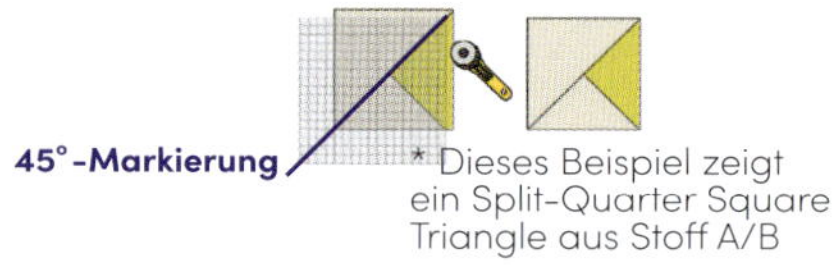

Blöcke und den Quilt zusammennähe

1. Schritt

Kombiniere ein Flying-Geese-Quadrat aus Stoff B/H, eine Sanduhr aus Stoff A/B/G, ein Split-Quarter Square Triangle aus Stoff A/C(i) und ein Flying-Geese-Quadrat aus Stoff C/H, wie gezeigt, um eine **1. Reihe** zu bilden. Bügele die Nahtzugaben auseinander. Nähe insgesamt:

Babydecke	**4x 1. Reihe**
Sofadecke	**9x 1. Reihe**
Tagesdecke	**16x 1. Reihe**

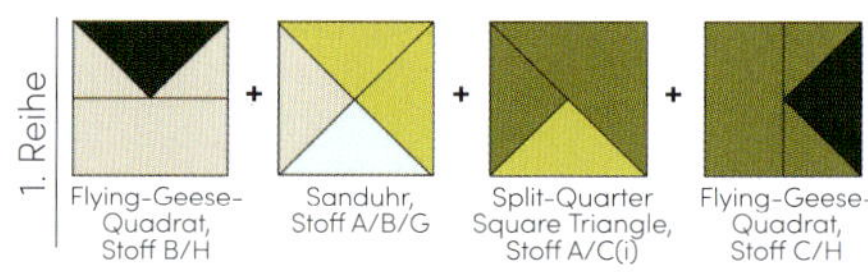

2. Schritt

Kombiniere ein Split-Quarter Square Triangle aus Stoff A/B, ein Split-Quarter Square Triangle aus Stoff G/H, eine Sanduhr aus Stoff A/G/H und ein Split-Quarter Square Triangle aus Stoff A/C(ii), wie gezeigt, um eine **2. Reihe** zu bilden. Bügele die Nahtzugaben auseinander. Nähe insgesamt:

Babydecke	**4x 2. Reihe**
Sofadecke	**9x 2. Reihe**
Tagesdecke	**16x 2. Reihe**

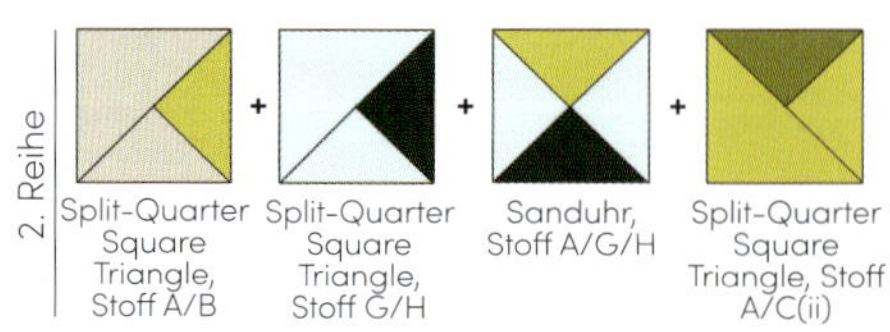

3. Schritt

Kombiniere ein Split-Quarter Square Triangle aus Stoff A/E(ii), eine Sanduhr aus Stoff A/F/H, ein Split-Quarter Square Triangle aus Stoff F/H und ein Split-Quarter Square Triangle aus Stoff A/D, um eine **3. Reihe** zu bilden. Bügele die Nahtzugaben auseinander. Nähe insgesamt:

Babydecke	4x 3. Reihe
Sofadecke	9x 3. Reihe
Tagesdecke	16x 3. Reihe

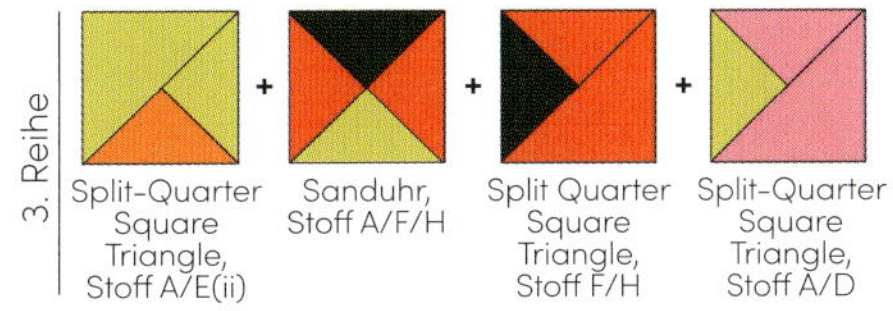

4. Schritt

Kombiniere ein Flying-Geese-Quadrat aus Stoff E/H, ein Split-Quarter Square Triangle aus Stoff A/E(i), eine Sanduhr aus Stoff A/D/F und ein Flying-Geese-Quadrat aus Stoff D/H, wie gezeigt, um **eine 4. Reihe** zu bilden. Bügele die Nahtzugaben auseinander. Nähe insgesamt:

Babydecke	4x 4. Reihe
Sofadecke	9x 4. Reihe
Tagesdecke	16x 4. Reihe

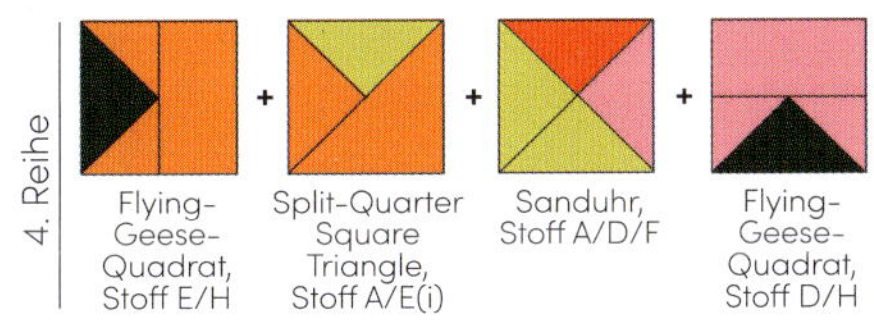

5. Schritt

Um einen **Block** zu bilden, richte die Nähte aus und verbinde eine 1. Reihe, eine 2. Reihe, eine 3. Reihe und eine 4. Reihe. Bügele die Nahtzugaben auseinander. Nähe insgesamt:

Babydecke	4 Blöcke
Sofadecke	9 Blöcke
Tagesdecke	16 Blöcke

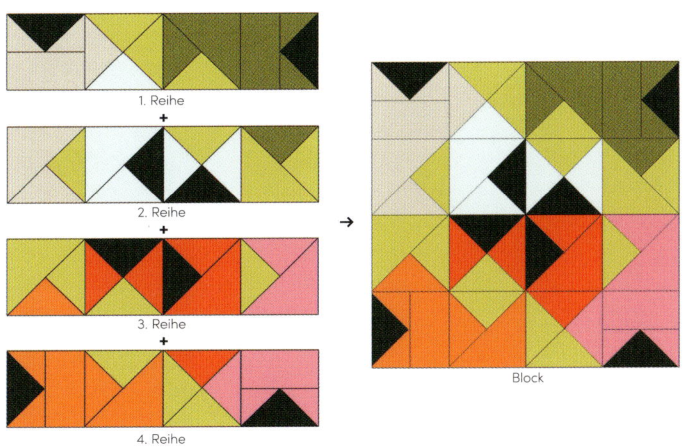

6. Schritt

Um das Quiltoberteil fertigzustellen, kombiniere entsprechend dem Diagramm:

Babydecke	2 Reihen mit je 2 Blöcken
Sofadecke	3 Reihen mit je 3 Blöcken
Tagesdecke	4 Reihen mit je 4 Blöcken

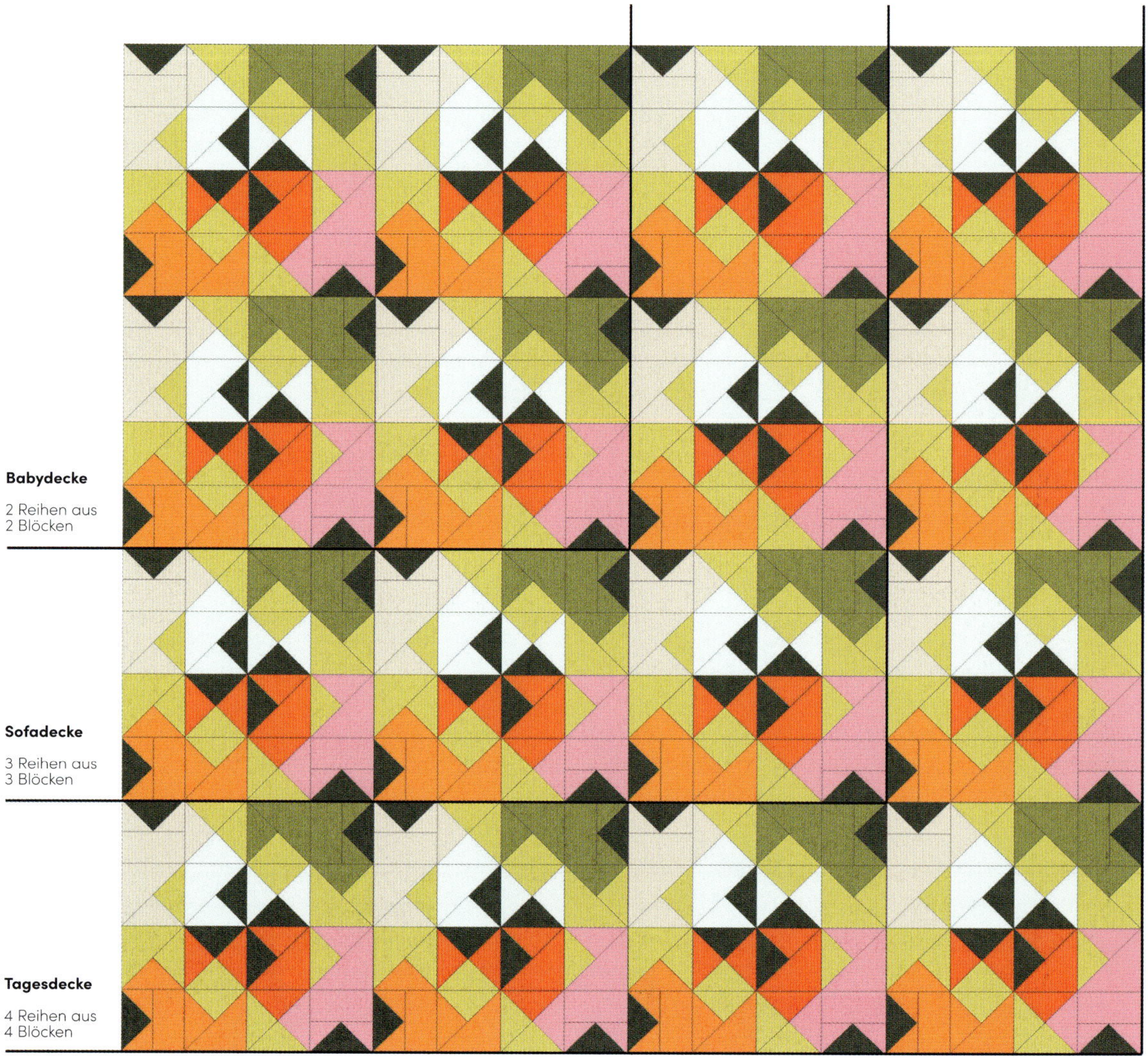

7. Schritt

Bügele das Quiltoberteil und den Stoff für die Rückseite. Lege die Rückseite, das Vlies und das Quiltoberteil aufeinander. Hefte die Lagen aneinander, quilte sie und fasse den Quilt ein.

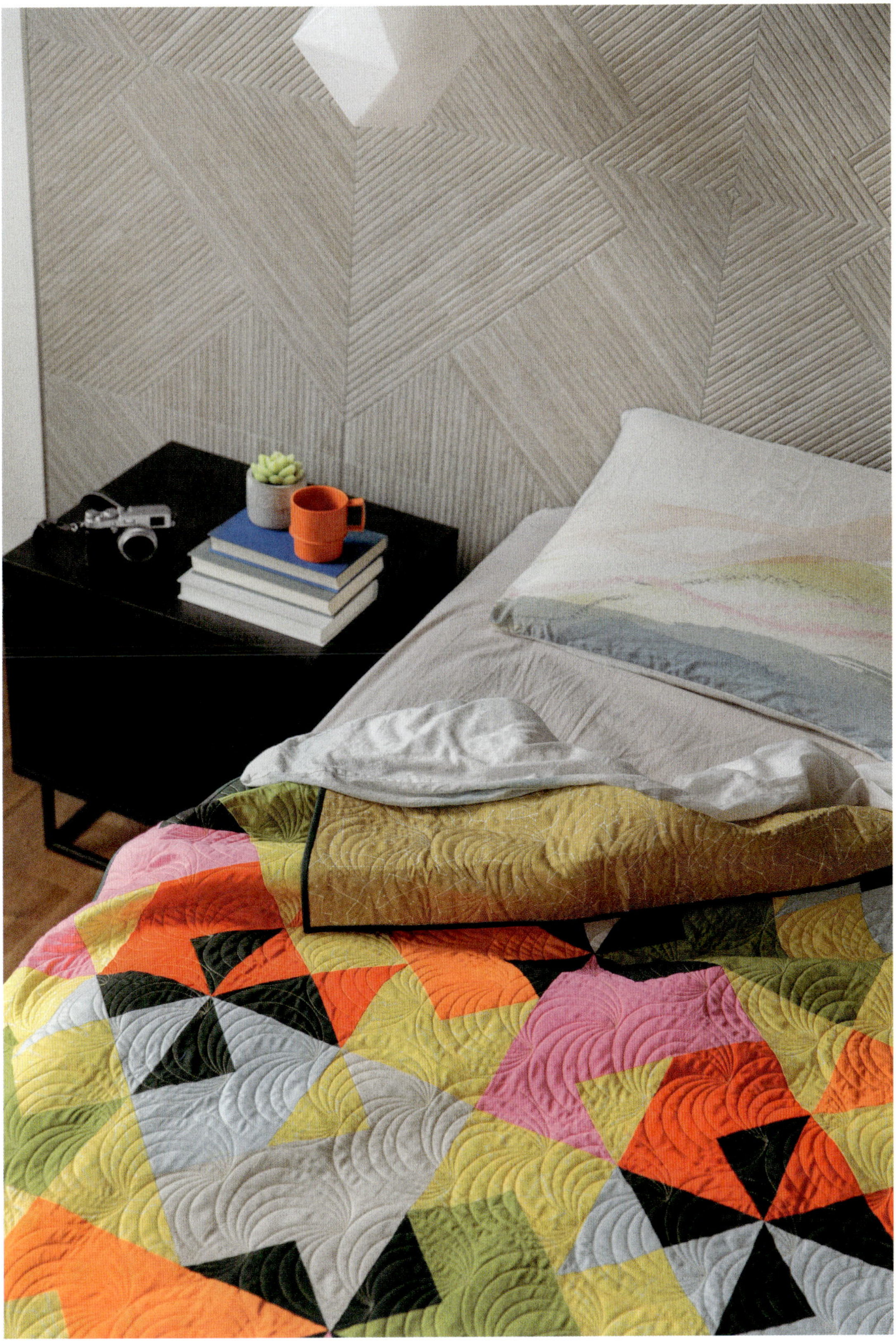

Teile deine Fortschritte und den fertigen Quilt in den sozialen Medien:
#windtunnelquilt #theweekendquilter #quiltenmitdernähmaschine

BEZUGSQUELLEN

Als ich mit dem Quilten begann, kaufte ich mein Material nur in den großen Supermärkten in meiner Nähe ein und erweiterte mein Sortiment erst, als ich in der Quiltgemeinde online aktiver wurde. Seitdem habe ich eine riesige Auswahl an Bezugsquellen für alles im Zusammenhang mit dem Quilten gefunden. Ich würde dir auch raten, dich nach und nach ein wenig umzusehen.

Das Folgende ist eine Liste der Empfehlungen aus der Quiltgemeinde zu Geschäften und Onlinequellen für Quiltmaterial sowie Longarm-Quilter.

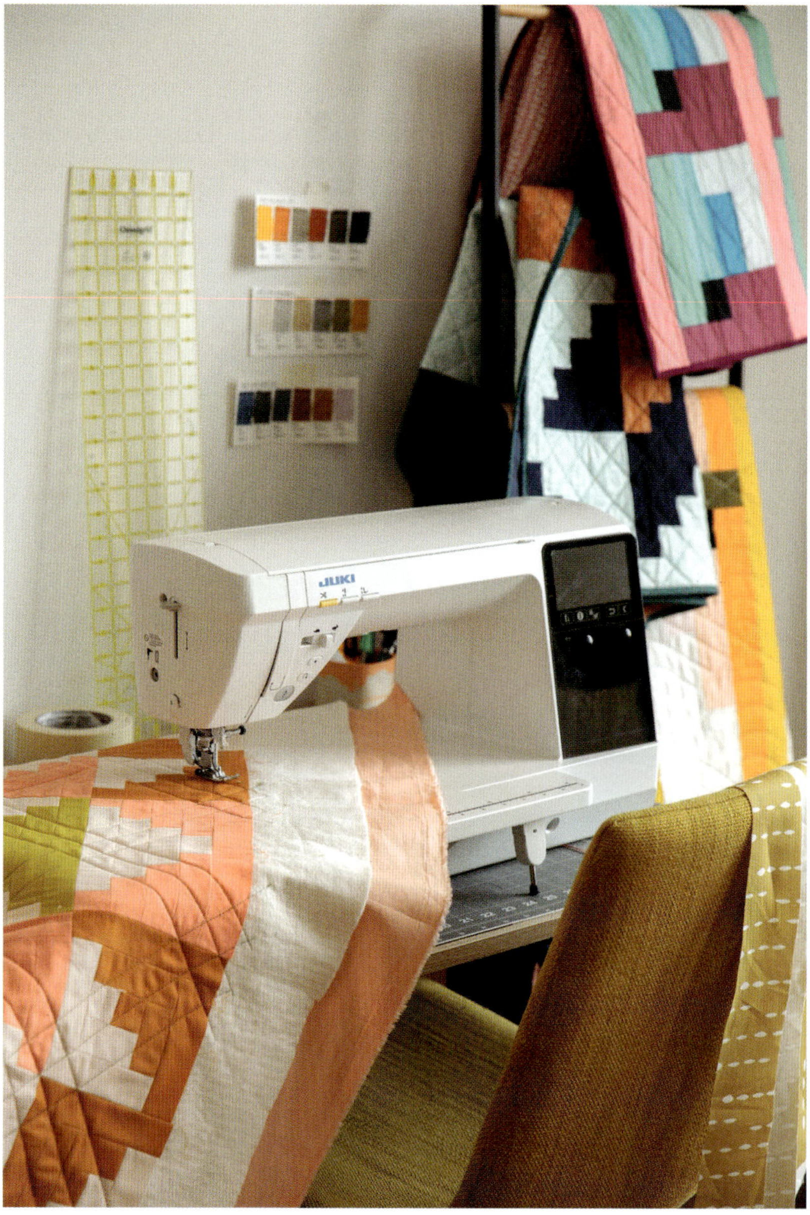

Hilfsmittel und Kurzwaren

Buttinette
www.basteln-de.buttinette.com

idee creativmarkt
www.idee-shop.com

Stoffe

Stoffe.de
www.stoffe.de

Quiltmanufaktur
www.quiltmanufaktur.com

Quilt & Textilkunst
www.quiltundtextilkunst.de

Quiltzauberei
www.quiltzauberei.de

Stoff4you
www.stoff4you.de

Quiltvilla
www.quiltvilla.de

Hawthorne Supply Co.
www.hawthornesupplyco.com

Longarm-Quilter*innen

Quiltline
www.quiltline.com

Quilt Villa
www.quiltvilla.de

Longarm-Quiltservice Romy Bügers
www.quilting4you.de

Quilterei Werne
www.quilterei-werne.de

CastleQuilts
www.castlequilts.de

Quiltservice Dresden
www.quiltservice-dresden.de

Alexandras Quiltservice
www.alexandras-quiltservice.de

ÜBER DIE AUTORIN

Wendy ist eine modern Quilterin und Quiltdesignerin aus Australien und wohnt in New York. Als Gründerin von THE.WEEKENDQUILTER möchte sie mit ihren markanten und unverwechselbaren modernen Quiltdesigns eine zeitlose und frische Sicht auf eine der ältesten Formen der Handarbeit präsentieren.

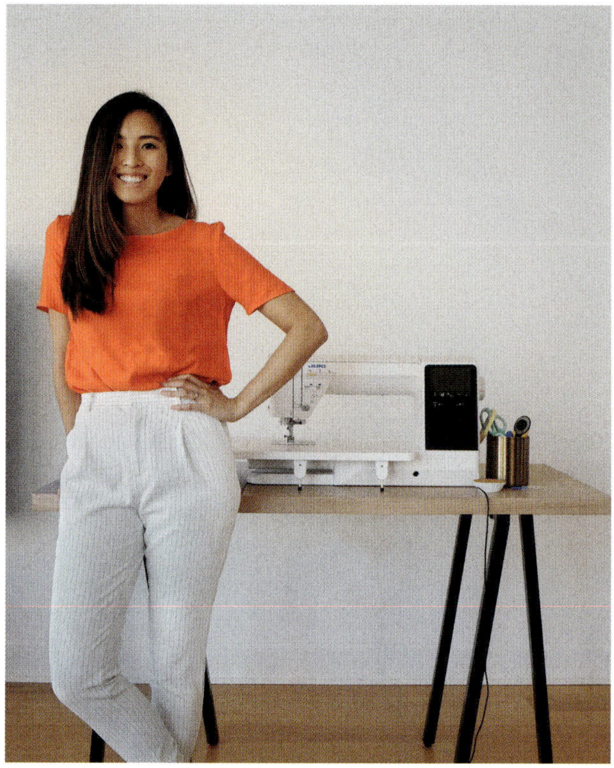

DANKSAGUNGEN

Ich bin all den Menschen, die dazu beigetragen haben, dass ich mein erstes Buch – *Quilten mit der Nähmaschine* – herausbringen konnte, unendlich dankbar. Ich möchte mich zunächst bei meinen beiden älteren Schwestern bedanken: Wynne, wenn du das Esszimmer unserer Eltern nicht in ein Nähzimmer verwandelt und all diese wunderbaren Quilts für unsere Familie und Freunde genäht hättest, wüsste ich nicht, was Quilten überhaupt ist, und es gäbe dieses Buch nicht. Danke, dass du mich in die Quiltwelt eingeführt und mir die verschiedenen Möglichkeiten und die Freude gezeigt hast, die sie zum Leben erwecken kann. Vincci, wenn du damals 2004 nicht deine Zeit und Geduld geopfert hättest, als du mir die Verwendung von Adobe Photoshop beigebracht hast, während du an deinen Projekten für das Architekturstudium gearbeitet hast, wären die Diagramme in diesem Buch nicht möglich gewesen. Danke euch beiden, dass ihr mir lebenslange Mentorinnen seid, und natürlich danke an Mama und Papa dafür, dass ihr uns eure kreativen Gene vererbt habt.

An meinen Mann Brian, danke, dass du meine Leidenschaft für das Quilten tolerierst und unterstützt. Auch wenn ich nur die Hälfte der Zeit darauf höre, schätze ich deine Meinung zu Designentscheidungen doch sehr. Es ist ein riesiges Glück, dich als Ratgeber immer an meiner Seite zu wissen und jemanden zu haben, der mir Wein nachschenkt, damit ich nicht den Verstand verliere.

Ich bin besonders der Quiltgemeinde dankbar für ihre Großzügigkeit. Ein Dankeschön an meine Anleitungstesterinnen alias Team Adleraugen: Raye Bednorz, Wynne Bell, Elizabeth Bolten, Anna Brown, Claire Brown, Julie Burton, Sarah Campbell, Amanda Acrye, Holly Clarke, Bay Corbishley, Shannon Fraser, Julie Gehmann, Sarah Gerth van den Berg, Arianne Lott, Amanda McCabe, Donna McLeod, Hannah Prigge, Laurel Ryan, Lorna Slessor, Jodie Tang und Catalina Urias. Vielen Dank für eure Zeit und eure Mühe, meine Designs nachzunähen, mir Rückmeldungen zu Verbesserungen und Korrekturen zu geben sowie Bilder eurer wunderschönen Quilts nach den Designs in diesem Buch zu teilen. Ihr seid fantastisch und eine riesige Inspiration. An alle meine Quiltfreund*innen nah und fern, danke für eure Unterstützung, eure Kreativität und dafür, dass ihr immer an die Grenzen geht und die Zukunft des Quiltens beeinflusst und mitgestaltet. Hört niemals auf, kreativ zu sein und die wunderbare Tradition des Quiltens weiterzugeben.

An Lindsay und Charlie Prezzano und das Team bei Hawthorne Supply Co. sowie Kristina und Evan Green bei Fabric Bubb, danke für euren Service für die Quiltgemeinde und für eure Zeit und Anstrengungen, meine Stoffbestellungen so prompt zu liefern. An Sarah Campbell bei Stitch Mode Quilts, danke für deine Designvorschläge zu den Quiltpantographen, deine schnelle Bearbeitung und dass du mir beim Quilten der größeren Quilts den Druck genommen hast. Danke an Laura Henneberry und Gar Liu von PreQuilt für die Einführung in die Welt des Schreibens von Quiltanleitungen sowie für das Upgraden meines PreQuilt-Kontos, um meine Designs besser zu visualisieren und den Designprozess für *Quilten mit der Nähmaschine* schneller und einfach zu gestalten.

Danke, Rachel Kuzma, dass du die Aufgabe des Fotografierens all meiner Quilts übernommen hast. Deine Fotos sind absolut entscheidend, um meine Quilts lebendig wirken zu lassen und zu zeigen, dass Quilts zeitlos sind und in das moderne Zuhause passen. Nhu Le, danke dass du mir Rachel Kuzma vorgestellt hast und wir deine wunderschöne Wohnung für die Fotos benutzen durften.

Ein riesiges Dankeschön an das Team bei Blue Star Press, das all dies möglich gemacht hat. Danke an Brenna Licalzi, dass du mich kontaktiert hast und mir diese einmalige Chance gegeben hast, ein Quiltbuch zu schreiben und die Kunst des Quiltens mit kommenden Generationen zu teilen. Selbst in meinen wildesten Träumen hätte ich nicht geglaubt, dass ich ein Buch schreiben würde. Danke an Lindsay Wilkes-Edrington und Clare Whitehead, dass ihr alle zwei Wochen Zeit für ein Gespräch gefunden habt, darauf geachtet habt, dass wir im Zeitplan bleiben, und mir eure Meinungen zu den Quilt-designs gegeben habt. Danke an Stephanie Carbajal und Lindsay Conner, die den Text, die Diagramme und die Rück-meldungen der Testerinnen enträtselt haben; an Peter Licalzi, der seine Ratschläge und Erfahrungen zum Erscheinungsbild des Buchs geteilt hat; an Rhoda Wong für die vielen Stunden, die sie mit dem Layout jeder Seite verbracht hat, und an alle anderen bei Blue Star Press, die dazu beigetragen haben, das Buch wahr werden zu lassen.

Und schließlich auch DIR vielen Dank, dass du *Quilten mit der Nähmaschine* in dein Leben gebracht hast. Es ist mir eine große Ehre, dass ich irgendwie Teil deiner Quilterfahrung geworden bin. Ich hoffe, dass meine Designs dein Zuhause verschönern und dir Freude bereiten. Ich hoffe außerdem, dass du mit ihnen besondere Meilensteine in deinem Leben legst und noch lange mit anderen die Liebe zum Quilten teilen kannst.

Impressum

Originalausgabe unter dem Titel *Urban Quilting: Quilt Patterns for the Modern-Day Home* ©
erschienen bei: Paige Tate & Co, Januar 2021

Für die deutsche Ausgabe: Helgrid van Impelen
Übersetzung: Karen Lühning
Lektorat: A. Reuß
Korrektorat: Mareike Weber
Satz: satz & repro Grieb, München
Umschlaggestaltung: Regina Degenkolbe
Herstellung: Julia Hegele
Printed in Poland by CGS Printing

★ ★ ★ ★ ★

Sind Sie mit diesem Titel zufrieden? Dann würden wir uns über Ihre Weiterempfehlung freuen. Erzählen Sie es im Freundeskreis, berichten Sie Ihrem Buchhändler oder bewerten Sie bei Onlinekauf. Und wenn Sie Kritik, Korrekturen, Aktualisierungen haben, freuen wir uns über Ihre Nachricht an:
Christian Verlag,
Postfach 40 02 09,
D-80702 München oder per E-Mail an
lektorat@verlagshaus.de.

Unser komplettes Programm finden Sie unter

www.christophorus-verlag.de

Die Deutsche Nationalbibliothek verzeichnet diese Publikation in der Deutschen Nationalbibliografie; detaillierte bibliografische Daten sind im Internet über https://www.dnb.de/ abrufbar.

in der Christian Verlag GmbH, München
Infanteriestraße 11a
D 80797 München

ISBN 978-3-8410-6775-3

Kreativ-Service

Sie haben Fragen zu unseren Büchern und Materialien? Wir beraten Sie gern rund um alle Kreativthemen. Rufen Sie uns einfach an. Wir interessieren uns auch für Ihre eigenen Ideen und Anregungen. Sie erreichen uns per E-Mail kreativ-service@c-verlag.de oder unter der Telefonnummer 0049-89-1306 99 577.

Besuchen Sie uns im Internet: www.christophorus-verlag.de & www.selbstgemacht.de